KB200200

The Bible[+]

초판 발행	2021. 10. 27
등록번호	제1988-000080호
등록된 곳	서울특별시 용산구 서빙고로65길 38
기획인	이동일
발행처	사단법인 두란노서원
전화	[출판부] 02) 2078-3331
	[영업부] 02) 2078-3352
팩스	080-749-3705

책 값은 뒤 표지에 있습니다.
I S B N 　 978-89-531-4095-0　04230
　　　　　 978-89-531-4096-7　04230(세트)

독자들의 의견을 기다립니다.　　　tpress@duranno.com
　　　　　　　　　　　　　　　　www.duranno.com

두란노서원은 바울 사도가 3차 전도여행 때 에베소에서 성령 받은 제자들을 따로 세워 하나님의 말씀으로 양육하던 장소입니다. 사도행전 19장 8-20절의 정신에 따라 첫째 목회자를 돕는 사역과 평신도를 훈련시키는 사역, 둘째 세계선교(TIM)와 문서선교(단행본·잡지) 사역, 셋째 예수문화 및 경배와 찬양 사역, 그리고 가정·상담 사역 등을 감당하고 있습니다. 1980년 12월 22일에 창립된 두란노서원은 주님 오실 때까지 이 사역들을 계속할 것입니다.

일러두기
이 책의 본문은 《우리말 성경》을 사용하였습니다.

IIIIIIIIII
신약1

성경, 그림과 함께 소설처럼 읽는다

The Bible+

두란노

차례
Contents

6 　　　　　　　　　　**추천사**

8 　　　　　　　　　　**마태복음** 　　　Matthew

100 　　　　　　　　　**마가복음** 　　　Mark

160 　　　　　　　　　**누가복음** 　　　Luke

258 　　　　　　　　　**요한복음** 　　　John

337 　　　　　　　　　**양재열** 　　　　Yang, Jaeyeol
　　　　　　　　　　　작품 모음

추천사
Recommendation

《The Bible+》는 성경을 새로운 관점으로 바라볼 수 있도록 도와주는 신선한 기획물입니다. 성경은 기독교 신자들만이 아니라 누구든 읽어야 하는 세계적인 베스트셀러이기도 합니다. 성경은 역사적으로 수많은 문화를 창출한 책이며 특히 문학적 상상력의 근원이 되어 왔습니다. 그럼에도 그 방대한 양과 특정 종교의 경전이라는 선입견 때문에 성경읽기를 꺼려하는 사람들이 있습니다.

《The Bible+》는 성경읽기의 어려움과 거부감을 덜어 주고자 각 절 구분을 없애 마치 소설을 읽는 것처럼 구성하였습니다. 사실 원래 성경에는 장절 구분이 없었고 후에 편리함을 위해 덧붙여진 것이므로 이러한 시도가 비판 받을 일은 전혀 없습니다. 도리어 절을 구분함으로써 전체 문맥의 흐름에 따라 읽기를 방해하던 것으로부터 탈피하여 매우 중요한 유익을 얻을 수 있습니다.

훌륭한 예술 작품들을 함께 수록함으로써 성경을 예술적인 상상력과 함께 읽을 수 있게 한 것 또한 신선한 시도입니다. 후에 누군가 각 장별로 함께 들을 수 있는 음악도 소개하게 되는 날을 기대해 봅니다. 성경은 오감을 통해 읽을 수 있는 매우 다이내믹한 책이기 때문입니다. 《The Bible+》를 통해 성경을 하나님이 보내신 사랑의 편지로, 떨리는 사랑의 마음으로 읽는 사람들이 많아지기를 소망합니다.

온누리교회 담임목사
이재훈

마태복음
Matthew

1 예수 그리스도의 족보

아브라함의 자손이며 다윗의 자손인 예수 그리스도의 족보입니다. 아브라함은 이삭을 낳고 이삭은 야곱을 낳고 야곱은 유다와 그 형제들을 낳고 유다는 다말에게서 베레스와 세라를 낳고 베레스는 헤스론을 낳고 헤스론은 람을 낳고 람은 아미나답을 낳고 아미나답은 나손을 낳고 나손은 살몬을 낳고 살몬은 라합에게서 보아스를 낳고 보아스는 룻에게서 오벳을 낳고 오벳은 이새를 낳고 이새는 다윗 왕을 낳았습니다. 다윗은 원래 우리야의 아내였던 여인에게서 솔로몬을 낳고 솔로몬은 르호보암을 낳고 르호보암은 아비야를 낳고 아비야는 아사를 낳고 아사는 여호사밧을 낳고 여호사밧은 요람을 낳고 요람은 웃시야를 낳고 웃시야는 요담을 낳고 요담은 아하스를 낳고 아하스는 히스기야를 낳고 히스기야는 므낫세를 낳고 므낫세는 아몬을 낳고 아몬은 요시야를 낳고 요시야는 바벨론으로 잡혀갈 무렵에 여고냐와 그 형제들을 낳았습니다. 바벨론으로 잡혀간 후로 여고냐는 스알디엘을 낳고 스알디엘은 스룹바벨을 낳고 스룹바벨은 아비훗을 낳고 아비훗은 엘리아김을 낳고 엘리아김은 아소르를 낳고 아소르는 사독을 낳고 사독은 아킴을 낳고 아킴은 엘리웃을 낳고 엘리웃은 엘르아살을 낳고 엘르아살은 맛단을 낳고 맛단은 야곱을 낳고 야곱은 마리아의 남편 요셉을 낳았고 마리아에게서 그리스도라 하는 예수께서 태어나셨습니다. 그러므로 아브라함부터 다윗까지가 모두 14대요, 다윗부터 바벨론으로 잡혀갈 때까지가 모두 14대요, 바벨론으로 잡혀간 때부터 그리스도께서 태어나신 때까지가 모두 14대입니다.

요셉이 예수를 아들로 받아들이다

예수 그리스도의 태어나심은 이렇습니다. 그의 어머니 마리아는 요셉과 약혼한 사이였습니다. 그런데 결혼하기 전에 마리아가 성령으로 임신하게 된 사실이 알려졌습니다. 마리아의 남편 요셉은 의로운 사람이었습니다. 그는 마리아가 사람들 앞에 수치를 당하게 될까 봐 남모르게 파혼하려 했습니다. 요셉이 이런 생각을 할 때에 주의 천사가 꿈에 나타나 말했습니다. "다윗의 자손 요셉아, 두려워하지 말고 마리아를 네 아내로 맞아라. 마리아가 가진 아기는 성령으로 임신된 것이다. 마리아가 아들을 낳을 것이니 그 이름을 '예수'라 하여라. 예수가 그의 백성을 그들의 죄로부터 구원할 것이다." 이 모든 일이 일어나게 된 것은 주께서 예언자를 통해 말씀하신 것을 성취하기 위함이었습니다. "처녀가 잉태해 아들을 낳을 것이요, 그를 '임마누엘'이라 부를 것이다." '임마누엘'이란 "하나님께서 우리와 함께하신다"는 뜻입니다. 잠에서 깨어난 요셉은 주의 천사가 명령한 대로 마리아를 아내로 맞아들였습니다. 그러나 요셉은 아들을 낳을 때까지 마리아와 잠자리를 같이하지 않았습니다. 마리아가 아들을 낳자 요셉은 그 이름을 '예수'라고 지었습니다.

2 동방 박사들이 그리스도를 방문하다

헤롯 왕 때에 유대의 베들레헴에서 예수께서 태어나시자 동방에서 박사들이 예루살렘에 찾아와 물었습니다. "유대 사람의 왕으로 나신 분이 어디 계십니까? 우리는 동방에서 그의 별을 보고 그에게 경배드리러 왔습니다." 헤롯 왕은 이 말을 듣고 심기가 불편했습니다. 예루살렘도 온통 떠들썩했습니다. 헤롯은 백성의 대제사장들과 율법학자들을 모두 불러 그리스도가 어디에서 태어날 것인지 캐물었습니다. 그들이 대답했습니다. "유대의 베들레헴입니다. 예언자가 성경에 이렇게 기록했기 때문입니다. '그러나 너 유대 땅 베들레헴아, 너는 유대의 통치자들 가운데 가장 작지 않구나. 네게서 통치자가 나와 내 백성 이스라엘의 목자가 될 것이다.'" 그때 헤롯은 몰래 박사들을 불러 별이 나타난 정확한 시각을 알아냈습니다. 헤롯은 박사들을 베들레헴으로 보내며 말했습니다. "가서 샅샅이 뒤져 그 아기를 꼭 찾으라. 그리고 아기를 찾자마자 나에게도 알리라. 나도 가서 아기에게 경배할 것이다." 박사들은 왕의 말을 듣고 다시 길을 떠났습니다. 그런데 동방에서 보았던 그 별이 그들보다 앞서가서 아기가 있는 곳 위에 멈춰 섰습니다. 박사들은 별을 보고 뛸 듯이 기뻤습니다. 집으로 들어가 보니 아기가 그 어머니 마리아와 함께 있었습니다. 그들은 엎드려 아기에게 경배하고 보물함을 열어 황금과 유향과 몰약을 예물로 드렸습니다. 그리고 그들은 꿈

속에서 헤롯에게 돌아가지 말라는 지시를 받고 다른 길을 통해 자기 나라로 돌아갔습니다.

이집트로 도피하다

박사들이 떠난 후 주의 천사가 요셉의 꿈에 나타나 말했습니다. "일어나거라! 어서 아기와 그 어머니를 데리고 이집트로 피신하여라. 헤롯이 아기를 죽이려고 찾고 있으니 내가 말해 줄 때까지 거기에 머물러 있어라." 그래서 요셉이 일어나 아기와 그 어머니를 데리고 한밤중에 이집트로 떠났습니다. 그리고 헤롯이 죽을 때까지 그곳에 살았습니다. 이것은 주께서 예언자를 통해 하신 말씀을 이루신 것입니다. "내가 이집트에서 내 아들을 불러냈다." 헤롯은 박사들에게 속은 것을 알고 분이 치밀었습니다. 그래서 그는 박사들에게서 알아냈던 시간을 기준으로 베들레헴과 그 부근에 살고 있는 두 살 이하의 사내아이들을 모두 죽이라고 명령했습니다. 이로써 예언자 예레미야를 통해 하신 말씀이 이루어졌습니다. "라마에서 슬퍼하며 크게 통곡하는 소리가 들리니 라헬이 그 자녀를 잃고 울고 있구나. 자녀들이 없어졌으므로 위로받기도 거절하는구나."

나사렛으로 돌아오다

헤롯이 죽은 후 주의 천사가 이집트에 있던 요셉의 꿈속에 나타나 말했습니다. "일어나거라! 아기와 그 어머니를 데리고 이스라엘 땅으로 가거라. 아기의 목숨을 노리던 사람들이 죽었다." 그래서 요셉이 일어나 아기와 그 어머니를 데리고 이스라엘 땅으로 갔습니다.

그러나 요셉은 아켈라오가 그 아버지 헤롯의 뒤를 이어 유대 왕이 됐다는 소식을 듣고 그곳으로 가는 것이 두려웠습니다. 요셉은 꿈에 지시를 받고 방향을 바꿔 갈릴리 지방으로 가서 나사렛이라는 동네로 들어가 살았습니다. 이로써 예언자를 통해 "그는 나사렛 사람이라 불릴 것이다"라고 하신 말씀이 이루어졌습니다.

3 세례자 요한이 길을 준비하다

그 무렵에 세례자 요한이 나타나 유대 광야에서 전파하며 말했습니다. "회개하라. 하늘나라가 가까이 왔다." 세례자 요한은 바로 예언자 이사야가 말했던 그 사람입니다. "광야에서 외치는 사람의 소리가 있다. '주를 위해 길을 예비하라. 주의 길을 곧게 하라.'" 요한은 낙타털로 옷을 지어 입고 허리에는 가죽띠를 둘렀습니다. 그리고 메뚜기와 들꿀을 먹고 살았습니다. 예루살렘과 온 유대 지방과 요단 강 전 지역에서 사람들이 요한에게로 몰려왔습니다. 그들은 요단 강에서 자기 죄를 고백하면서 요한에게 세례를 받았습니다. 그러나 여러 바리새파 사람들과 사두개파 사람들이 세례를 베풀고 있는 곳으로 몰려오는 것을 보고 요한이 말했습니다. "독사의 자식들아! 누가 너희더러 다가올 진노를 피하라고 하더냐? 회개에 알맞은 열매를 맺으라. 너희는 행여나 속으로 '아브라함이 우리 조상이다'라고 생각하지 말라. 내가 너희에게 말한다. 하나님께서는 이 돌들로도 아브라함의 자손을 일으키실 수 있다. 도끼가 이미 나무뿌리에 놓여 있다. 그러므로 좋은 열매를 맺지 않는 나무는 모조리 잘려 불 속에 던져질 것이다. 나는 너희가 회개하도록 물로 세례를 준다. 그러나 내 뒤에 오실 분은 나보다 능력이 더 많으신 분이시다. 나는 그분의 신발을 들고 다닐 자격도 없다. 그분은 너희에게 성령과 불로 세례를 주실 것이다. 그분이 손에 키를 들고 타작마당을 깨끗이 해 좋은 곡식은 모아 창고에 두고 쭉정이는 꺼지지 않는 불에 태우실 것이다."

예수께서 세례를 받으시다

그때 예수께서 요한에게 세례를 받으시려고 갈릴리에서 요단 강으로 오셨습니다. 그러나 요한은 이를 말리면서 예수께 말했습니다. "제가 오히려 선생님께 세례를 받아야 합니다. 그런데 제게 오시다니요!" 예수께서 대답하셨습니다. "지금은 그렇게 하도록 하여라. 우리가 이와 같이 해 모든 의를 이루는 것이 옳다." 그러자 요한은 그대로 따랐습니다. 예수께서 세례를 받으시고 물속에서 올라오셨습니다. 그때 예수께서는 하늘이 열리고 하나님의 영이 비둘기처럼 자신에게 내려오는 것을 보셨습니다. 그리고 하늘에서 소리가 들려왔습니다. "이는 내가 사랑하는 아들이다. 내가 그를 매우 기뻐한다."

4 예수께서 광야에서 시험을 받으시다

그 후 예수께서 성령에 이끌려 광야로 가셔서 마귀에게 시험을 받으셨습니다. 40일 밤낮을 금식하신 후에 예수께서 배가 고프

13

셨습니다. 시험하는 자가 예수께 다가와 말했습니다. "당신이 하나님의 아들이라면 이 돌들에게 빵이 되라고 해 보시오." 예수께서 대답하셨습니다. "성경에 기록됐다. '사람이 빵으로만 사는 것이 아니라 하나님의 입에서 나오는 모든 말씀으로 산다.'" 그러자 마귀는 예수를 거룩한 성으로 데리고 가서 성전 꼭대기에 세웠습니다. 마귀가 말했습니다. "당신이 하나님의 아들이라면 뛰어내려 보시오. 성경에 기록됐소. '하나님이 너를 위해 천사들에게 명령하실 것이다. 그러면 천사들이 손으로 너를 붙잡아 네 발이 돌에 부딪히지 않도록 할 것이다.'" 예수께서 마귀에게 대답하셨습니다. "성경에 또 기록됐다. '주 네 하나님을 시험하지 말라.'" 그러자 마귀는 다시 아주 높은 산꼭대기로 예수를 데리고 가 세상 모든 나라와 그 영광을 보여 주었습니다. 그리고 마귀가 말했습니다. "당신이 만약 내게 엎드려 경배하면 이 모든 것을 당신에게 주겠소." 예수께서 마귀에게 말씀하셨습니다. "사탄아, 내게서 물러가라! 성경에 기록됐다. '주 네 하나님께 경배하고 오직 그분만을 섬기라.'" 그러자 마귀는 예수를 떠나갔습니다. 그리고 천사들이 와서 예수를 섬겼습니다.

예수께서 비로소 천국을 전파하시다

요한이 감옥에 갇혔다는 소식을 듣고 예수께서 갈릴리로 물러나셨습니다. 예수께서 나사렛을 떠나 스불론과 납달리 지역의 호숫가가 있는 가버나움에 가서 그곳에 사셨습니다. 이는 예언자 이사야를 통해 하신 말씀을 이루시려는 것입니다. "스불론 땅과 납달리 땅이여, 호수로 가는 길목, 요단 강 건너편, 이방 사람의 갈릴리여, 어둠 가운데 살고 있는 백성이 큰 빛을 보았고 죽음의 그림자가 드리운 땅에 앉아 있는 사람들에게 빛이 비쳤다." 그때부터 예수께서 말씀을 전파하기 시작하셨습니다. "회개하라. 하늘나라가 가까이 왔다."

예수께서 제자들을 첫 번째 부르시다

예수께서 갈릴리 호수 가를 거니시다가 두 형제, 베드로라고 하는 시몬과 그 동생 안드레를 보셨습니다. 그들은 어부들로 호수에 그물을 던지고 있었습니다. 예수께서 말씀하셨습니다. "와서 나를 따라라. 내가 너희를 사람 낚는 어부로 삼을 것이다." 그러자 그들은 곧 그물을 버리고 예수를 따랐습니다. 예수께서 계속 더 가시다가 다른 두 형제를 만나셨습니다. 그들은 세베대의 아들 야고보와 그 동생 요한이었습니다. 그들은 아버지 세베대와 함께 배에서 그물을 손질하고 있었습니다. 예수께서 부르시자 그들은 곧 배와 아버지를 두고 예수를 따랐습니다.

예수께서 앓는 자들을 고치시다

예수께서 갈릴리 지역을 두루 다니시며 회당에서 가르치시고 복음을 전파하시며 사람들의 모든 질병과 아픈 곳을 고쳐 주셨습니다. 예수에 대한 소문이 온 시리아에 퍼졌습니다. 그리하여 사람들이 병을 앓는 모든 사람들을 예수께 데리고 왔습니다. 그들은 온갖 질병과 고통으로 괴로움을 당하는 사람들, 귀신 들린 사람들, 간질병에 걸린 사람들, 중풍에 걸린 사람들이었습니다. 예수께서 그들을 고쳐 주셨습니다. 그러자 갈릴리, 데가볼리, 예루살렘, 유대, 요단 강 건너편 지역에서 온 수많은 사람들이 예수를 따랐습니다.

5 산상 수훈의 서론

그때 예수께서 많은 무리를 보시고 산에 올라가 앉으시자 그의 제자들이 다가왔습니다. 예수께서 입을 열어 그들을 가르치시며 말씀하셨습니다.

팔복

"복되도다! 마음이 가난한 사람들은, 하늘나라가 그들의 것이다. 복되도다! 슬퍼하는 사람들은, 그들에게 위로가 있을 것이다. 복되도다! 온유한 사람들은, 그들은 땅을 유업으로 받을 것이다. 복되도다! 의에 주리고 목마른 사람들은, 그들은 배부를 것이다. 복되도다! 자비로운 사람들은, 그들은 자비를 받을 것이다. 복되도다! 마음이 깨끗한 사람들은, 그들은 하나님을 볼 것이다. 복되도다! 평화를 이루는 사람들은, 그들은 하나님의 아들들이라 불릴 것이다. 복되도다! 의를 위해 핍박을 받는 사람들은, 하늘나라가 그들의 것이다. 복되도다! 나 때문에 사람들의 모욕과 핍박과 터무니없는 온갖 비난을 받는 너희들은, 기뻐하고 즐거워하라. 하늘에서 너희들의 상이 크다. 너희들보다 먼저 살았던 예언자들도 그런 핍박을 당했다.

소금과 빛

너희는 이 땅의 소금이다. 그러나 만일 소금이 짠맛을 잃어버리면 어떻게 다시 짜게 되겠느냐? 아무 데도 쓸데가 없어 바깥에 버려지고 사람들에게 짓밟힐 것이다. 너희는 세상의 빛이다. 산 위에 세워진 도시는 숨겨질 수 없다. 등잔을 켜서 그릇으로 덮어 두지 않고 등잔대 위에 두어 그 빛을 집 안에 있는 모든 사람들에게 비추는 것이다. 이와 같이 너희도 너희 빛을 사람들에게 비추라. 그래서 그들이 너희 선한 행실을 보고 하늘에 계신 우리 아버지께 영광을 돌리게 하라.

율법의 완성

내가 율법이나 예언자들의 말씀을 없애러 왔다고 생각하지 말라. 없애러 온 것이 아니라 완전하게 하러 온 것이다. 진실로 내가 너희에게 말한다. 하늘과 땅이 없어지기 전에는 율법 가운데 한 점, 한 획이라도 없어지지 않고 다 이루어질 것이다. 이 계명 가운데 아주 하찮은 것 하나라도 어기고 또 남에게도 그렇게 하도록 가르치는 사람은 하늘나라에서 가장 작은 사람이라고 불릴 것이다. 그러나 누구든지 이 계명을 지키며 가르치는 사람은 하늘나라에서 큰사람이라고 불릴 것이다. 내가 너희에게 말한다. 너희가 율법학자들이나 바리새파 사람들보다 더 의롭지 않으면 결코 하늘나라에 들어가지 못할 것이다.

살인

살인하지 말라. '살인한 사람은 누구든지 심판을 받을 것이다'라는 옛사람들의 말을 너희가 들었다. 그러나 나는 너희에게 말한다. 형제에게 분노하는 사람도 심판을 받게 될 것이다. 또 형제에게 '라가'라고 하는 사람도 공회에서 심문을 당할 것이다. 그리고 '너는 바보다' 하는 사람은 누구든지 지옥 불 속에 떨어질 것이다. 그러므로 네가 만약 제단에 예물을 드리다가 네 형제가 너를 원망하고 있는 것이 생각나면 예물을 거기 제단 앞에 두고 우선 가서 그 사람과 화해하여라. 예물은 그다음에 돌아와 드려라. 너를 고소하는 사람과 함께 법정으로 갈 때에는 도중에 서둘러 그와 화해하도록 하여라. 그러지 않으면 그가 너를 재판관에게 넘겨주고 재판관은 너를 간수에게 내어 주어 감옥에 갇히게 될 것이다. 진실로 내가 너희에게 말한다. 네가 마지막 1고드란트까지 다 갚기 전에는 거기서 나오지 못할 것이다.

간음

'간음하지 말라'는 옛사람들의 말을 너희가 들었다. 그러나 나는 너희에게 말한다. 여자를 음란한 눈으로 바라보는 사람은 누구든지 이미 마음으로 간음한 것이다. 네 오른쪽 눈이 너를 죄짓게 하거든 그 눈을 뽑아 내버려라. 온몸이 지옥에 던져지는 것보다 몸의 한 부분을 잃는 것이 더 낫다. 네 오른손이 너를 죄짓게 하거든 그 손을 잘라 내버려라. 온몸이 지옥에 던져지는 것보다 몸의 한 부분을 잃는 것이 더 낫다.

이혼

'아내와 이혼하는 사람은 이혼 증서를 주어야 한다'는 말이 있다. 그러나 나는 너희에게 말한다. 음행한 경우를 제외하고 아내와 이혼하면 그 아내를 간음하게 만드는 것이다. 또 누구든지 이혼한 여자와 결혼하는 사람도 간음하는 것이다.

맹세

또 옛사람들에게 '네가 한 맹세를 어기지 말고 주께 한 맹세는 꼭 지켜야 한다'는 말도 너희가 들었다. 그러나 나는 너희에게 말한다. 아예 맹세를 하지 말라. 하늘을 두고 맹세하지 말라. 하늘은 하나님의 보좌이기 때문이다. 땅을 두고도 하지 말라. 땅은 하나님의 발판이기 때문이다. 또 예루살렘을 향해서도 하지 말라. 예루살렘은 위대한 왕의 도시이기 때문이다. 네 머리를 두고 맹세하지 말라. 너는 머리카락 하나라도 희거나 검게 할 수 없기 때문이다. 너희는 그저 '예' 할 것은 '예' 하고, '아니요' 할 것은 '아니요'만 하라. 그 이상의 말은 악한 것에서 비롯된 것이다.

눈에는 눈으로

'눈에는 눈으로, 이에는 이로'라는 말도 너희가 들었다. 그러나 나는 너희에게 말한다. 악에 맞서지 말라. 누가 네 오른뺨을 치거든 왼뺨마저 돌려 대어라. 누가 너를 고소하고 속옷을 가져가려 하거든 겉옷까지도 벗어 주어라. 누가 네게 억지로 1밀리온을 가자고 하거든 2밀리온을 같이 가 주어라. 네게 달라고 하는 사람에게 주어라. 그리고 네게 꾸려고 하는 사람을 거절하지 마라.

원수를 사랑하라

'네 이웃을 사랑하고 네 원수를 미워하라'는 말도 너희가 들었다. 그러나 나는 너희에게 말한다. 너희 원수를 사랑하고 너희를 핍박하는 사람을 위해 기도하라. 그리하면 너희가 하늘에 계신 너희 아버지의 아들들이 될 것이다. 하나님께서는 악한 사람이나 선한 사람이나 똑같이 햇빛을 비춰 주시고 의로운 사람이나 불의한 사람이나 똑같이 비를 내려 주신다. 너희를 사랑해 주는 사람만 사랑한다면 무슨 상이 있겠느냐? 세리라도 그 정도는 하지 않느냐? 형제에게만 인사한다면 남보다 나을 것이 무엇이겠느냐? 이방 사람도 그 정도는 하지 않느냐? 그러므로 하늘에 계신 너희 아버지가 온전하신 것같이 너희도 온전해야 한다."

6 남모르게 구제하라

"너희는 사람들에게 보이려고 의를 행하지 않도록 조심하라. 그러지 않으면 하늘에 계신 너희 아버지께 상을 받지 못할 것이다. 그러므로 가난한 사람을 구제할 때는 위선자들처럼 사람의 칭찬을 받으려고 회당과 거리에서 나팔 불며 떠들지 말라. 내가 진실로 너희에게 말한다. 그런 사람들은 자기 상을 이미 다 받았다. 너는 가난한 사람을 구제할 때 오른손이 하는 일을 왼손이 모르게 하여라. 그래서 네 착한 행실을 아무도 모르게 하여라. 그리하면 남모르게 숨어서 보시는 너희 아버지께서 너희에게 갚아 주실 것이다.

기도

너희는 기도할 때 위선자들처럼 하지 말라. 그들은 사람들에게 보이려고 회당이나 길모퉁이에 서서 기도하기를 좋아한다. 내가 진실로 너희에게 말한다. 그들은 이미 자기 상을 다 받았다. 너는 기도할 때 방에 들어가 문을 닫고 은밀하게 계시는 네 아버지께 기도하여라. 그러면 은밀하게 계셔서 보시는 네 아버지께서 네게 갚아 주실 것이다. 또 기도할 때는 이방 사람들처럼 빈말을 반복하지 마라. 그들은 말을 많이 해야 아버지께서 기도를 들어 주실 거라고 생각한다. 너희는 이방 사람들처럼 기도하지 말라. 너희 아버지께서는 너희가 구하기도 전에 무엇이 필요한지 아시는 분이다. 그러므로 이렇게 기도하라. '하늘에 계신 우리 아버지, 주의 이름을 거룩하게 하시며 주의 나라가 임하게 하시고 주의 뜻이 하늘에서와 같이 땅에서도 이루어지게 하소서. 오늘 우리에게 꼭 필요한 양식을 내려 주시고 우리가 우리에게 죄지은 자를 용서한 것같이 우리 죄도 용서해 주소서. 그리고 우리를 시험에 들지 않게 하시고 악에서 구하소서. (나라와 권세와 영광이 영원토록 아버지께 있습니다. 아멘.)' 너희가 너희에게 죄지은 사람을 용서하면 하늘에 계신 너희 아버지께서도 너희를 용서하실 것이다. 그러나 너희가 남의 죄를 용서하지 않으면 너희 아버지께서도 너희 죄를 용서하지 않으실 것이다.

금식

너희는 금식할 때 위선자들처럼 침울한 표정을 짓지 말라. 그들은 자신들이 금식하는 것을 사람들에게 보이려고 침울한 표정을 짓는

다. 내가 진실로 너희에게 말한다. 그런 사람들은 이미 자기 상을 다 받았다. 너는 금식할 때 머리에 기름을 바르고 얼굴을 씻어라. 그래서 네가 금식하는 것을 사람에게 보이지 말고 은밀하게 계셔서 보시는 네 아버지께만 보이도록 하여라. 그리하면 은밀하게 계셔서 보시는 네 아버지께서 네게 갚아 주실 것이다.

하늘에 보물을 쌓아 두라

너희는 자기를 위해 이 땅에 보물을 쌓아 두지 말라. 땅에서는 좀먹고 녹슬어 못 쓰게 되고 도둑이 들어와 훔쳐 가기도 한다. 그러므로 너희를 위해 보물을 하늘에 쌓아 두라. 하늘에서는 좀먹거나 녹슬어 못 쓰게 되는 일도 없고 도둑이 들어 훔쳐 가지도 못한다. 네 보물이 있는 곳에 네 마음도 있는 법이다. 눈은 몸의 등불이다. 눈이 좋으면 온몸이 밝을 것이다. 그러나 눈이 나쁘면 온몸이 어두울 것이다. 그러므로 네 속에 있는 빛이 어두우면 그 어둠이 얼마나 심하겠느냐? 아무도 두 주인을 섬기지 못한다. 한쪽을 미워하고 다른 한쪽을 사랑하거나, 한쪽을 중히 여기고 다른 한쪽을 무시할 것이다. 너희가 하나님과 재물을 함께 섬길 수 없다."

걱정하지 말라

"그러므로 내가 너희에게 말한다. 자기 생명을 위해 무엇을 먹을까 무엇을 마실까 걱정하지 말고 자기 몸을 위해 무엇을 입을까 걱정하지 말라. 생명이 음식보다 소중하고 몸이 옷보다 소중하지 않으냐? 공중에 나는 저 새들을 보라. 씨를 뿌리지도 거두지도 창고에 쌓아 두지도 않지만 하늘에 계신 너희 아버지께서 먹이신다. 너희는 새들보다 얼마나 더 귀하냐? 너희 중 누가 걱정한다고 해서 자기 목숨을 조금이라도 더 연장할 수 있겠느냐? 어째서 너희는 옷 걱정을 하느냐? 들에 핀 저 백합꽃이 어떻게 자라는지 보라. 일하거나 옷감을 짜지도 않는다. 그러나 내가 너희에게 말한다. 그 모든 영화를 누렸던 솔로몬도 이 꽃 하나만큼 차려입지는 못했다. 오늘 있다가도 내일이면 불 속에 던져질 들풀도 하나님께서 그렇게 입히시는데 하물며 너희는 얼마나 더 잘 입히시겠느냐? 믿음이 적은 사람들아! 그러므로 무엇을 먹을까, 무엇을 마실까, 무엇을 입을까 걱정하지 말라. 이 모든 것은 이방 사람들이나 추구하는 것이다. 하늘에 계신 너희 아버지께서는 너희에게 이런 것이 필요하다는 것을 아신다. 오직 너희는 먼저 그 나라와 그 의를 구하라. 그러면 이 모든 것도 너희에게 더해 주실 것이다. 그러므로 내일 일을 걱정하지 말라. 내일 일은 내일이 맡아서 걱정할 것이요, 한 날의 괴로움은 그날에 겪는 것으로 충분하다.”

7 심판하지 말라

“너희가 심판받지 않으려거든 심판하지 말라. 너희가 심판하는 그 심판으로 심판을 받을 것이며 너희가 저울질하는 그 저울질로 너희가 저울질당할 것이다. 어째서 너는 네 형제의 눈에 있는 티는 보면서 네 눈에 있는 들보는 깨닫지 못하느냐? 네 눈에 아직 들보가 있는데 어떻게 형제에게 ‘네 눈에 있는 티를 빼 주겠다’라고 할 수 있느냐? 이 위선자야! 먼저 네 눈에서 들보를 빼내어라. 그런 후에야 네가 정확히 보고 형제의 눈 속에 있는 티를 빼낼 수 있을 것이다. 거룩한 것을 개에게 주지 말고 너희 진주를 돼지에게 던지지 말라. 그러지 않으면 그것들이 발로 그것을 짓밟고 뒤돌아서서 너희를 물어뜯을지 모른다.

구하라, 찾으라, 두드리라

구하라. 그러면 너희에게 주실 것이다. 찾으라. 그러면 너희가 찾을 것이다. 문을 두드리라. 그러면 너희에게 문이 열릴 것이다. 구하는 사람마다 받을 것이며 찾는 사람이 찾을 것이며 두드리는 사람에게 문이 열릴 것이다. 너희 가운데 자녀가 빵을 달라고 하는데 돌을 줄 사람이 있겠느냐? 자녀가 생선을 달라고 하는데 뱀을 주겠느냐? 너희가 악할지라도 자녀에게는 좋은 것을 줄 줄 아는데 하물며 하늘에 계신 너희 아버지께서 구하는 사람에게 좋은 것을 주시지 않겠느냐? 그러므로 모든 일에 너희가 대접받고 싶은 대로 남을 대접하여라. 이것이 바로 율법과 예언서에서 말하는 것이다.

좁은 문과 넓은 문

좁은 문으로 들어가라. 멸망으로 인도하는 문은 크고 그 길은 넓어 그곳으로 들어가는 사람이 많다. 그러나 생명으로 인도하는 문은 좁고 그 길은 험해 그곳을 찾는 사람이 적다.

참예언자와 거짓 예언자

거짓 예언자를 조심하라. 그들은 양의 탈을 쓰고 다가오지만 속은 사나운 늑대다. 그 열매를 보면 너희가 그들을 알아볼 수 있을 것이다. 가시나무에서 포도를 따고 엉겅퀴에서 무화과를 얻겠느냐? 이처럼 좋은 나무는 좋은 열매를 맺고 나쁜 나무는 나쁜 열매를 맺는다. 좋은 나무가 나쁜 열매를 맺을 수 없고 나쁜 나무가 좋은 열매를 맺을 수 없다. 좋은 열매를 맺지 않는 나무는 모두 찍혀 불에 던져진다. 이와 같이 너희는 그 열매를 보고 그들을 알게 될 것이다.

참제자와 거짓 제자

내게 '주님, 주님' 하는 사람이라고 다 하늘나라에 들어가는 것이 아니다. 하늘에 계신 내 아버지의 뜻대로 행하는 사람이라야 하늘나라에 들어갈 것이다. 그날에는 많은 사람들이 내게 말할 것이다. '주님, 주님, 우리가 주의 이름으로 예언하고 주의 이름으로 귀신을 쫓아내며 주의 이름으로 많은 기적을 일으키지 않았습니까?' 그때 나는 그들에게 분명히 말할 것이다. '나는 너희를 도무지 알지 못한다. 불법을 행하는 사람들아, 썩 물러가라!'

지혜로운 건축자와 어리석은 건축자

그러므로 내가 하는 말을 듣고 그대로 실천하는 사람은 바위 위에 집을 지은 지혜로운 사람과 같다. 비가 내려 홍수가 나고 바람이 불어 세차게 내리쳐도 그 집은 무너지지 않았다. 바위 위에 기초를 세웠기 때문이다. 그러나 내가 하는 말을 듣고도 실천하지 않는 사람은 모래 위에 집을 지은 어리석은 사람과 같다. 비가 내려 홍수가 나고 바람이 불어 세차게 내리치니 그 집은 여지없이 모두 다 무너졌다." 예수께서 이 말씀을 마치시니 사람들은 그 가르침에 놀랐습니다. 이는 그들의 율법학자들과는 달리 예수께서는 권위 있는 분답게 가르쳤기 때문입니다.

8 예수께서 한 나병 환자를 고치시다

예수께서 산에서 내려오시자 큰 무리가 따라왔습니다. 그때 한 나병 환자가 다가와 예수 앞에 무릎을 꿇고 말했습니다. "주님, 원하신다면 저를 깨끗하게 하실 수 있습니다." 예수께서는 손을 내밀어 그 사람에게 대시며 말씀하셨습니다. "내가 원한다. 자, 깨끗하게 되어라!" 그러자 곧 그의 나병이 나았습니다. 그때 예수께서 그 사람에게 말씀하셨습니다. "이 일을 누구에게도 말하지 않도록 조심하여라. 다만 가서 제사장에게 네 몸을 보이고 모세의 명령대로 예물을 드려라. 그것이 그들에게 증거가 될 것이다."

백부장의 믿음

예수께서 가버나움에 들어가셨을 때 한 백부장이 예수께 와서 도움을 청했습니다. 백부장이 말했습니다. "주여, 제 종이 중풍병으로 집에 누워 몹시 괴로워하고 있습니다." 예수께서 그에게 말씀하셨습니다. "내가 가서 고쳐 주겠다." 그러자 백부장이 대답했습니다. "주여, 저는 주를 제 집 안에 모실 자격이 없습니다. 그저 말씀만 하십시오. 그러면 제 종이 나을 것입니다. 저도 위로는 상관이 있고 밑으로는 부하들이 있는 사람입니다. 제가 부하에게 '가라' 하면 가고 '오라' 하면 오며 하인에게 '이것을 하라' 하면 그것을 합니다." 예수께서 이 말을 듣고 놀랍게 여겨 따라온 사람들에게 말씀하셨습니다. "내가 진실로 너희에게 말한다. 이스라엘에서도 아직까지 이렇게 큰 믿음을 본 적이 없다. 내가 너희에게 말한다. 많은 사람들이 동쪽과 서쪽에서 모여들어 하늘나라에서 아브라함과 이삭과 야곱과 함께 앉을 것이다. 그러나 그 나라의 아들들은 바깥 어두운 곳으로 쫓겨나 거기서 슬피 울며 이를 갈 것이다." 그리고 예수께서는 백부장에게 말씀하셨습니다. "가거라. 네가 믿은 대로 될 것이다." 바로 그 시각에 그 종은 병이 나았습니다.

예수께서 많은 사람들을 고치시다

예수께서 베드로의 집으로 들어가셔서 베드로의 장모가 열병으로 앓아누워 있는 것을 보셨습니다. 예수께서 그 장모의 손을 만지시자 열이 내렸고 장모는 곧 일어나 예수를 섬기기 시작했습니다. 날이 저물자 사람들이 예수께 귀신 들린 사람들을 많이 데려왔습니다. 예수께서는 말씀으로 귀신을 쫓아내셨고 아픈 사람들을 모두 고쳐 주셨습니다. 이는 예언자 이사야를 통해 하신 말씀을 이루시려는 것이었습니다. "그는 몸소 우리 연약함을 담당하셨고 우리의 질병을 짊어지셨다."

예수를 따르는 사람의 대가

예수께서 많은 무리가 자신을 둘러싸고 있는 것을 보시고 제자들에게 호수 건너편으로 가라고 명령하셨습니다. 그때 한 율법학자가 예수께 다가와 말했습니다. "선생님, 선생님이 가시는 곳이라면 어디든 따라가겠습니다." 예수께서 대답하셨습니다. "여우도 굴이 있고 하늘의 새들도 보금자리가 있지만 인자는 머리를 둘 곳이 없구나." 다른 제자가 말했습니다. "주님, 제가 먼저 가서 아버지의 장례를 치르게 해 주십시오." 그러나 예수께서 그에게 말씀하셨습니다. "죽은 사람들에게 죽은 사람을 묻게 하고 너는 나를 따라라."

예수께서 풍랑을 잔잔케 하시다

그러고는 예수께서 배에 오르셨고 제자들도 뒤따랐습니다. 갑자기 바다에 큰 폭풍이 일어 배 안으로 파도가 들이쳤습니다. 그러나 예수께서는 주무시고 계셨습니다. 제자들이 가서 예수를 깨우며 말했습니다. "주님, 살려 주십시오. 우리가 빠져 죽게 생겼습니다!" 예수께서 대답하셨습니다. "왜 그렇게 무서워하느냐? 믿음이 적은 사람들아!" 그러고는 일어나 바람과 파도를 꾸짖으셨습니다. 그러자 호수는 아주 잔잔해졌습니다. 사람들은 놀라며 서로 수군거렸습니다. "도대체 저분이 누구시기에 바람과 파도까지도 저분께 복종하는가?"

예수께서 귀신 들린 두 사람을 회복시키시다

예수께서 호수 건너편 가다라 지방에 이르셨습니다. 그때 무덤에서 나오던 귀신 들린 두 사람이 예수와 마주쳤습니다. 이들은 너무 사나워서 아무도 그 길을 지나다닐 수 없었습니다. 그런데 그들이 소리를 질렀습니다. "하나님의 아들 예수여, 우리가 당신과 무슨 상관이 있습니까? 때가 되기도 전에 우리를 괴롭히려고 여기까지 오셨습니까?" 거기에서 멀지 않은 곳에 큰 돼지 떼가 먹이를 먹고 있었습니다. 귀신들이 예수께 간청했습니다. "만일 우리를 쫓아내시려거든 저 돼지들 속으로 들여보내 주십시오." 예수께서 그들에게 "가라!" 하고 말씀하셨습니다. 그러자 귀신들은 그 사람들에게서 나와 돼지들에게로 들어갔습니다. 그리고 돼지 떼는 일제히 비탈진 둑으로 내리달아 호수에 빠져 죽었습니다. 돼지를 치던 사람들은 마을로 뛰어 들어가 이 모든 일과 귀신 들린 사람들에게 일어난 일을 알렸습니다. 그러자 온 마을 사람들이 예수를 만나러 나왔습니다. 그리고 예수를 보자 그 지역을 떠나 달라고 간곡히 부탁했습니다.

9 예수께서 한 중풍환자를 용서하시고 고치시다

예수께서 배를 타고 호수를 건너 자기 마을로 돌아오셨습니다. 사람들이 중풍 환자 한 사람을 자리에 눕힌 채 예수께 데려왔습니다. 예수께서는 그들의 믿음을 보시고 중풍 환자에게 말씀하셨습니다. "얘야, 안심하여라. 네 죄가 용서받았다." 이것을 보고 몇몇 율법학자들이 속으로 말했습니다. '저 사람이 하나님을 모독하고 있구나.' 예수께서 그 생각을 알고 말씀하셨습니다. "왜 그런 악한 생각을 품고 있느냐? '네 죄가 용서받았다' 하는 말과 '일어나 걸어가라' 하는 말 중에 어느 말이 더 쉽겠느냐? 그러나 인자가 땅에서 죄를 용서하는 권세를 가지고 있음을 너희에게 알려 주겠다." 그리고 예수께서 중풍 환자에게 말씀하셨습니다. "일어나 네 자리를 들고 집으로 가거라." 그러자 그 사람은 일어나 집으로 돌아갔습니다. 이를 보고 무리는 두려워하며 이런 권능을 사람에게 주신 하나님께 영광을 돌렸습니다.

마태를 부르시다

예수께서 그곳을 떠나 길을 가시다가 마태라는 사람이 세관에 앉아 있는 것을 보셨습니다. 예수께서는 마태에게 "나를 따라라!" 하고 말씀하셨습니다. 그러자 마태가 일어나 예수를 따랐습니다. 예수께서 집에서 저녁을 잡수실 때에 많은 세리들과 죄인들도 와서 예수와 그 제자들과 함께 음식을 먹었습니다. 이것을 본 바리새파 사람들이 예수의 제자들에게 물었습니다. "어째서 너희 선생님은 세리들과 죄인들과 함께 어울려 먹느냐?" 이 말을 듣고 예수께서 말씀하셨습니다. "건강한 사람에게는 의사가 필요하지 않으나 병든 사람에게는 의사가 필요하다. 너희는 가서 '내가 원하는 것은 제사가 아니라 자비다' 하신 말씀이 무슨 뜻인지 배워라. 나는 의인을 부르러 온 것이 아니라 죄인을 부르러 왔다."

예수께서 금식에 관하여 말씀하시다

그때 요한의 제자들이 예수께 와서 물었습니다. "우리와 바리새파 사람들은 금식을 하는데 왜 당신의 제자들은 금식하지 않습니까?"

예수께서 대답하셨습니다. "신랑이 함께 있는데 어떻게 결혼 잔치에 초대받은 사람들이 슬퍼할 수 있겠느냐? 그러나 신랑을 빼앗길 날이 올 것이다. 그때에는 그들도 금식할 것이다. 낡은 옷에 새로운 천 조각을 대고 깁는 사람은 없다. 그렇게 하면 새로운 천 조각이 낡은 옷을 잡아당겨 더 찢어지게 된다. 새 포도주를 낡은 가죽 부대에 담는 사람도 없다. 그렇게 하면 부대가 터져 포도주가 쏟아지고 부대도 못 쓰게 된다. 그러니 새 포도주는 새 부대에 담아야 둘 다 보전된다."

예수께서 혈루병 앓는 여인을 고치시고 죽은 소녀를 살리시다
예수께서 이 말씀을 하고 계실 때에 갑자기 회당장 한 사람이 와서 예수 앞에 무릎을 꿇고 말했습니다. "제 딸이 방금 죽었습니다. 그러나 오셔서 아이에게 손을 얹어 주시면 다시 살아날 것입니다." 예수께서 일어나 그와 함께 가셨습니다. 제자들도 뒤따랐습니다. 바로 그때, 12년 동안 혈루병을 앓고 있던 한 여인이 예수 뒤로 다가와 예수의 옷자락을 만졌습니다. 여인은 '예수의 옷자락만 만져도 내가 나을 것이다'라고 생각한 것입니다. 예수께서 돌아서서 그 여인을 보시며 말씀하셨습니다. "딸아, 안심하여라. 네 믿음이 너를 구원했다." 그 순간 여인은 병이 나았습니다. 예수께서 그 회당장의 집으로 들어가셨습니다. 그곳에서 피리 부는 사람들과 곡하는 사람들을 보시고 예수께서 말씀하셨습니다. "물러가라. 이 소녀는 죽은 것이 아니라 자고 있는 것이다." 그러자 사람들이 비웃었습니다. 예수께서는 사람들을 집 밖으로 내보내시고 방으로 들어가 소녀의 손을 잡으셨습니다. 그러자 소녀가 일어났습니다. 그리고 이 소문은 그 지역 온 사방으로 널리 퍼졌습니다.

예수께서 눈먼 사람들과 벙어리 된 자를 고치시다

예수께서 그곳을 떠나 길을 가시는데 눈먼 두 사람이 예수를 따라 오면서 소리 질렀습니다. "다윗의 자손이여, 우리에게 자비를 베풀어 주소서!" 예수께서 어떤 집으로 들어가시자 눈먼 사람들도 따라 들어갔습니다. 예수께서 그들에게 물으셨습니다. "내가 너희를 보게 할 수 있다고 믿느냐?" 그들이 예수께 대답했습니다. "그렇습니다. 주님!" 그러자 예수께서는 그들의 눈을 만지시며 말씀하셨습니다. "너희 믿음대로 되라." 그러자 그들의 눈이 열렸습니다. 예수께서는 엄히 당부하셨습니다. "이 일을 아무도 모르게 하라." 그러나 그들은 나가서 예수에 대한 소문을 그 지역 온 사방에 퍼뜨렸습니다. 그들이 떠나간 뒤 사람들이 귀신 들려 말 못하는 사람을 예수께 데려왔습니다. 그리고 예수께서 귀신을 쫓아내시자 말 못했던 사람이 말을 하게 됐습니다. 사람들은 놀라서 말했습니다. "이스라엘에서 이와 같은 일을 본 적이 없다." 그러나 바리새파 사람들은 "그가 귀신의 왕을 통해 귀신을 쫓아낸다"라고 말했습니다.

일꾼이 적다

예수께서 모든 도시와 마을을 두루 다니시며 회당에서 가르치시고 하늘나라 복음을 전파하시며 모든 질병과 아픔을 고쳐 주셨습니다. 예수께서 무리를 보시고 그들을 불쌍히 여기셨습니다. 그들이 목자 없는 양처럼 시달리고 방황하고 있었기 때문입니다. 그때 예수께서 제자들에게 말씀하셨습니다. "추수할 것은 많은데 일꾼이 적구나. 그러므로 추수할 주인에게 추수할 들판으로 일꾼을 보내 달라고 요청하라."

10 예수께서 열두 제자를 파송하시다

예수께서 열두 제자를 부르셔서 그들에게 더러운 귀신들을 쫓아내는 권능을 주시고 모든 질병과 모든 아픔을 고치게 하셨습니다. 열두 사도들의 이름은 이렇습니다. 먼저 베드로라고도 하는 시몬과 그 동생 안드레, 세베대의 아들 야고보와 그 동생 요한, 빌립, 바돌로매, 도마, 세리 마태, 알패오의 아들 야고보, 다대오, 열심당원 시몬 그리고 예수를 배반한 가룟 사람 유다입니다. 예수께서 이 12명을 보내시며 이렇게 지시하셨습니다. "이방 사람들의 길로 가지 말고 사마리아 사람이 사는 마을에도 들어가지 말고 오직 이스라엘 집의 잃어버린 양들에게 가라. 가서 '하늘나라가 가까이 왔다'고 전하라. 아픈 사람들을 고치고 죽은 사람들을 살리고 나병 환자들을 깨끗하게 고치며 귀신들을 쫓아내라. 너희가 거저 받았으니 거저 주라. 너희는 주머니에 금도 은도 동도 지니지 말라. 여행 가방도 여벌 옷도 신발도 지팡이도 챙기지 말라. 일꾼이 자기가 필요한 것을 받아 쓰는 것은 당연한 일이다. 어느 도시나 마을에 들어가든지 그곳에서 마땅한 사람을 찾아내어 떠날 때까지 그 집에 머무르라. 그 집에 들어갈 때는 평안을 빌라. 그 집이 평안을 받을 만하면 그 평안이 거기 머물 것이고 그렇지 않으면 그 평안이 너희에게 되돌아올 것이다. 누구든지 너희를 환영하지 않거나 너희 말에 귀 기울이지 않으면 그 집이든 그 마을이든 떠날 때 발에 묻은 먼지를 떨어 버리라. 내가 진실로 너희에게 말한다. 심판 날에 소돔과 고모라가 그 도시보다 차라리 견디기 쉬울 것이다. 내가 너희를 보내는 것이 양을 늑대 소굴로 보내는 것 같구나. 그러므로 뱀처럼 지혜롭고 비둘기처럼 순결해야 한다. 사람들을 조심하라. 그들은 너희를 법정에 넘겨주고 회당에서 너희를 채찍질할 것이다. 그리고 너희는 나 때문에 총독들과 왕들 앞에 끌려가 그들과 또 이방 사람들에게 증인이 될 것이다. 그러나 그들에게 잡혀가더라도 무엇을 어떻게 말할까 걱정하지 말라. 그때에 너희가 말할 것을 일러 주실 것이다. 말하는 이는 너희가 아니라 너희 안에서 말씀하시는 너희 아버지의 영이시다." "형제가 형제를, 아버지가 자식을 배신해 죽게 만들고 자식이 부모를 거역해 죽게 만들 것이다. 너희는 내 이름 때문에 모든 사람에게 미움을 받을 것이다. 그러나 끝까지 견디는 사람은 구원을 받을 것이다. 이 도시에서 핍박하면 저 도시로 피신하라. 내가 진실로 너희에게 말한다. 너희가 이스라엘의 모든 도시들을 다 돌기 전에 인자가 올 것이다. 제자가 스승보다 높을 수 없고 종이 주인 위에 있을 수 없다. 제자가 스승만큼 되고 종이 주인만큼 되면 그것으로 충분하다. 그들이 집주인을 바알세불이라 불렀거늘 하물며 그 집안사람들에게는 얼마나 더 심하겠느냐! 그러므로 그런 사람들을 두려워하지 말라. 감추어진 것은 드러나지 않을 것이 없고 숨겨진 것은 알려지지 않을 것이 하나도 없다. 내가 어두운 데서 말한 것을 너희는 밝은 데서 말하고 내가 너희 귀에 속삭인 것을 너희는 지붕 위에서 외치라! 육체는 죽여도 영혼은 죽일 수 없는 사람들을 두려워하지 말고 오직 영혼과 육체를 한꺼번에 지옥에 던져 멸망시킬 수 있는 분을 두려워하라. 참새 두 마리가 앗사리온 동전 한 개에 팔리지 않느냐? 그러나 너희 아버지의 뜻이 아니면 그 가운데 한 마리도 땅에 떨어지지 않는다. 또한 하나님은 너희 머리카락 수까지도 다 세고 계신다. 그러므로 두려워하지 말라. 너희는 많은 참새들보다도 더 귀하다. 누구든지 사람들 앞에서 나를 시인하면 나도 하늘에 계신 내 아버지 앞에서 그를 시인할 것이다. 그러나 누구든지 사람들 앞에서 나를 부인하면 나도 하늘에 계신 내 아버지 앞에서 그를 부인할 것이다. 내가 이 땅에 평화를 주러 왔다고 생각하지 말라. 나는 평화가 아니라 칼을 주러 왔다. 나는 아들이 아버지와, 딸이 어머니와, 며느리가 시어머니와 서로 다투게 하려고 왔다. 그러므로 사람의 원수는 자기 집안 식구가 될 것이다. 누구든지 나보다 자기 부모를 더 사랑하는 사람은 내게 합당하지 않다. 나보다 자기 아들딸을 더 사랑하는 사람도 내게 합당하지 않다. 또 누구든지 자기 십자가를 지지 않고 나를 따르는 사람도 내게 합당하지 않다. 자기 목숨을 얻으려는 사람은 그 목숨을 잃을 것이요, 나를 위해 자기 목숨을 잃는 사람은 그 목숨을 얻을 것이다. 너희를 영접하는 사람은 나를 영접하는 것이고, 나를 영접하는 사람은 나 보내신 분을 영접하는 것이다. 누구든지 예언자를 예언자로 여겨 영접하는 사람은 예언자의 상을 받을 것이고 누구든지 의인을 의인으로 여겨 영접하는 사람은 의인의 상을 받을 것이다. 내가 진실로 너희에게 말한다. 누구든지 내 제자라는 이유로 이 작은 사람들 중 하나에게 냉수 한 그릇이라도 주는 사람은 반드시 그 상을 놓치지 않을 것이다."

11 예수와 세례자 요한

예수께서 열두 제자에게 가르치시기를 끝마친 후에 여러 마을에서도 가르치시고 말씀을 전하시기 위해 그곳을 떠나가셨습니다. 요한이 감옥에서 그리스도께서 하시는 일에 대해 듣고 자신의 제자들을 보내 예수께 물었습니다. "오실 그분이 바로 선생님이십니까, 아니면 저희가 다른 사람을 기다려야 합니까?" 예수께서 대답하셨습니다. "돌아가서 너희가 여기서 보고 듣는 것을 요한에게 전하라. 보지 못하는 사람들이 보고 다리를 저는 사람들이 걷고 나병 환자들이 깨끗해지며 듣지 못하는 사람들이 듣고 죽은 사람들이 살아나고 가난한 사람들에게 복음이 전파된다고 하라. 나로 인해 걸려 넘어지지 않는 사람은 복이 있다." 요한의 제자들이 떠나자 예수께서는 사람들에게 요한에 대해 말씀하기 시작하셨습니다. "너희가 무엇을 보려고 광야로 나갔느냐? 바람에 흔들리는 갈대냐? 그렇지 않으면 무엇을 보려고 나갔느냐? 좋은 옷을 입은 사람이냐? 아니다. 좋은 옷을 입은 사람은 왕궁에 있다. 그러면 무엇을 보려고 나갔느냐? 예언자냐? 그렇다. 내가 너희에게 말한다. 그는 예언자보다 더 위대한 인물이다. 이 사람에 대해 성경에 이렇게 기록됐다. '보라. 내가 네 앞에 내 사자를 보낸다. 그가 네 길을 네 앞서 준비할 것이다.' 내가 진실로 너희에게 말한다. 지금까지 여인에게서 난 사람 중에 세례자 요한보다 더 큰 사람이 일어난 적은 없다. 그러나 하늘나라에서는 가장 작은 사람이라도 그보다는 크다. 세례자 요한 때부터 지금까지 하늘나라는 침략당하고 있으니 침략하는 사람들이 차지하게 될 것이다. 모든 예언자들과 율법이 예언한 것은 요한까지다. 만약 너희가 이 예언을 받아들이기 원한다면 요한 그 사람이 바로 오기로 되어 있는 엘리야다. 귀 있는 사람은 들으라." "이 세대를 무엇에 비유할 수 있을까? 그들은 마치 장터에 앉아 다른 아이들을 향해 이렇게 소리치는 아이들과 같다. '우리가 너희를 위해 피리를 불어도 너희는 춤추지 않았고 우리가 애도하는 노래를 불러도 너희는 슬피 울지 않았다.' 요한이 와서 먹지도 마시지도 않을 때는 사람들이 '저 사람이 귀신 들렸다' 하더니 인자가 와서 이렇게 먹고 마시니 '여기 먹보에다 술꾼 좀 보라. 게다가 세리와 죄인과도 친구가 아닌가?' 하는구나. 그러나 지혜는 그 행한 일로 옳다는 것을 입증하는 법이다."

회개치 않는 도시에 화가 있도다

그러고 나서 예수께서는 기적을 가장 많이 보여 주신 도시들을 꾸짖기 시작하셨습니다. 그들이 회개하지 않았기 때문입니다. "고라신아! 네게 화가 있을 것이다. 벳새다야! 네게 화가 있을 것이다. 너희에게 베푼 기적들이 두로와 시돈에서 나타났다면 그들은 벌써 오래전에 베옷을 입고 재를 뒤집어쓰고 앉아 회개했을 것이다. 그러나 내가 너희에게 말한다. 심판 날에 두로와 시돈이 너희보다 견디기 더 쉬울 것이다. 그리고 너 가버나움아! 네가 하늘에 들려 올라 갈 것 같으냐? 아니다. 너는 저 음부에까지 내려갈 것이다! 네게 베푼 기적들이 소돔에서 나타났다면 그 도시가 오늘까지 남아 있었을 것이다. 그러나 내가 너희에게 말한다. 심판 날에 소돔 땅이 너희보다 더 견디기 쉬울 것이다."

아버지께서 아들 안에서 나타나시다

그때 예수께서 말씀하셨습니다. "아버지, 하늘과 땅의 주님, 제가 찬양합니다. 이 모든 것을 지혜롭고 학식 있는 사람들에게는 감추시고 어린아이들에게는 나타내셨습니다. 그렇습니다. 아버지, 이것이 바로 아버지의 은혜로우신 뜻입니다." "내 아버지께서 모든 것을 내게 맡기셨습니다. 아버지 외에는 아들을 아는 사람이 없고 아들과 또 아들이 택해 계시해 준 사람들 외에는 아버지가 누구인지 아는 사람이 없습니다." "수고하고 무거운 짐을 진 모든 사람은 다 내게로 오라. 내가 너희를 쉬게 할 것이다. 나는 마음이 온유하고 겸손하니 너희는 내 멍에를 메고 내게서 배우라. 그러면 너희 영혼이 쉼을 얻을 것이다. 내 멍에는 메기 쉽고 내 짐은 가볍다."

12 예수께서 안식일의 주인이시다

그 무렵 안식일에 예수께서 밀밭 사이로 지나가고 계셨습니다. 예수의 제자들은 배가 고파서 이삭을 따서 먹기 시작했습니다. 이것을 본 바리새파 사람들이 예수께 말했습니다. "보시오!

당신 제자들이 안식일에 해서는 안 될 일을 하고 있소." 예수께서 대답하셨습니다. "다윗과 그 일행이 굶주렸을 때 다윗이 한 일을 읽어 보지 못했느냐? 다윗이 하나님의 집에 들어가 제사장만 먹게 돼 있는 진설병을 스스로 먹고 또 자기 일행에게도 나누어 주지 않았느냐?" "또 제사장들이 안식일에 성전 안에서 안식일을 어겨도 그것이 죄가 되지 않는다는 것을 율법에서 읽어 보지 못했느냐? 내가 너희에게 말한다. 성전보다 더 큰 이가 여기 있다. '내가 원하는 것은 제사가 아니라 자비다'라고 하신 말씀의 뜻을 너희가 알았다면 너희가 죄 없는 사람들을 정죄하지 않았을 것이다. 인자는 안식일의 주인이다." 예수는 그곳을 떠나 유대 사람의 회당으로 들어가셨습니다. 그곳에는 한쪽 손이 오그라든 사람이 있었습니다. 그들은 예수를 고소할 구실을 찾으려고 물었습니다. "안식일에 병을 고치는 것이 옳습니까?" 예수께서 말씀하셨습니다. "만일 너희 중 누군가 양 한 마리가 있는데 안식일에 그 양이 구덩이에 빠진다면 붙잡아 꺼내 주지 않겠느냐? 하물며 사람이 양보다 얼마나 더 귀하냐? 그러니 안식일에 선한 일을 하는 것이 옳다." 그러고 나서 예수께서는 그 사람에게 말씀하셨습니다. "네 손을 펴 보아라!" 그러자 그 사람이 손을 쭉 폈고 그 손은 다른 손처럼 회복됐습니다. 그러나 바리새파 사람들은 밖으로 나가 어떻게 하면 예수를 죽일까 음모를 꾸몄습니다.

하나님의 택한 종
그러나 예수께서 이것을 알고 그곳을 떠나셨습니다. 많은 무리가 예수를 따라갔고 예수께서는 그들을 모두 고쳐 주셨습니다. 그리고 자신에 대한 소문을 내지 말라고 그들에게 경고하셨습니다. 이는 예언자 이사야를 통해 하신 말씀을 이루시기 위한 것이었습니다. "보라. 내가 택한 내 종, 내가 사랑하는 자, 내가 그를 기뻐한다. 내가 내 영을 그에게 주리니 그가 이방에 정의를 선포할 것이다. 그는 다투지도 않고 울부짖지도 않을 것이니 아무도 길에서 그의 음성을 듣지 못할 것이다. 그는 정의가 승리할 때까지 상한 갈대도 꺾지 않고 꺼져 가는 심지도 끄지 않을 것이다. 또 이방이 그 이름에 희망을 걸 것이다."

예수와 바알세불

그때 사람들이 귀신이 들려서 눈멀고 말하지 못하는 사람을 예수께 데리고 왔습니다. 그리고 예수께서 이 사람을 고쳐 주시자 그 사람이 말도 하고 볼 수 있게 됐습니다. 그러자 모든 사람이 놀라며 말했습니다. "이분이 혹시 그 다윗의 자손이 아닐까?" 그러나 이 말을 듣고 바리새파 사람들은 "이 사람이 귀신의 왕 바알세불의 힘을 빌려 귀신을 내쫓는다"라고 말했습니다. 예수께서는 그 생각을 아시고 그들에게 말씀하셨습니다. "어떤 나라든지 서로 갈라져 싸우면 망하게 되고 어떤 도시나 가정도 서로 갈라져 싸우면 무너진다. 사탄이 사탄을 쫓아내면 사탄이 스스로 갈라져 싸우는 것인데 그렇다면 사탄의 나라가 어떻게 설 수 있겠느냐? 내가 바알세불의 힘을 빌려 귀신들을 내쫓는다면 너희 아들들은 누구의 힘을 빌려 귀신들을 쫓아내느냐? 그러므로 그들이야말로 너희 재판관이 될 것이다. 그러나 내가 하나님의 영을 힘입어 귀신들을 쫓아낸다면 하나님 나라가 이미 너희에게 온 것이다. 사람이 먼저 힘센 사람을 묶어 놓지 않고서 어떻게 그 사람의 집에 들어가 물건을 훔칠 수 있겠느냐? 묶어 놓은 후에야 그 집을 털 수 있을 것이다." "나와 함께 하지 않는 사람은 나를 반대하는 사람이고 나와 함께 모으지 않는 사람은 흩어 버리는 사람이다. 그러므로 내가 너희에게 말한다. 사람의 모든 죄와 신성 모독하는 말은 용서받겠지만 성령을 모독하는 것은 용서받지 못할 것이다. 누구든지 인자를 욕하는 사람은 용서받겠지만 성령을 모독하는 사람은 이 세대와 오는 세대에서도 용서받지 못할 것이다." "나무가 좋으면 그 열매도 좋고 나무가 나쁘면 그 열매도 나쁘다. 나무는 그 열매를 보면 알 수 있다. 독사의 자식들아! 너희가 악한데 어떻게 선한 것을 말하겠느냐? 마음에 가득차 있는 것이 입 밖으로 흘러나오는 법이다. 선한 사람은 선한 것을 쌓았다가 선한 것을 내놓고 악한 사람은 악한 것을 쌓았다가 악한 것을 내놓는다. 그러나 내가 너희에게 말한다. 심판 날에 사람은 자기가 함부로 내뱉은 모든 말에 대해 해명해야 할 것이다. 네가 한 말로 의롭다는 판정을 받기도 하고 네가 한 말로 죄가 있다는 판정을 받기도 할 것이다."

요나의 표적

그때 바리새파 사람들과 율법학자들이 예수께 말했습니다. "선생님, 우리에게 표적을 보여 주십시오." 예수께서 대답하셨습니다. "악하고 음란한 세대가 표적을 구하지만 예언자 요나의 표적밖에는 보여 줄 것이 없다. 요나가 3일 밤낮을 큰 물고기 배 속에 있었던 것처럼 인자도 3일 밤낮을 땅속에 있을 것이다. 심판 때에 니느웨 사람들이 이 세대와 함께 일어나 그 죄를 심판할 것이다. 그들은 요나의 선포를 듣고 회개했기 때문이다. 그러나 요나보다 더 큰 이가 여기 있다. 심판 때에 남쪽 여왕이 이 세대와 함께 일어나 그 죄를 심판할 것이다. 그 여왕은 솔로몬의 지혜를 들으려고 땅끝에서 왔기 때문이다. 그러나 솔로몬보다 더 큰 이가 여기 있다. 한 더러운 귀신이 어떤 사람에게서 나와 쉴 곳을 찾으려고 물 없는 곳을 돌아다니다가 끝내 찾지 못했다. 그래서 그 더러운 귀신은 '내가 전에 나왔던 집으로 다시 돌아가야겠다'라고 말했다. 그런데 가 보니 그 집은 아직 비어 있는 채로 깨끗이 치워져 있고 말끔히 정돈돼 있었다. 그러자 더러운 귀신은 나가서 자기보다 더 사악한 다른 귀신들을 일곱이나 데리고 와 그곳에 들어가 살았다. 그렇게 되면 그 사람의 마지막은 처음보다 훨씬 더 나빠질 것이다. 이 악한 세대에도 이렇게 될 것이다."

예수의 어머니와 동생들

예수께서 사람들에게 여전히 말씀하고 계실 때 예수의 어머니와 형제들이 예수께 말하려고 밖에 서 있었습니다. 어떤 사람이 예수께 말했습니다. "보십시오. 선생님의 어머니와 형제들이 선생님께 드릴 말씀이 있다며 밖에 서 있습니다." 예수께서 그에게 대답하셨습니다. "누가 내 어머니이고 내 형제들이냐?" 그리고 손을 내밀어 제자들을 가리키며 말씀하셨습니다. "보라. 내 어머니이고 내 형제들이

다. 누구든지 하늘에 계신 내 아버지의 뜻을 행하는 사람이 내 형
제요, 자매요, 어머니다."

13 씨 뿌리는 사람의 비유

그날 예수께서 집에서 나와 호숫가에 앉으셨습니다. 큰 무리가 주위로 모여들었기 때문에 예수께서는 배에 올라가 앉으셨고 사람들은 모두 호숫가에 서 있었습니다. 그러자 예수께서 많은 것을 비유로 말씀하셨습니다. "한 농부가 씨를 심으러 나갔다. 그가 씨를 뿌리는데 어떤 씨는 길가에 떨어져 새들이 와서 모두 쪼아 먹었다. 또 어떤 씨는 흙이 많지 않은 돌밭에 떨어져 흙이 얕아 싹이 곧 나왔으나 해가 뜨자 그 싹은 시들어 버리고 뿌리가 없어서 말라 버렸다. 또 다른 씨는 가시덤불에 떨어졌는데 가시덤불이 자라 무성해져 싹이 나는 것을 막아 버렸다. 그러나 어떤 씨는 좋은 땅에 떨어져 100배, 60배, 30배 열매 맺었다. 귀 있는 사람은 들으라." 제자들이 예수께 와서 물었습니다. "왜 사람들에게 비유로 말씀하십니까?" 예수께서 대답하셨습니다. "너희에게는 하늘나라의 비밀을 아는 것이 허락됐으나 다른 사람들에게는 그렇지 않다. 가진 사람은 더 받아서 더욱 풍성해질 것이고 가지지 못한 사람은 가진 것마저 빼앗길 것이다. 내가 비유로 가르치는 이유는 그들이 보아도 보지 못하고 들어도 듣지 못하며 깨닫지 못하기 때문이다. 이사야의 예언이 그들에게 이루어지는 것이다. '너희가 듣기는 들어도 깨닫지 못하며 보기는 보아도 깨닫지 못할 것이다. 이 백성들의 마음이

굳어져서 귀는 듣지 못하고 눈은 감겨 있다. 이것은 그들로 하여금 눈으로 보지 못하게 하고 귀로 듣지 못하게 하고 마음으로 깨닫지 못하게 하고 돌아서지 못하게 해 내가 그들을 고쳐 주지 않으려는 것이다.' 그러나 너희 눈은 볼 수 있으니 복이 있고 너희 귀는 들을 수 있으니 복이 있다. 내가 진실로 너희에게 말한다. 많은 예언자들과 의인들이 너희가 보는 것을 보려 했지만 보지 못했고 너희가 듣는 것을 들으려 했지만 듣지 못했다. 이제 씨 뿌리는 사람의 비유를 들어 보라. 하늘나라에 대한 말씀을 들어도 깨닫지 못하면 악한 자가 와서 그 마음속에 뿌려진 것을 빼앗아 간다. 이것이 바로 길가에 뿌린 씨와 같은 사람이다. 돌밭에 떨어진 씨는 말씀을 듣자마자 기쁨으로 받아들이지만 뿌리가 없기 때문에 오래가지 못한다. 말씀 때문에 고난이나 핍박이 오면 곧 걸려 넘어진다. 또 가시덤불 가운데 떨어진 씨는 말씀은 들었지만 이 세상의 걱정과 돈의 유혹이 말씀을 막아 열매 맺지 못하는 사람이다. 그러나 좋은 땅에 떨어진 씨는 말씀을 듣고 깨닫는 사람이다. 이 사람은 열매를 맺어 100배, 60배, 30배 결실을 낸다."

가라지의 비유

예수께서는 또 다른 비유를 들어 말씀하셨습니다. "하늘나라는 어떤 사람이 자기 밭에 좋은 씨를 뿌린 것에 비유할 수 있다. 그런데 사람들이 모두 자고 있는 동안 원수가 와서 밀 가운데 가라지를 뿌리고 도망갔다. 밀이 줄기가 나서 열매를 맺을 때에 가라지도 보였다. 종들이 주인에게 와서 말했다. '주인님께서는 밭에 좋은 씨를 뿌리지 않으셨습니까? 그런데 도대체 저 가라지가 어디에서 생겨났습니까?' 그러자 주인이 대답했다. '원수가 한 짓이다.' 종들이 물었다. '저희가 가서 가라지를 뽑아 버릴까요?' 주인이 대답했다. '아니다. 가라지를 뽑다가 밀까지 뽑을 수 있으니 추수할 때까지 둘 다 함께 자라도록 내버려 두어라. 추수 때에 내가 일꾼들에게, 먼저 가라지를 모아 단으로 묶어 불태워 버리고 밀은 모아 내 곳간에 거두어들이라고 하겠다.'"

겨자씨와 누룩의 비유

예수께서 또 다른 비유를 들어 말씀하셨습니다. "하늘나라는 사람이 자기 밭에 가져다가 심어 놓은 겨자씨와 같다. 겨자씨는 모든 씨앗들 가운데 가장 작은 씨앗이지만 자라면 모든 풀보다 더 커져서 나무가 된다. 그래서 공중에 나는 새들이 와서 그 가지에 깃들게 된다." 예수께서 또 다른 비유를 들어 말씀하셨습니다. "하늘나라는 여인이 가져다가 밀가루 3사톤에 섞어 온통 부풀게 하는 누룩과 같다." 예수께서는 사람들에게 이 모든 것을 비유로 말씀하셨습니다. 비유가 아니면 아무 말씀도 하지 않으셨습니다. 이는 예언자를 통해 하신 말씀을 이루시려는 것이었습니다. "내가 입을 열어 비유로 말할 것이다. 세상이 창조된 이래로 감추어진 것들을 말할 것이다."

가라지의 비유를 설명하시다

그러고 나서 예수께서는 무리를 떠나 집으로 들어가셨습니다. 제자들이 예수께 와서 말했습니다. "밭에 난 가라지 비유를 설명해 주십시오." 예수께서 대답하셨습니다. "좋은 씨를 뿌린 사람은 인자다. 밭은 세상이고 좋은 씨는 하늘나라의 자녀들을 뜻한다. 가라지는 악한 자의 아들들이고 가라지를 뿌린 원수는 마귀다. 추수 때는세상의 끝이며 추수하는 일꾼은 천사들이다. 가라지가 뽑혀 불태워지듯이 세상의 끝에도 그렇게 될 것이다. 인자가 자기 천사들을보내면 천사들은 죄를 짓게 하는 모든 것들과 악을 행하는 모든 사람들을 그 나라에서 가려내 활활 타오르는 불 아궁이에 던져 넣을것이다. 거기서 그들은 슬피 울며 이를 갈 것이다. 그때 의인들은 자기 아버지의 나라에서 해같이 빛날 것이다. 귀 있는 사람은 들으라."

숨겨진 보물과 진주의 비유

"하늘나라는 밭에 숨겨진 보물과 같다. 어떤 사람이 그것을 발견하고는 감추어 두고 기뻐하며 돌아가 모든 재산을 팔아서 그 밭을 산다. 또 하늘나라는 좋은 진주를 찾아다니는 상인과 같다. 그는 값진진주를 발견하고 돌아가 모든 재산을 팔아서 그것을 산다."

그물의 비유

"또한 하늘나라는 바다에 던져 온갖 물고기를 잡는 그물과 같다. 그물이 가득 차면 어부들은 그물을 물가로 끌어내고는 앉아서 좋은고기는 바구니에 담고 나쁜 고기는 버린다. 세상의 끝도 그렇게 될것이다. 천사들이 와서 의인 중에서 악인을 가려내 활활 타오르는불 아궁이에 던져 넣을 것이다. 거기서 그들은 슬피 울며 이를 갈 것이다." 예수께서 물으셨습니다. "너희가 이 모든 것을 깨달았느냐?"

제자들이 "예" 하고 대답했습니다. 예수께서 그들에게 말씀하셨습니다. "그러므로 하늘나라의 제자가 된 모든 율법학자는 새것과 오래된 것을 자기 창고에서 꺼내 주는 집주인과 같다."

존경받지 못하는 예언자

예수께서 이런 비유들을 끝마친 후에 그곳을 떠나셔서 고향으로 돌아가 유대 사람의 회당에서 사람들을 가르치기 시작하셨습니다. 사람들이 놀라 물었습니다. "이 사람이 어디서 이런 지혜와 기적을 행하는 능력을 얻었는가? 이 사람은 한낱 목수의 아들이 아닌가? 어머니는 마리아이고 동생들은 야고보와 요셉과 시몬과 유다가 아닌가? 그 누이들도 모두 우리와 함께 있지 않는가? 그런데 이 사람은 도대체 이 모든 것들을 어디서 얻었는가?" 그러면서 사람들은 예수를 배척했습니다. 그러자 예수께서 그들에게 말씀하셨습니다. "예언자는 자기 고향과 자기 집에서는 배척당하는 법이다." 예수께서는 그곳에서 기적을 많이 베풀지 않으셨습니다. 사람들이 믿지 않았기 때문입니다.

14 세례자 요한이 참수되다

그때에 분봉 왕 헤롯이 예수의 소문을 듣고 신하들에게 말했습니다. "이 사람은 세례자 요한이다. 그가 죽은 사람들 가운데서 살아났으므로 이런 기적을 일으키는 능력이 그에게 나타나는 것이다." 전에 헤롯은 요한을 체포하고 결박해 감옥에 가둔 일이 있었습니다. 동생 빌립의 아내였던 헤로디아 때문이었습니다. 요한은 헤롯에게 "그 여자를 데려간 것은 옳지 않다!"라고 여러 번 말했습니다. 헤롯은 요한을 죽이고 싶었지만 그를 예언자로 여기는 백성들이 두려웠습니다. 때마침 헤롯의 생일에 헤로디아의 딸이 사람들 앞에서 춤을 추어 헤롯을 즐겁게 해 주었습니다. 헤롯은 그 소녀에게 맹세하면서 요청하는 것은 무엇이든 주겠다고 약속했습니다. 그 소녀는 자기 어머니가 시키는 대로 헤롯에게 말했습니다. "세례자 요한의 머리를 쟁반에 담아 주십시오." 헤롯 왕은 난감했지만 자기가 맹세한 것도 있고 손님들도 보고 있으므로 소녀의 요구대로 해 주라고 명령했습니다. 헤롯은 사람을 보내어 감옥에서 요한의 목을 베게 했습니다. 그리고 요한의 머리를 쟁반에 담아 소녀에게 주자, 소녀는 그것을 자기 어머니에게 가져갔습니다. 요한의 제자들이 와서 시체를 가져다가 묻고 나서 예수께 가서 이 사실을 알렸습니다.

예수께서 오천 명을 먹이시다

이 소식을 들은 예수께서는 거기서 배를 타고 조용히 외딴곳으로 가셨습니다. 사람들이 이 소문을 듣고 여러 마을에서 나와 걸어서 예수를 따라갔습니다. 예수께서 도착해서 보시니 많은 무리가 있었습니다. 예수께서는 그들을 불쌍히 여기시고 아픈 곳을 고쳐 주셨습니다. 저녁때가 되자, 제자들이 예수께 다가와서 말했습니다. "이곳은 외딴곳이고 날도 이미 저물었습니다. 사람들을 보내 마을로 가서 각자 음식을 사 먹게 하시지요." 예수께서 대답하셨습니다. "그들이 멀리 갈 필요 없다. 너희가 그들에게 먹을 것을 주라." 제자들이 대답했습니다. "우리가 가진 것이라고는 여기 빵 다섯 개와 물고기 두 마리뿐입니다." 예수께서 말씀하셨습니다. "그것을 내게 가져오라." 예수께서는 사람들에게 풀밭에 앉으라고 말씀하시고 빵 다섯 개와 물고기 두 마리를 들고 하늘을 우러러 감사 기도를 드리신 후 빵을 떼셨습니다. 그 후 예수께서는 그 빵 조각을 제자들에게 나눠 주셨고 제자들은 사람들에게 나눠 주었습니다. 모든 사람들은 배불리 먹었습니다. 제자들이 남은 빵 조각을 거두어 보니 12바구니에 가득 찼습니다. 먹은 사람은 여자와 아이들 이외에 남자만 5,000명쯤 됐습니다.

예수께서 물 위를 걸으시다

그 후 예수께서는 곧 제자들을 배에 태워 먼저 건너가게 하시고 무리를 집으로 돌려보내셨습니다. 무리를 보낸 뒤 예수께서 혼자 기도하러 산에 올라가셨다가 날이 저물기까지 거기 혼자 계셨습니다. 제자들이 탄 배는 이미 육지에서 꽤 멀리 떨어져 있었는데 거친 바람으로 파도에 시달리고 있었습니다. 이른 새벽에 예수께서 물 위를 걸어 그들에게 다가가셨습니다. 제자들은 예수께서 물 위로 걸어오시는 것을 보고 깜짝 놀랐습니다. 그들이 두려워하며 "유령이다!" 하고 외쳤습니다. 그러자 예수께서 곧 그들에게 말씀하셨습니다. "안심하라. 나다. 두려워하지 말라." 베드로가 대답했습니다. "주여, 정말로 주이시면 제게 물 위로 걸어오라고 하십시오." 그러자 예수께서 "오너라" 하고 말씀하셨습니다. 그러자 베드로는 배에서 내려 물 위로 걸어 예수께로 향했습니다. 그러나 베드로는 바람을 보자 겁이 났습니다. 그러자 바로 물속으로 가라앉기 시작했고 베드로가 소리쳤습니다. "주여, 살려 주십시오!" 예수께서 곧 손을 내밀어 그를 붙잡으시며 말씀하셨습니다. "믿음이 적은 사람아, 왜 의심했느냐?" 그리고 그들이 함께 배에 오르자 바람이 잔잔해졌습니다. 그때 배에 있던 사람들이 예수께 경배드리며 말했습니다. "참으로 하나님의 아들이십니다!" 그들이 호수를 건너 게네사렛 땅에 이르렀습니다. 그곳에 있던 사람들은 예수를 알아보고 주변 온 지역에 소식을 전했습니다. 사람들은 아픈 사람들을 모두 데려와 예수의 옷자락이라도 만지게 해 달라고 간청했습니다. 그리고 그 옷자락을 만진 사람들은 모두 나았습니다.

15 더럽게 하는 것

그때 예루살렘에서 온 바리새파 사람들과 율법학자들이 예수께 다가와 물었습니다. "왜 선생님의 제자들은 우리 장로들의 전통을 지키지 않습니까? 음식을 먹기 전에 그들은 손을 씻지 않습니다." 예수께서 대답하셨습니다. "너희는 어째서 너희의 전통 때문에 하나님의 계명을 어기느냐? 하나님께서는 '네 부모를 공경하라'라고 하셨고, '누구든지 자기 부모를 저주하는 사람은 반드시 죽을 것이다'라고 하셨다. 그러나 너희는 누가 자기 아버지나 어머니에게 '내가 드려 도움이 될 것이 하나님께 드릴 예물이 됐습니다' 하고 말하면 자기 부모를 공경하지 않아도 된다고 말하니 너희 전통을 핑계로 하나님의 말씀을 무시하는 것이 아니냐? 이 위선자들아! 이

사야가 너희에 대해 예언한 말이 옳았다. '이 백성들은 입술로만 나를 공경하고 마음은 내게서 멀리 떠났다. 사람의 계명을 교훈으로 가르치고 나를 헛되이 예배한다.'" 예수께서 무리를 불러 말씀하셨습니다. "잘 듣고 깨달으라. 입으로 들어가는 것이 사람을 불결하게 하는 것이 아니라 입에서 나오는 것이 사람을 불결하게 하는 것이다." 그때 제자들이 예수께 와서 물었습니다. "바리새파 사람들이 이 말씀을 듣고 비위가 상한 것을 아십니까?" 그러자 예수께서 대답하셨습니다. "하늘에 계신 내 아버지께서 심지 않으신 식물은 모두 뿌리째 뽑힐 것이다. 그들을 내버려 두라. 그들은 앞을 못 보는 인도자다. 눈먼 사람이 눈먼 사람을 인도하면 둘 다 구덩이에 빠지게 된다." 베드로가 말했습니다. "그 비유를 설명해 주십시오." 예수께서 말씀하셨습니다. "너희가 아직도 깨닫지 못하겠느냐? 입으로 들어가는 것은 무엇이든 배 속으로 들어가서 결국 밖으로 빠져나오지 않느냐? 그러나 입에서 나오는 것은 마음에서 나오는데 이런 것이 사람을 불결하게 한다. 마음에서 악한 생각, 살인, 간음, 음란, 도둑질, 위증, 비방이 나온다. 이런 것이 사람을 불결하게 하지 씻지 않은 손으로 먹는 것이 사람을 불결하게 하는 것이 아니다."

가나안 여자의 믿음

예수께서 그곳을 떠나 두로와 시돈 지방으로 가셨습니다. 그 지방에 사는 한 가나안 여자가 예수께 와서 울부짖었습니다. "자비를 베풀어 주십시오! 주 다윗의 자손이여! 제 딸이 귀신 들려 몹시 괴로워하고 있습니다." 그런데 예수께서는 아무 대답도 없으셨습니다.

그러자 제자들이 예수께 와서 간청했습니다. "저 여인을 돌려보내시지요. 계속 우리를 따라오면서 소리 지르고 있습니다." 예수께서 대답하셨습니다. "나는 이스라엘 집의 잃어버린 양들 외에는 보냄을 받지 않았다." 그 여인이 예수 앞에 나아와 무릎을 꿇고 말했습니다. "주여, 나를 도와주십시오!" 예수께서 대답하셨습니다. "자녀들의 빵을 가져다 개들에게 던져 주는 것은 옳지 않다." 그 여인이 말했습니다. "그렇습니다, 주여. 하지만 개들도 주인의 상에서 떨어지는 부스러기는 먹습니다." 그제야 예수께서는 "여인아, 네 믿음이 크구나! 네 소원대로 될 것이다"라고 대답하셨습니다. 그리고 바로 그때에 그 여인의 딸이 나았습니다.

예수께서 사천 명을 먹이시다

예수께서는 그곳을 떠나 갈릴리 호수 가로 가셨습니다. 그리고 산 위로 올라가 앉으셨습니다. 큰 무리가 걷지 못하는 사람, 다리를 저는 사람, 눈먼 사람, 말 못하는 사람과 그 밖에 많은 아픈 사람들을 예수의 발 앞에 데려다 놓았고 예수께서는 그들을 고쳐 주셨습니다. 사람들은 말 못하던 사람이 말을 하고 다리를 절던 사람이 낫고, 걷지 못하던 사람이 걷고, 눈먼 사람이 보게 된 것을 보고 모두 놀랐습니다. 그리고 이스라엘의 하나님께 영광을 돌렸습니다. 예수께서 제자들을 불러 말씀하셨습니다. "이 사람들이 나와 함께 있은 지 벌써 3일이나 됐는데 먹을 것이 없으니 불쌍하다. 저들을 굶겨 돌려보냈다가는 가다가 도중에 쓰러질 텐데 그렇게 하고 싶지 않다." 제자들이 대답했습니다. "이렇게 외딴곳에서 이 큰 무리를 다 먹일 만한 빵을 어디서 구하겠습니까?" 예수께서 물으셨습니다. "너희에게 빵이 얼마나 있느냐?" 제자들이 대답했습니다. "일곱 개입니다. 그리고 작은 물고기도 몇 마리 있습니다." 예수께서는 사람들에게 땅에 앉으라고 말씀하셨습니다. 그러고는 빵 일곱 개와 물고기를 손에 들고 감사 기도를 드리셨습니다. 그리고 그것을 떼어 제자들에게 주셨고 제자들은 사람들에게 나누어 주었습니다. 사람들은 모두 배불리 먹었으며 제자들이 남은 빵 조각을 거두어 보니 일곱 광주리에 가득 찼습니다. 먹은 사람은 여자들과 아이들 이외에 4,000명이 됐습니다. 예수께서는 사람들을 돌려보내신 후 배를 타고 마가단 지방으로 가셨습니다.

16 표적을 구하다

바리새파 사람들과 사두개파 사람들이 예수께 와서 시험하기 위해 하늘에서 오는 표적을 보여 달라고 요청했습니다. 예수께서 대답하셨습니다. "너희는 저녁에 하늘이 붉으면 '내일은 날씨가 좋겠구나' 하고 아침에 하늘이 붉고 흐리면 '비가 오겠구나' 하고 예측한다. 너희가 하늘의 징조는 분간할 줄 알면서 시대의 표적은 분간하지 못하느냐? 악하고 음란한 세대가 표적을 찾지만 요나의 표적 말고는 아무것도 받지 못할 것이다." 그리고 예수께서는 그들을 떠나가셨습니다.

바리새파 사람들과 사두개파 사람들의 누룩

제자들은 호수 건너편으로 갔는데 그들이 빵을 가져오는 것을 잊었습니다. 예수께서 말씀하셨습니다. "조심하라! 바리새파 사람들과 사두개파 사람들의 누룩을 주의하라." 그들은 자기들끼리 "우리가 빵을 두고 와서 하시는 말씀인가 보다" 하며 수군거렸습니다. 예수께서는 그들이 수군거리는 것을 알고 물으셨습니다. "너희 믿음이 적은 자들아, 왜 빵이 없는 것을 두고 말하느냐? 너희가 아직도 깨닫지 못하느냐? 빵 다섯 개로 5,000명을 먹이고 몇 바구니나 모았는지 기억나지 않느냐? 빵 일곱 개로 4,000명을 먹이고 몇 광주리나 모았느냐? 내가 빵을 두고 말하는 것이 아님을 너희는 어찌 깨닫지 못하느냐? 바리새파 사람들과 사두개파 사람들의 누룩을 주의하라." 그때에야 그들은 빵의 누룩이 아니라 바리새파 사람들과 사두개파 사람들의 가르침에 대해 주의하라고 하시는 예수의 말씀을 알아차렸습니다.

베드로가 예수를 그리스도로 고백하다

예수께서 가이사랴 빌립보 지방에 이르러 제자들에게 물으셨습니다. "사람들이 인자를 누구라고 하느냐?" 그들이 대답했습니다. "세례자 요한이라고도 하고 엘리야라고도 하고 예레미야나 예언자 중 한 분이라고 하는 사람도 있습니다." "그러면 너희는 나를 누구라고 하느냐?" 예수께서 물으셨습니다. 시몬 베드로가 대답했습니다. "주는 그리스도이시며 살아 계신 하나님의 아들이십니다." 예수께서 대답하셨습니다. "요나의 아들 시몬아, 네가 복이 있다. 이것을 네게 계시하신 분은 사람이 아니라 하늘에 계신 내 아버지이시다. 그리고 내가 너에게 말한다. 너는 베드로다. 내가 이 반석 위에 내 교회를 세울 것이니 지옥의 문들이 이것을 이길 수 없을 것이다. 내가 네게 하늘나라의 열쇠들을 줄 것이다. 무엇이든 네가 땅에서 매면 하늘에서도 매일 것이요, 네가 땅에서 풀면 하늘에서도 풀릴 것이다." 그 후에 예수께서는 제자들에게 자기가 그리스도이심을 아무에게도 말하지 말라고 당부하셨습니다.

예수께서 자신의 죽음을 예고하시다

그때부터 예수께서는 자신이 마땅히 예루살렘에 올라가서 장로들과 대제사장들과 율법학자들의 손에 많은 고난을 당해야 할 것과 죽임을 당했다가 3일 만에 다시 살아나야 할 것을 제자들에게 드러내기 시작하셨습니다. 그러자 베드로는 예수를 붙들고 거칠게 소리 높였습니다. "주여! 절대로 안 됩니다! 그런 일이 주께 일어나서는 절대로 안 됩니다!" 예수께서 베드로를 돌아다보며 말씀하셨습니다. "사탄아, 내 뒤로 물러가거라! 너는 나를 넘어뜨리는 걸림돌이다! 네가 하나님의 일은 생각하지 않고 사람의 일만 생각하는구나." 그때에 예수께서 제자들에게 말씀하셨습니다. "누구든지 나를 따르려거든 자기를 부인하고 자기 십자가를 지고 따라야 한다. 누구든지 자기 목숨을 구하려는 사람은 잃을 것이요, 누구든지 나를 위해 목숨을 잃는 사람은 얻게 될 것이다. 사람이 온 세상을 다 얻고도 자기 목숨을 잃으면 무슨 소용이 있겠느냐? 사람이 자기 목숨을 무엇과 맞바꾸겠느냐? 인자가 천사들과 함께 아버지의 영광으로 다시 올 것이다. 그때 인자는 각 사람이 행한 대로 갚아 줄 것이다. 내가 진실로 너희에게 말한다. 여기 서 있는 사람 가운데 죽음을 맛보기 전에 인자가 자기 왕권을 가지고 오는 것을 볼 사람도 있을 것이다."

17 예수께서 변모되시다

그리고 6일 후에 예수께서 베드로와 야고보와 야고보의 동생 요한을 데리고 높은 산으로 올라가셨습니다. 예수께서는 그들 앞에서 모습이 변모돼 얼굴이 해처럼 빛나고 옷이 빛처럼 새하얗게 됐습니다. 바로 그때 모세와 엘리야가 그들 앞에 나타나 예수와 이야기를 나눴습니다. 베드로가 예수께 말했습니다. "주여, 우리가 여기 있으니 참 좋습니다. 주께서 원하신다면 제가 여기에다 초막 셋을 만들되 하나는 주를 위해, 하나는 모세를 위해, 하나는 엘리야를 위해 짓겠습니다." 베드로가 말하고 있을 때에 빛나는 구름이 그들을 덮더니 구름 속에서 소리가 들려왔습니다. "이는 내가 사랑하는 아들이다. 내가 그를 기뻐한다. 너희는 그의 말을 들으라!" 그 소리를 듣고 제자들은 너무나 두려운 나머지 얼굴을 땅에 대고 엎드렸습니다. 그때 예수께서 다가와 그들을 어루만지며 말씀하셨습니다. "일어나라. 두려워하지 말라." 그들이 눈을 들어 보니 예수 외에는 아무도 보이지 않았습니다. 산을 내려오면서 예수께서 그들에게 당부하셨습니다. "인자가 죽은 사람들 가운데서 다시 살아날 때까지는 너희가 본 것을 아무에게도 말하지 말라." 그러자 제자들이 예수께 물었습니다. "그런데 왜 율법학자들은 엘리야가 먼저 와야 한다고 말하는 것입니까?" 예수께서 대답하셨습니다. "분명히 엘리야가 와서 모든 것을 회복시킬 것이다. 그러나 내가 너희에게 말한다. 엘리야가 이미 왔다. 그런데 그들이 그를 알아보지 못하고 자기들 마음대로 대했다. 이와 같이 인자도 그들의 손에 고난을 당할 것이다." 그제야 제자들은 예수께서 세례자 요한을 두고 하신 말씀인 줄 깨달았습니다.

예수께서 귀신 들린 아이를 고치시다

그들이 사람들에게 오자 어떤 사람이 예수께 나와 그 앞에 무릎을 꿇으며 말했습니다. "주여, 제 아들에게 자비를 베풀어 주십시오. 간질병에 걸려 몹시 고통받고 있습니다. 자주 불 속에 몸을 던지고 물속에 뛰어들기도 합니다. 그래서 이 아이를 주의 제자들에게 데려왔지만 그들은 고치지 못했습니다." 예수께서 대답하셨습니다. "아, 믿음이 없고 타락한 세대여! 도대체 내가 언제까지 너희와 함께 있어야 하겠느냐? 내가 언제까지 너희를 참아야 하겠느냐? 아이를 데려오너라." 예수께서 귀신을 꾸짖으시자 귀신은 아이에게서 나갔고 바로 그 순간 아이가 나았습니다. 그때 제자들이 예수께 다가와 따로 물었습니다. "어째서 저희는 귀신을 쫓아내지 못했습니까?" 예수께서 대답하셨습니다. "너희 믿음이 적기 때문이다. 내가 진실로 너희에게 말한다. 너희에게 겨자씨 한 알만 한 믿음만 있어도 이 산을 향해 '여기서 저기로 옮겨 가거라' 하면 옮겨 갈 것이요, 너희가 못할 일이 없을 것이다."

예수께서 자신의 죽음을 두 번째 예고하시다

그들이 갈릴리에 모여 있을 때 예수께서 그들에게 말씀하셨습니다. "인자가 사람들의 손에 넘겨질 것이다. 그리고 그들이 인자를 죽일 것이다. 그러나 인자는 3일 만에 살아날 것이다." 그러자 제자들은 큰 슬픔에 잠겼습니다.

성전 세금

그들이 가버나움에 도착했을 때, 2드라크마의 세금을 걷는 사람들이 베드로에게 와서 물었습니다. "당신네 선생님은 2드라크마를 안 내십니까?" 베드로가 대답했습니다. "내십니다." 베드로가 집으로 들어가니 예수께서 먼저 말을 꺼내셨습니다. "시몬아, 너는 어떻게 생각하느냐? 이 세상의 왕들은 누구로부터 관세와 주민세를 거두느냐? 자기 아들들이냐, 다른 사람들이냐?" 베드로가 대답했습니다. "다른 사람들로부터 거둡니다." 예수께서 베드로에게 말씀하셨습니다. "그렇다면 그 아들들은 세금이 면제된다. 하지만 그들의 비위를 건드리지 않도록 바다에 가서 낚시를 던져라. 처음 올라오는 고기를 잡아 입을 벌려 보면 1세겔짜리 동전 한 닢이 있을 것이다. 그 동전을 가져다가 나와 네 몫으로 그들에게 주어라."

18 천국에서 큰 사람

그때 제자들이 예수께 다가와 물었습니다. "하늘나라에서는 누가 가장 큰 사람입니까?" 예수께서 어린아이 하나를 불러 제자들 가운데 세우고 말씀하셨습니다. "내가 진실로 너희에게 말한다. 너희가 변화돼 어린아이들처럼 되지 않으면 결코 하늘나라에 들어갈 수 없을 것이다. 그러므로 누구든지 이 어린아이와 같이 자신을 낮추는 사람이 하늘나라에서 가장 큰 사람이다. 또 누구든지 내 이름으로 이런 어린아이 하나를 영접하면 나를 영접하는 것이다.

넘어지게 하는 일

누구든지 나를 믿는 이런 어린아이 가운데 한 명이라도 죄를 짓게 하는 사람은 큰 맷돌을 목에 달아 깊은 바다에 빠뜨려지는 편이 차라리 나을 것이다. 사람들을 넘어지게 하는 일 때문에 이 세상에 화가 있다. 넘어지게 하는 일이 없을 수는 없으나 넘어지게 하는 걸림돌과 같은 사람에게는 화가 있을 것이다. 네 손이나 네 발이 너를 죄짓게 하거든 잘라 내버려라. 두 손, 두 발 다 가지고 영원히 타는 불 속에 던져지느니 불구자나 장애인으로 생명에 들어가는 것이 낫다. 네 눈이 너를 죄짓게 하거든 빼내 버려라. 두 눈을 가지고 지옥 불 속에 던져지느니 한 눈만 가지고 생명에 들어가는 것이 낫다."

잃은 양의 비유

"이 작은 사람들 가운데 한 명이라도 업신여기지 않도록 조심하라. 내가 너희에게 말한다. 하늘에서 그들의 천사들이 하늘에 계신 내 아버지의 얼굴을 항상 뵙고 있다. 너희는 어떻게 생각하느냐? 양 100마리를 가진 사람이 있는데 그 가운데 한 마리가 길을 잃었다고 하면 그가 99마리를 산에 두고 가서 길 잃은 그 양을 찾아다니지 않겠느냐? 내가 진실로 너희에게 말한다. 만약 그 양을 찾게 되면 그는 길 잃지 않은 99마리 양보다 오히려 그 한 마리 양 때문에 더욱 기뻐할 것이다. 이와 같이 이 어린아이 중 한 명이라도 잃는 것은 하늘에 계신 너희 아버지의 뜻이 아니다."

교회 안에서 죄를 다루는 법

"만일 네 형제가 네게 죄를 짓거든 가서 단 둘이 있는 자리에서 잘못을 지적해 주어라. 그가 네 말을 들으면 너는 네 형제를 얻는 것이다. 그러나 만일 네 말을 듣지 않으면 그가 하는 모든 말에 두세 사람의 증언을 얻기 위해 한두 사람을 데리고 가거라. 그러나 만일 그가 그들의 말도 거부하면 교회에 말하여라. 교회의 말조차 듣지 않으면 너는 그를 이방 사람이나 세리처럼 여겨라. 내가 진실로 너희에게 말한다. 무엇이든 너희가 땅에서 매면 하늘에서도 매일 것이요, 무엇이든 너희가 땅에서 풀면 하늘에서도 풀릴 것이다. 다시 내가 진실로 너희에게 말한다. 너희 가운데 두 사람이 땅에서 어떤 일이든지 마음을 모아 간구하면 하늘에 계신 내 아버지께서 그들에게 이루어 주실 것이다. 두세 사람이 내 이름으로 모이는 곳에는 나도 그들 가운데 있다."

용서할 줄 모르는 종의 비유

그때 베드로가 예수께 와서 물었습니다. "주여, 제 형제가 제게 죄를 지으면 몇 번이나 용서해야 합니까? 일곱 번까지 해야 합니까?"

예수께서 대답하셨습니다. "내가 너희에게 말한다. 일곱 번만 아니라 70번씩 일곱 번이라도 용서해야 한다. 그러므로 하늘나라는 마치 자기 종들과 빚을 결산하려는 왕과 같다. 왕이 결산을 시작하자 1만 달란트 빚진 사람이 왕 앞에 나오게 됐다. 그런데 그는 빚 갚을 돈이 없었기 때문에 주인은 그 종에게 그 자신과 아내와 자녀와 전 재산을 팔아 갚도록 명령했다. 그랬더니 종이 그 앞에 무릎을 꿇고 간청했다. '조금만 참아 주시면 모두 갚아 드리겠습니다.' 주인은 그 종을 불쌍히 여겨 그를 놓아주고 빚을 없애 주었다. 그러나 그 종은 밖으로 나가 자기에게 100데나리온 빚진 동료 종을 찾아냈다. 그는 동료의 멱살을 잡으며 '빚진 돈을 갚아라!' 하고 말했다. 그의 동료가 무릎을 꿇고 애걸했다. '조금만 참아 주게. 내가 다 갚겠네.' 그러나 그는 참지 못하고 가서 빚을 다 갚을 때까지 동료를 감옥에 가두어 버렸다. 이 일을 본 다른 동료 종들은 너무 기가 막혀서 주인에게 가서 이 일을 낱낱이 일러 바쳤다. 그러자 주인은 그 종을 불러서 말했다. '이 악한 종아! 네가 나에게 애원하기에 내가 네 빚을 모두 없애 주었다. 내가 너를 불쌍히 여긴 것처럼 너도 네 동료를 불쌍히 여겼어야 하지 않았느냐?' 그 주인은 화가 나서 그 종을 감옥 관리들에게 넘겨주며 빚진 것을 다 갚을 때까지 감옥에 가뒀다. 만일 너희가 진심으로 자기 형제를 용서하지 않는다면 하늘에 계신 내 아버지께서도 너희에게 이와 같이 행하실 것이다."

19 이혼

예수께서 이 말씀들을 끝마친 후에 갈릴리를 떠나 요단 강 건너편 유대 지방으로 가셨습니다. 많은 무리가 따라오자 예수께서는 거기서 그들을 고쳐 주셨습니다. 바리새파 사람들이 다가와 예수를 시험하려고 물었습니다. "이유가 된다면 사람이 그의 아내를 버리는 것이 적법한 것입니까?" 예수께서 대답하셨습니다. "너희는 '사람을 창조하신 분이 처음에 남자와 여자로 지으셨다'라는 말씀과 '그러므로 남자가 자기 부모를 떠나 아내와 연합해 둘이 한 몸이 될 것이다'라는 말씀을 읽어 보지 못했느냐? 그러므로 그들이 이제 둘이 아니라 하나다. 하나님께서 짝지어 주신 것을 사람이 갈라놓지 못한다." 그들이 물었습니다. "그러면 모세는 왜 남자에게 이혼 증서를 주고 아내와 헤어지라고 명령했습니까?" 예수께서 대답하셨습니다. "모세가 이혼을 허락한 것은 너희 마음이 완악하기 때문이다. 그러나 원래는 그렇지 않았다. 내가 너희에게 말한다. 누구든지 음행한 경우를 제외하고 아내와 이혼하고 다른 여자와 결혼하는 사람은 간음하는 것이다." 제자들이 예수께 말했습니다. "만일 남편과 아내의 관계가 그런 것이라면 차라리 결혼하지 않는 게 좋겠습니다." 예수께서 대답하셨습니다. "모든 사람이 이 말을 받아들일 수는 없다. 오로지 하나님께서 허락하신 사람들만 받아들인다. 모태에서부터 고자로 태어난 사람도 있고 다른 사람이 고자로 만들어서 고자가 된 사람도 있고 또 하늘나라를 위해 스스로 고자가 된 사람도 있다. 이 말을 받아들일 수 있는 사람은 받아들이라."

어린아이들과 예수

그때 사람들이 예수께 어린아이들을 데리고 와서 예수께서 손을 얹어 기도해 주시기를 원했습니다. 그러자 제자들이 그들을 꾸짖었습니다. 예수께서 말씀하셨습니다. "어린아이들을 내게 오게 하라. 그들을 막지 말라. 하늘나라는 이런 어린아이 같은 사람들의 것이다." 예수께서 그들에게 손을 얹어 기도해 주시고 그곳을 떠나셨습니다.

부자와 하나님의 나라

한 사람이 예수께 와서 물었습니다. "선생님, 제가 영생을 얻으려면 어떤 선한 일을 해야 합니까?" 예수께서 대답하셨습니다. "왜 너는 선한 일을 내게 묻느냐? 선하신 분은 오직 한 분이시다. 네가 생명에 들어가려면 계명들을 지켜라." 그 사람이 예수께 물었습니다. "어떤 계명을 말씀하십니까?" 예수께서 대답하셨습니다. "'살인하지 말라, 간음하지 말라, 도둑질하지 말라, 거짓 증언하지 말라, 네 부모를 공경하라, 네 이웃을 네 몸과 같이 사랑하라.'" 그 청년이 말했습니다. "이 모든 것을 제가 지켰습니다. 제가 아직 무엇이 부족합니까?" 예수께서 대답하셨습니다. "만일 네가 완전해지고자 한다면 가서 네 재산을 팔아 그 돈을 가난한 사람에게 주어라. 그러면 네가 하늘에서 보물을 얻을 것이다. 그리고 와서 나를 따라라." 그러나 그 청년은 이 말을 듣고 슬픔에 잠겨 돌아갔습니다. 그는 굉장한 부자였기 때문입니다. 그때 예수께서 제자들에게 말씀하셨습니다. "내가 진실로 너희에게 말한다. 부자는 하늘나라에 들어가기가 어렵다. 다시 내가 너희에게 말한다. 낙타가 바늘귀로 들어가는 것이 부자가 하늘나라에 들어가는 것보다 쉽다." 제자들은 이 말씀을 듣고 매우 놀라 물었습니다. "그러면 도대체 누가 구원을 얻겠습니까?" 예수께서 그들을 바라보시며 말씀하셨습니다. "사람에게는 불가능한 일이다. 그러나 하나님께는 모든 것이 가능하다." 베드로가 대답했습니다. "보십시오. 우리는 모든 것을 버리고 선생님을 따랐습니다! 그렇다면 우리는 무엇을 얻겠습니까?" 예수께서 그들에게 말씀하셨습니다. "내가 진실로 너희에게 말한다. 새 세상에서 인자가 자기의 영광스러운 보좌에 앉게 되면 나를 따르는 너희도 열두 보좌에 앉아 이스라엘의 열두 지파를 심판할 것이다. 또한 내 이름을 위해 집이나 형제나 부모나 자녀나 논밭을 버린 사람은 누구나 100배나 받을 것이며 또 영생을 물려받게 될 것이다. 그러나 먼저 된 사람이 나중 되고 나중 된 사람이 먼저 되는 일이 많을 것이다."

20 포도원 일꾼의 비유

"하늘나라는 자기 포도원에서 일할 일꾼을 고용하려고 이른 아침에 집을 나선 어떤 포도원 주인과 같다. 그 주인은 하루 품삯으로 1데나리온을 주기로 하고 일꾼들을 포도원으로 보냈다. 오전 9시쯤 돼 그가 나가 보니 시장에 빈둥거리는 사람들이 있었다. 그는 그들에게 '너희도 내 포도원에 가서 일하라. 적당한 품삯을 주겠다'라고 했다. 그래서 그들도 포도원으로 들어갔다. 그 사람은 12시와 오후 3시쯤에도 다시 나가 또 그렇게 했다. 그리고 오후

5시쯤 다시 나가 보니 아직도 빈둥거리며 서 있는 사람들이 있었다. 그는 '왜 하루 종일 하는 일 없이 여기서 빈둥거리고 있느냐?' 하고 물었다. 그들은 '아무도 일자리를 주지 않습니다'라고 대답했다. 주인이 그들에게 말했다. '너희도 내 포도원에 와서 일하라.' 날이 저물자 포도원 주인이 관리인에게 말했다. '일꾼들을 불러 품삯을 지불하여라. 맨 나중에 고용된 사람부터 시작해서 맨 처음 고용된 사람까지 그 순서대로 주어라.' 오후 5시에 고용된 일꾼들이 와서 각각 1데나리온씩 받았다. 맨 처음 고용된 일꾼들이 와서는 자기들이 더 많이 받으리라고 기대했다. 그러나 각 사람이 똑같이 1데나리온씩 받았다. 그들은 품삯을 받고 포도원 주인을 향해 불평했다. '나중에 고용된 일꾼들은 고작 한 시간밖에 일하지 않았습니다. 그런데 하루 종일 뙤약볕에서 고되게 일한 우리와 똑같은 일당을 주시다니요?' 그러자 포도원 주인이 일꾼 중 하나에게 대답했다. '여보게 친구, 나는 자네에게 잘못한 것이 없네. 자네가 처음에 1데나리온을 받고 일하겠다고 하지 않았나? 그러니 자네 일당이나 받아 가게. 나중에 온 일꾼에게 자네와 똑같이 주는 것이 내 뜻이네. 내가 내 것을 내 뜻대로 하는 것이 정당하지 않은가? 아니면 내가 선한 것이 자네 눈에 거슬리는가?' 이처럼 나중 된 사람이 먼저 되고 먼저 된 사람이 나중 될 것이다."

예수께서 자신의 죽음을 세 번째 예고하시다

예수께서 예루살렘으로 올라가시면서 열두 제자를 따로 곁에 불러 놓으시고 길에서 그들에게 말씀하셨습니다. "보라. 우리는 지금 예루살렘으로 올라가고 있다. 거기서 인자는 대제사장들과 율법학자들에게 넘겨질 것이고 그들은 인자에게 사형 선고를 내릴 것이다. 그리고 그들이 인자를 이방 사람들에게 넘겨주면 그들은 인자를 조롱하고 채찍으로 때리고 십자가에 못 박을 것이다. 그러나 인자는 3일째 되는 날에 다시 살아날 것이다."

한 어머니의 요청

그때 세베대의 아들들의 어머니가 자기 아들들과 함께 예수께 다가와 무릎을 꿇으며 간청했습니다. 예수께서 물으셨습니다. "무엇을 원하느냐?" 그 여인이 대답했습니다. "주의 나라에서 제 두 아들 중 하나는 주의 오른편에, 다른 하나는 왼편에 앉게 해 주십시오." 예수께서 그들에게 대답하셨습니다. "너희가 지금 무엇을 구하고 있는지 모르는구나. 내가 이제 마시려는 잔을 너희가 마실 수 있겠느냐?" 그들이 대답했습니다. "할 수 있습니다." 예수께서 그들에게 말씀하셨습니다. "너희가 분명히 내 잔을 마시게 될 것이다. 그러나 내 오른편이나 왼편에 앉는 것은 내가 정해 주는 것이 아니다. 그 자리는 내 아버지께서 정하신 사람들에게 돌아갈 것이다." 이 말을 들은 다른 열 명의 제자들은 이 두 형제에게 분개했습니다. 예수께서 제자들을 함께 불러 놓고 말씀하셨습니다. "너희도 알듯이 이방 통치자들은 자기 백성들 위에 군림하고 그 고관들도 권력을 행사한다. 너희는 그렇게 해서는 안 된다. 오히려 누구든지 너희 중에서 큰 사람이 되려는 사람은 너희를 섬기는 사람이 돼야 하고 누구든지 첫째가 되려는 사람은 너희의 종이 돼야 한다. 인자 역시 섬김을 받으러 온 것이 아니라 섬기러 왔고 많은 사람을 위해 자기 목숨을 대속물로 주려고 온 것이다."

눈먼 사람 두 명이 눈을 뜨다

그들이 여리고를 떠날 때에 큰 무리가 예수를 따랐습니다. 눈먼 사람 두 명이 길가에 앉아 있다가 예수께서 지나가신다는 말을 듣고 소리를 질렀습니다. "다윗의 자손이신 주님, 저희를 불쌍히 여겨 주십시오!" 사람들이 그들을 꾸짖으며 조용히 하라고 했습니다. 하지만 그들은 더욱 큰 소리를 질렀습니다. "다윗의 자손이신 주님, 우리를 불쌍히 여겨 주십시오!" 예수께서 걸음을 멈추고 그들을 불러 물으셨습니다. "내가 너희에게 무엇을 해 주기 원하느냐?" 그들이 대답했습니다. "주님, 우리 눈을 뜨게 해 주십시오." 예수께서 그들을 불쌍히 여기시고 그들의 눈에 손을 대셨습니다. 그러자 그들이 곧 다시 보게 됐습니다. 그리고 그들은 예수를 따랐습니다.

21 예수께서 왕으로 예루살렘에 입성하시다

그들이 예루살렘에 가까이 와서 올리브 산 기슭에 있는 벳바게에 이르자 예수께서는 두 제자를 보내시며 그들에게 말씀하셨습니다. "너희는 저 건너편 마을로 가라. 거기에 가면 나귀 한 마리가 새끼 나귀와 함께 묶여 있을 것이다. 그 나귀들을 풀어서 내게로 끌고 와라. 만일 누가 너희에게 무슨 말을 하거든 '주께서 필요로 하신다'고 말하라. 그리하면 나귀들을 곧 내어 줄 것이다." 이는 예언자를 통해 하신 말씀을 이루시려는 것이었습니다. "시온의 딸에게 말하라. '보라. 너희 왕이 너희에게 오신다. 그분은 겸손하셔서 나귀를 타셨으니 어린 나귀, 곧 멍에 메는 짐승의 새끼다.'" 제자들은 가서 예수께서 시키신 대로 했습니다. 그들은 나귀와 새끼 나귀를 끌고 와서 그 등 위에 자기들의 겉옷을 얹었습니다. 그러자 예수께서 그 위에 앉으셨습니다. 큰 무리가 겉옷을 벗어 길에 폈고 어떤 사람들은 나뭇가지를 꺾어서 길에 깔기도 했습니다. 앞서가는 무리들과 뒤따라가는 무리들이 외쳤습니다. "다윗의 자손께 호산나!" "주의 이름으로 오시는 분께 복이 있도다!" "지극히 높은 곳에서 호산나!" 예수께서 예루살렘에 들어가시자 온 성이 떠들썩해졌습니다. 사람들이 물었습니다. "이 사람이 누구요?" 무리가 대답했습니다. "이분은 갈릴리 나사렛에서 오신 예언자 예수라오."

성전에서의 예수

예수께서 성전에 들어가셔서 성전에서 장사하던 사람들을 모두 내쫓으셨습니다. 예수께서는 돈 바꿔 주는 사람들의 상과 비둘기를 파는 사람들의 의자도 둘러엎으셨습니다. 예수께서 그들에게 말씀하셨습니다. "성경에 이렇게 기록돼 있다. '내 집은 기도하는 집이라 불릴 것이다.' 그런데 너희는 이 성전을 '강도의 소굴'로 만드는구나." 성전에서 눈먼 사람들과 다리를 저는 사람들이 예수께로 나아오자 예수께서는 그들을 고쳐 주셨습니다. 그러나 대제사장들과 율법학자들은 예수께서 행하신 놀라운 일들과 어린아이들이 성전에서 "다윗의 자손께 호산나!" 하고 외치는 것을 보고 화가 났습니다.

그들이 예수께 물었습니다. "이 어린아이들이 무슨 말을 하는지 들립니까?" 예수께서 대답하셨습니다. "물론이다. 너희는 '주께서 어린아이들과 젖먹이들의 입에서 찬양이 나오게 하셨다' 하신 말씀을 읽어 보지 못했느냐?" 그리고 예수께서 그들을 떠나 성 밖 베다니에 가서 그날 밤을 지내셨습니다.

예수께서 무화과나무를 저주하시다

이른 아침 성으로 돌아오는 길에 예수께서는 시장하셨습니다. 예수께서 길가에 있는 무화과나무 한 그루를 보고 가까이 가셨습니다. 그러나 잎사귀밖에는 아무것도 없으므로 그 나무에게 말씀하셨습니다. "다시는 네가 열매를 맺지 못할 것이다!" 그러자 즉시 나무가 말라 버렸습니다. 제자들은 이것을 보고 놀라 물었습니다. "어떻게 무화과나무가 이렇게 당장 말라 버렸습니까?" 예수께서 대답하셨습니다. "내가 진실로 너희에게 말한다. 너희가 믿고 의심하지 않으면 이 무화과나무에 한 일을 너희도 할 수 있을 뿐 아니라 이 산에게 '들려서 바다에 빠져라' 하고 말해도 그대로 이루어질 것이다. 너희가 기도할 때 무엇이든지 믿고 구하는 것은 다 받을 것이다."

예수의 권세를 두고 말하다

예수께서 성전에 들어가서 가르치고 있을 때 대제사장들과 백성의 장로들이 예수께 와서 물었습니다. "당신이 무슨 권세로 이런 일을 하는 것이오? 누가 이런 권세를 주었소?" 예수께서 대답하셨습니다. "나도 한 가지 물어보겠다. 너희가 대답하면 내가 무슨 권세로 이런 일을 하는지 말해 주겠다. 요한의 세례가 어디서 왔느냐? 하늘로부터냐, 아니면 사람으로부터냐?" 그들은 이것을 두고 서로 의논하며 말했습니다. "우리가 '하늘로부터 왔다'고 하면 저 사람이 '그러면 왜 요한을 믿지 않았느냐'고 할 테고 그렇다고 '사람으로부터 왔다'고 하면 사람들이 요한을 예언자로 믿고 있으니 두려울 따름이다." 그래서 그들은 예수께 "잘 모르겠다"라고 대답했습니다. 그러자 예수께서 말씀하셨습니다. "그렇다면 나도 무슨 권세로 이런 일을 하는지 너희에게 말하지 않겠다."

두 아들의 비유

"너희는 어떻게 생각하느냐? 어떤 사람에게 두 아들이 있었다. 그 사람이 맏아들에게 가서 '얘야, 오늘 포도원에 가서 일하여라' 하고 말했다. 맏아들은 '싫습니다'라고 대답했지만 그 뒤에 그는 뉘우치고 일하러 갔다. 그 후 아버지는 둘째 아들에게 가서 똑같이 말했다. 둘째 아들은 '예, 아버지'라고 대답만 하고는 가지 않았다. 두 아들 가운데 누가 아버지의 뜻을 행했느냐?" 그들이 대답했습니다. "맏아들입니다." 예수께서 그들에게 말씀하셨습니다. "내가 진실로 너희에게 말한다. 세리들과 창녀들이 너희보다 먼저 하나님 나라에 들어갈 것이다. 요한이 너희에게 의의 길을 보여 주려고 왔는데, 너희는 그를 믿지 않았지만 세리들과 창녀들은 그를 믿었다. 너희는 이것을 보고도 여전히 회개하지 않고 그를 믿지 않았다."

소작인의 비유

"또 다른 비유를 들어 보라. 포도원을 만든 집주인이 있었다. 그는 포도원 둘레에 울타리를 치고 땅을 파서 포도즙 짜는 틀을 만들고 망대를 세웠다. 그리고 어떤 농부들에게 포도원을 세주고 멀리 여행을 떠났다. 수확할 때가 가까워지자 주인은 열매 소출의 얼마를 받기 위해 자기 종들을 농부들에게 보냈다. 그 농부들은 종들을 붙잡아 하나는 때리고 다른 하나는 죽이고 또 다른 하나는 돌로 쳤다. 그 후 주인은 다른 종들을 처음보다 더 많이 보냈다. 그러나 농부들은 그 종들에게도 똑같이 대했다. 마침내 주인은 '그들이 내 아들은 존중하겠지'라며 자기 아들을 농부들에게 보냈다. 그러나 농부들은 그 아들을 보자 자기들끼리 수군거렸다. '이 사람은 상속자다. 가서 그를 죽이고 그의 유산을 빼앗아 버리자!' 그래서 그들은 아들을 붙잡아 포도원 밖으로 끌어내 죽이고 말았다. 그렇다면 포도원 주인이 돌아와서 이 농부들에게 어떻게 하겠느냐?" 그들이 예수께 대답했습니다. "주인은 그 악한 사람들을 처참히 죽이고 제때에 소출의 열매를 바칠 수 있는 다른 농부들에게 포도원을 내어 줄 것입니다." 예수께서 그들에게 말씀하셨습니다. "너희가 성경에서 이런 말씀을 읽어 보지 못했느냐? '건축자들이 버린 돌이 머릿돌이 됐다. 주께서 이렇게 하셨으니 우리 눈에 놀라울 뿐이다.' 그러므로 내가 너희에게 말한다. 하나님 나라를 너희에게서 빼앗아 그 나라의 열매 맺는 백성에게 줄 것이다. [누구든지 이 돌 위에 떨어지는 사람은 산산조각이 날 것이며 이 돌이 어느 사람 위에 떨어지든지 맞는 사람은 가루가 될 것이다.]" 대제사장들과 바리새파 사람들은 예수의 비유를 듣고서 그것이 자기들을 가리켜 하시는 말씀인 줄을 알아차렸습니다. 그들은 예수를 체포하고 싶었지만 백성들이 두려웠습니다. 사람들이 예수를 예언자로 여기고 있었기 때문입니다.

22 혼인 잔치의 비유

예수께서 다시 비유를 들어 그들에게 말씀하셨습니다. "하늘나라는 자기 아들을 위해 결혼 잔치를 베푸는 왕과 같다. 왕은 자기 종들을 보내 결혼 잔치에 초대받은 사람들을 불러오게 했다. 그러나 그들은 오지 않겠다고 했다. 왕은 다시 다른 종들을 보내면서 말했다. '초대받은 사람들에게 내가 만찬을 준비했다고 전하라. 황소와 살진 송아지를 잡았고 모든 것이 준비됐으니 어서 결혼 잔치에 오시라고 하라.' 그러나 초대받은 사람들은 들은 척도 하지 않고 제각기 가 버렸다. 어떤 사람은 자기 밭으로 가고 어떤 사람은 장사하러 가 버렸다. 그리고 또 다른 사람들은 그 종들을 붙잡아 모욕하고 죽이기까지 했다. 격분한 왕은 자기 군대를 보내 그 살인자들을 죽이고 그들의 도시를 불태워 버렸다. 그리고 왕은 자기 종들에게 말했다. '결혼 잔치는 준비됐으나 내가 초대한 사람들은 자격이 없다. 너희는 길거리로 나가 만나는 사람마다 잔치에 오라고 초대하라.' 그래서 종들은 길거리에 나가 악한 사람이나 선한 사람이나 눈에 띄는 대로 사람들을 모두 모아들였다. 그렇게 해서 결혼 잔치 자리는 손님으로 가득 차게 됐다. 그런데 왕이 손님들을 보려고 들어왔다가 거기 어떤 사람이 예복을 입고 있지 않은 것을 보고 물었다. '이보게 친구, 그대는 어떻게 결혼 예복도 입지 않고 여기에 들어온 거요?' 그는 아무 대답도 할 수 없었다. 그러자 왕이 종들에게 말했다. '이 사람의 손과 발을 묶어 바깥 어두운 곳으로 내쫓으라. 거기서 슬피 울며 이를 갈 것이다.' 이와 같이 초대받은 사람은 많지만 선택받은 사람은 적다."

가이사에게 세금을 바치는 것

이에 바리새파 사람들이 나가 어떻게 하면 예수의 말을 트집 잡아 함정에 빠뜨릴까 궁리했습니다. 그들은 자기 제자들과 헤롯 당원들을 예수께 보내 물었습니다. "선생님, 우리는 선생님이 진실한 분이시며 진리에 따라 하나님의 도를 가르치신다고 알고 있습니다. 그리고 사람을 겉모습으로 판단하지 않기 때문에 사람에 의해 좌우되는 분이 아니신 것도 압니다. 그러니 말씀해 주십시오. 선생님의 의견은 어떻습니까? 저희가 가이사에게 세금을 바치는 것이 옳습니까, 옳지 않습니까?" 그러나 예수께서는 이들의 악한 속셈을 알고 말씀하셨습니다. "이 위선자들아! 왜 너희가 나를 시험하느냐? 세금으로 내는 돈을 내게 보이라." 그들이 데나리온 하나를 예수께 보여 드리자 예수께서 그들에게 물으셨습니다. "동전에 있는 얼굴과 새겨진 글자가 누구의 것이냐?" 그들은 "가이사의 것입니다"라고 대답했습니다. 그러자 예수께서 그들에게 말씀하셨습니다. "그러므로 가이사의 것은 가이사에게 바치고 하나님의 것은 하나님께 바치라." 그들은 예수의 말씀을 듣고 경탄했습니다. 그리고 예수를 남겨 둔 채 떠나갔습니다.

부활 때 혼인 관계

같은 날, 부활이 없다고 하는 사두개파 사람들이 예수께 와서 질문했습니다. "선생님, 모세는 남자가 자식 없이 죽게 되면 그 동생이 형수와 결혼해서 형을 위해 자식을 낳아 주어야 한다고 말했습니다. 그런데 우리 가운데 일곱 형제가 있었습니다. 첫째가 결혼해 살다가 죽었는데 자식이 없었기 때문에 그 동생이 형수를 맡게 됐습니다. 그런데 둘째에게도, 셋째에게도 계속해서 일곱째에 이르기까지 똑같은 일이 일어났습니다. 그리고 마침내 그 여자도 죽었습니다. 일곱 사람 모두 그 여자와 결혼했으니 그렇다면 부활 때에 그 여자는 일곱 형제 가운데 누구의 아내가 되겠습니까?" 예수께서 대답하셨습니다. "너희가 성경이나 하나님의 능력을 모르기 때문에 잘못 생각하고 있구나. 부활 때는 사람들이 시집도 장가도 가지 않는다. 그들은 하늘에 있는 천사들처럼 될 것이다. 그러나 죽은 사람의 부활에 대해 말하자면 하나님께서 너희에게 하신 말씀을 읽어 보지 못했느냐? '나는 아브라함의 하나님, 이삭의 하나님, 야곱의 하나님이다'라고 하셨으니 하나님은 죽은 사람의 하나님이 아니라 산 사람의 하나님이시다." 무리가 이 말씀을 듣고 예수의 가르침에 놀랐습니다.

가장 중요한 계명

예수께서 사두개파 사람들의 말문을 막으셨다는 소문을 듣고 바리새파 사람들이 함께 모였습니다. 그들 가운데 율법교사 한 사람이 예수를 시험하려고 질문을 던졌습니다. "선생님, 율법 가운데 어느 것이 가장 중요한 계명입니까?" 예수께서 대답하셨습니다. "'네 마음을 다하고 네 생명을 다하고 네 뜻을 다해 주 네 하나님을 사랑하여라.' 이것이 가장 중요하고 으뜸 되는 계명이다. 그리고 둘째 계명도 이와 같다. '네 이웃을 네 몸처럼 사랑하여라.' 모든 율법과 예언자들의 말씀이 이 두 계명에서 나온 것이다."

그리스도가 누구의 자손인가?

바리새파 사람들이 모여 있을 때 예수께서 물으셨습니다. "너희는 그리스도를 어떻게 생각하느냐? 그가 누구의 자손이냐?" 그들은 "다윗의 자손이십니다" 하고 대답했습니다. 그러자 예수께서 그들에게 말씀하셨습니다. "그렇다면 어떻게 다윗이 성령의 감동으로 그를 '주'라고 불렀느냐? 그가 말하기를 '주께서 내 주께 말씀하셨다. 내가 네 원수들을 네 발아래 굴복시킬 때까지 너는 내 오른편에 앉아 있어라'라고 했다. 다윗이 그리스도를 '주'라고 불렀는데 어떻게 그리스도가 다윗의 자손이 되겠느냐?" 그러자 아무도 예수께 한마디 대답조차 할 수 없었습니다. 그날 이후로는 감히 예수께 묻는 사람이 없었습니다.

23 위선에 대한 경고

그때 예수께서 무리들과 제자들에게 말씀하셨습니다. "율법학자들과 바리새파 사람들은 모세의 자리에 앉아 있다. 그러므로 너희는 그들이 하는 말은 무엇이든 다 행하고 지키라. 그러나 그들의 행동은 본받지 말라. 그들은 말만 하고 행하지는 않는다. 그들은 지기 힘든 무거운 짐을 묶어 사람들의 어깨에 지우고는 정작 자신은 그 짐을 옮기는 데 손가락 하나 움직이려 하지 않는구나. 그들은 남에게 잘 보이려고 모든 행동을 한다. 그들은 성구 상자를 넓게 만들고 옷술을 길게 늘어뜨리며 잔치에서는 상석을 좋아하고 회당에서는 높은 자리를 좋아한다. 시장에 가면 인사받기를 좋아하고 사람들한테 '랍비'라고 불리기를 좋아한다. 그러나 너희는 '랍비'라고 불려서는 안 된다. 너희 선생은 오직 한 분뿐이며 너희는 모두 형제들이기 때문이다. 또 너희는 누구든지 땅에 있는 사람을 너희 아버지라 부르지 말라. 너희 아버지는 한 분뿐이시며 하늘에 계시기 때문이다. 너희는 지도자라고 불려서도 안 된다. 너희 지도자는 그리스도 한 분뿐이시기 때문이다. 너희 중 가장 큰 사람은 너희 종이 돼야 할 것이다. 누구든지 자기를 높이는 사람은 낮아지며 누구든지 자기를 낮추는 사람은 높아질 것이다.

바리새파 사람들과 율법학자들에 대한 일곱 가지 화

너희에게 화가 있을 것이다. 율법학자와 바리새파 위선자들아! 너희는 사람들 앞에서 하늘나라 문을 닫아 버렸다. 너희 자신만 들어가지 않을 뿐 아니라 들어가려는 사람들마저 막고 있구나. 너희에게 화가 있을 것이다. 율법학자와 바리새파 위선자들아! 너희는 개종자 한 사람을 만들려고 육지와 바다를 두루 다니다가 정작 누군가 개종자가 되면 너희보다 두 배나 더 악한 지옥의 자식으로 만든다. 너희에게 화가 있을 것이다. 앞을 못 보는 인도자들아! 너희는

'누구든지 성전을 두고 맹세한 것은 지키지 않아도 되지만 성전의 금을 두고 맹세한 것은 반드시 지켜야 한다'고 말한다. 이 어리석고 앞을 못 보는 사람들아, 무엇이 더 중요하냐? 금이냐, 아니면 금을 거룩하게 하는 성전이냐? 너희는 또 '누구든지 제단을 두고 맹세한 것은 지키지 않아도 되지만 제단에 있는 제물을 두고 맹세한 것은 반드시 지켜야 한다'고 말한다. 앞을 못 보는 이 사람들아, 무엇이 더 중요하냐? 제물이냐, 아니면 제물을 거룩하게 하는 제단이냐? 그러므로 제단을 두고 맹세하는 사람은 제단과 제단 위에 있는 모든 것을 두고 맹세하는 것이다. 또 성전을 두고 맹세하는 사람은 성전과 성전 안에 사시는 분을 두고 맹세하는 것이다. 또 하늘을 두고 맹세하는 사람은 하나님의 보좌와 그 보좌 위에 앉으신 분을 두고 맹세하는 것이다. 너희에게 화가 있을 것이다. 율법학자와 바리새파 위선자들아! 너희는 박하와 회향과 근채의 십일조를 바치면서 율법 가운데 더 중요한 정의와 자비와 신의는 무시해 버렸다. 그러나 십일조도 바치고 이런 것들도 소홀히 하지 말아야 했다. 앞을 못 보는 인도자들아! 너희가 하루살이는 걸러 내고 낙타는 삼키는구나. 너희에게 화가 있을 것이다. 율법학자와 바리새파 위선자들아! 너희가 잔과 접시의 겉은 깨끗이 잘 닦으면서 그 안은 욕심과 방탕으로 가득 차 있구나. 눈먼 바리새파 사람들아! 먼저 잔 속을 깨끗이 닦으라. 그래야 겉도 깨끗해질 것이다. 너희에게 화가 있을 것이다. 율법학자와 바리새파 위선자들아! 너희는 하얗게 칠한 무덤과 같다. 겉은 그럴듯해 보이지만 속은 죽은 사람의 뼈와 온갖 더러운 것들로 가득 차 있다. 이와 같이 너희도 겉으로는 사람들에게 의롭게 보이지만 그 속에는 위선과 불법이 가득 차 있다. 너희에게 화가 있을 것이다. 율법학자와 바리새파 위선자들아! 너희는 예언자들의 무덤을 만들고 의인들의 기념비를 꾸미면서 '만일 우리가 우리 조상들의 시대에 살았더라면 예언자들을 피 흘리게 하는 데에 가담하지 않았을 것이다' 하고 말하는구나. 그러나 이와 같이 너희는 예언자들을 죽인 사람들의 자손임을 스스로 증언하고 있다. 그러므로 너희는 너희 조상들의 악한 일을 마저 채우라! 이 뱀들아! 이 독사의 자식들아! 너희가 어떻게 지옥의 심판을 피하겠느냐? 그러므로 내가 너희에게 예언자들과 지혜로운 사람들과 율법학자들을 보낸다. 그러나 너희는 그들 가운데 어떤 사람들은 죽이거나 십자가에 못 박고 또 어떤 사람들은 회당에서 채찍질하고 이 마을 저 마을로 쫓아다니며 핍박할 것이다. 그러므로 의로운 아벨의 피부터 너희가 성소와 제단 사이에서 살해한 바라갸의 아들 사가랴의 피까지 땅 위에서 흘린 의로운 피가 모두 너희에게 돌아갈 것이다. 내가 진실로 너희에게 말한다. 이 모든 일이 이 세대에게 돌아갈 것이다. 예루살렘아, 예루살렘아! 예언자들을 죽이고 네게 보낸 사람들에게 돌을 던진 예루살렘아, 암탉이 병아리를 날개 아래 품듯이 내가 네 자녀를 모으려고 한 적이 몇 번이더냐? 그러나 너희가 원하지 않았다. 보라. 이제 너희 집은 버림받아 황폐해질 것이다. 내가 너희에게 말한다. '주의 이름으로 오시는 분이 복되시다!' 하고 말할 때까지 너희가 다시는 나를 보지 못할 것이다."

24 성전의 파괴와 마지막 때의 징조

예수께서 성전에서 나와 걸어가시는데 제자들이 다가와 성전 건물을 가리켜 보였습니다. 예수께서 물으셨습니다. "너희는 이 모든 것이 보이지 않느냐? 내가 진실로 너희에게 말한다. 여기에 있는 돌 하나라도 돌 위에 남지 않고 다 무너져 내릴 것이다."

예수께서 올리브 산에 앉아 계시는데 제자들이 조용히 다가와 말했습니다. "언제 그런 일이 일어나겠습니까? 선생님께서 다시 오시는 때와 세상 끝 날에 어떤 징조가 있겠습니까? 우리에게 말씀해 주십시오." 예수께서 대답하셨습니다. "어느 누구에게도 현혹되지 않도록 조심하라. 많은 사람들이 내 이름으로 와서 '내가 그리스도다' 하고 주장하면서 많은 사람들을 현혹할 것이다. 너희가 전쟁의 소식과 소문을 듣게 될 것이다. 그러나 결코 놀라지 말라. 이런 일이 반드시 일어나야 하겠지만 아직 끝이 온 것은 아니다. 민족과 민족이 서로 대항해 일어나고 나라와 나라가 서로 대항해 일어날 것이다. 곳곳에서 기근과 지진이 생길 것이다. 이 모든 일은 진통의 시작일 뿐이다. 그런 후에 사람들이 너희를 핍박당하도록 넘겨주고 너희를 죽일 것이며 모든 민족이 나로 인해 너희를 미워할 것이다. 그때 많은 사람들이 시험을 당하고 서로 넘겨주며 미워할 것이다. 또 가짜 예언자들이 많이 나타나 많은 사람들을 현혹하겠고 불법이 더욱 많아져 많은 사람들의 사랑이 식어 갈 것이다. 그러나 끝까지 굳게 서 있는 사람은 구원을 얻을 것이다. 그리고 이 하늘나라 복음이 온 세상에 전파돼 모든 민족들에게 증언될 것이다. 그때서야 끝이 올 것이다." "예언자 다니엘을 통해 예언된 '멸망의 가증한 상징물'

이 거룩한 곳에 서 있는 것을 보면 (읽는 사람들은 깨달으라) 유대 땅에 있는 사람은 산으로 도망치라. 지붕 위에 있는 사람은 집 안 물건을 가지러 내려가지 말라. 들에 있는 사람은 겉옷을 가지러 돌아가지 말라. 그날에는 임신한 여인들이나 젖먹이를 둔 여인들에게 화가 있다. 너희가 도망하는 일이 겨울이나 안식일에 일어나지 않도록 기도하라. 그때가 되면 큰 환난이 있을 것이다. 그런 환난은 세상이 시작된 이후 지금까지 없었고 앞으로도 없을 것이다. 그날들을 줄여 주시지 않더라면 아무도 구원받지 못할 것이다. 그러나 택하신 사람들을 위해 하나님께서 그날들을 줄여 주실 것이다. 그때 누군가 너희에게 '보라. 그리스도가 여기 있다' 또 '그가 저기 있다' 라고 해도 믿지 말라. 가짜 그리스도들과 가짜 예언자들이 나타나 놀라운 표적과 기사를 보이면서 가능한 한 선택받은 사람들까지도 현혹할 것이다. 보라. 그때가 오기 전에 내가 미리 너희에게 일러두었다. 그러므로 누가 너희에게 '그리스도께서 저기 광야에 계시다' 라고 해도 나가지 말고 또 '그리스도께서 여기 골방에 계시다'라고 해도 믿지 말라. 번개가 동쪽에서 치면 서쪽까지 번쩍이듯이 인자가 오는 것도 그럴 것이다. 시체가 있는 곳에는 독수리들이 모여드는 법이다. 그 환난의 날들이 끝나자마자 '해가 어두워지고 달이 빛을 내지 않을 것이며 별들이 하늘에서 떨어지고 하늘의 세력들이 흔들릴 것이다.' 그때 인자의 표적이 하늘에 나타날 것이고 세상의 모든 민족이 통곡할 것이다. 그들은 인자가 능력과 큰 영광 가운데 하늘의 구름을 타고 오는 것을 보게 될 것이다. 그리고 인자가 큰 나팔 소리와 함께 자기 천사들을 보낼 것이며 그들은 하늘 이 끝에서 저 끝까지 사방에서 그가 선택한 사람들을 모을 것이다. 무화과나무로 부터 교훈을 배우라. 그 가지가 연해지고 잎이 돋으면 여름이 가까이 왔음을 알게 된다. 이와 같이 이런 모든 일을 보면 그때가 바로 인자가 문 앞에 가까이 왔음을 알게 될 것이다. 내가 진실로 너희에게 말한다. 이 세대가 지나가기 전에 이 모든 일이 일어날 것이다. 하늘과 땅은 없어질지라도 내가 한 말은 결코 없어지지 않을 것이다.

그날과 그때는 아무도 모른다

그 날짜와 그 시각은 아무도 모른다. 하늘의 천사들도 모르고 아들도 모른다. 오직 아버지만 아신다. 노아의 때에 그러했던 것처럼 인자가 오는 것도 그러할 것이다. 홍수가 나기 전 사람들은 노아가 방주에 들어가던 그날까지도 먹고 마시고 장가가고 시집가고 하다가 홍수가 나서 그들을 모두 쓸어 갈 때까지 무슨 일이 일어나고 있는지 전혀 알지 못했다. 인자가 올 때도 그와 같을 것이다. 두 사람이 들에 있다가 한 명은 취해질 것이고 다른 한 명은 남겨질 것이며 두 여자가 맷돌을 갈다가 한 명은 취해질 것이고 다른 한 명은 남겨질 것이다. 그러므로 너희는 깨어 있으라. 너희 주께서 어느 날에 오실지 알 수 없기 때문이다. 그리고 이것을 명심하라. 만약 한밤에 도둑이 몇 시에 올 줄 알았다면 집주인은 깨어 있다가 도둑이 들어오지 못하게 했을 것이다. 그러므로 너희도 준비하고 있어야 한다. 생각지도 않은 시간에 인자가 올 것이기 때문이다. 누가 신실하고 지혜로운 종이겠느냐? 주인이 그의 집 사람들을 맡기고 제때에 양식을 나누어 줄 사람은 누구겠느냐? 주인이 돌아와서 볼 때 주인이 시킨

대로 일을 하고 있는 그 종은 복이 있을 것이다. 내가 진실로 너희에게 말한다. 주인은 그 종에게 자기 모든 재산을 맡길 것이다. 그러나 그 종이 악한 마음을 품고 생각하기를 '내 주인은 아직 멀리 있다'라고 하며 함께 일하는 다른 종들을 때리고 술 좋아하는 친구들과 어울려 먹고 마신다면 종이 미처 생각지도 못한 날에 그리고 알지도 못한 시각에 그 종의 주인이 돌아와 그 종을 처벌하고 위선자들과 함께 가두리니 그들은 거기서 슬피 울며 이를 갈 것이다."

25 열 처녀의 비유

"그때 하늘나라는 등불을 들고 신랑을 맞이하러 나간 열 명의 처녀와 같을 것이다. 그 가운데 다섯 명은 어리석었고 다섯 명은 슬기로웠다. 어리석은 처녀들은 등불은 가져왔지만 기름은 챙기지 않았다. 하지만 슬기로운 처녀들은 등불과 함께 그릇에 기름을 담아 가지고 왔다. 신랑이 늦도록 오지 않자 처녀들은 모두 졸다가 잠이 들어 버렸다. 한밤중에 갑자기 '신랑이 온다! 어서 나와서 신랑을 맞으라!' 하는 소리가 들렸다. 그러자 처녀들은 모두 일어나 자기 등불을 준비했다. 어리석은 처녀들은 슬기로운 처녀들에게 '우리 등불이 꺼져 가는데 기름을 좀 나눠 다오' 하고 부탁했다. 슬기로운 처녀들은 '안 된다. 너희와 우리가 같이 쓰기에는 기름이 부족할지도 모른다. 기름 장수에게 가서 너희가 쓸 기름을 좀 사라' 하고 대답했다. 그러나 그들이 기름을 사러 간 사이에 신랑이 도착했다. 준비하고 있던 처녀들은 신랑과 함께 결혼 잔치에 들어갔고 문은 닫혀 버렸다. 어리석은 처녀들은 나중에 돌아와 애원했다. '주여! 주여! 우리가 들어가게 문을 열어 주십시오!' 그러나 신랑은 대답했다. '내가 진실로 너희에게 말한다. 나는 너희를 알지 못한다.' 그러므로 너희도 깨어 있으라. 그 날짜와 그 시각을 알지 못하기 때문이다."

금 달란트의 비유

"또한 하늘나라는 어떤 사람이 자기 종들을 불러 재산을 맡기고 여행을 떠나려는 것과 같다. 그는 종들의 능력에 따라 각각 5달란트, 2달란트, 1달란트를 주고는 여행을 떠났다. 5달란트 받은 종은 곧장 가서 그 돈으로 장사해 5달란트를 더 벌었다. 마찬가지로 2달란트 받은 종도 2달란트를 더 벌었다. 그러나 1달란트 받은 종은 가서 땅에 구덩이를 파고 주인의 돈을 감춰 두었다. 시간이 흘러 그 종들의 주인이 집으로 돌아와 종들과 결산하게 됐다. 5달란트 받은 종이 주인에게 5달란트를 더 가져와 말했다. '주인님, 주인님은 제게 5달란트를 맡기셨습니다. 자, 보십시오. 제가 5달란트를 더 벌었습니다.' 그러자 그의 주인이 대답했다. '잘했다. 착하고 신실한 종아! 네가 작은 일에 충성했으니 이제 더 많은 일을 맡기겠다. 와서 네 주인의 기쁨을 함께 나누자!' 2달란트 받은 종도 와서 말했다. '주인님, 주인님은 제게 2달란트를 맡기셨습니다. 자, 보십시오. 제가 2달란트를 더 벌었습니다.' 그의 주인이 대답했다. '잘했다. 착하고 신실한 종아! 네가 작은 일에 충성했으니 이제 더 많은 일을 맡기겠다. 와서 네 주인의 기쁨을 함께 나누자!' 그때 1달란트 받은 종이 와서 말했다. '주인님, 저는 주인님이 굳은 분이라 심지 않은 데서 거두시고 씨 뿌리지 않은 곳에서도 곡식을 모으시는 것을 압니다. 그래서 저는 두려운 나머지 나가서 주인님의 돈을 땅에 감춰 두었습니다. 보십시오. 여기 주인님의 것이 있습니다.' 주인이 대답했다. '이 악하고 게으른 종아! 내가 심지 않은 데서 거두고 씨 뿌리지 않은 곳에서 곡식을 모으는 줄 알았느냐? 그렇다면 너는 내 돈을 돈놀이 하는 사람에게라도 맡겼어야 하지 않느냐? 그랬다면 내가 돌아와서 그 돈에다 이자라도 받았을 것이다. 저 종에게서 1달란트를 빼앗아 10달란트 가진 종에게 주어라. 누구든지 있는 사람은 더 많이 받아 풍성해질 것이며 없는 사람은 있는 것마저 모두 빼앗길 것이다. 이 쓸모없는 종을 바깥 어둠 속으로 내쫓아라. 거기서 슬피 울며 이를 갈게 될 것이다.'"

양과 염소

"인자가 그의 영광 가운데 모든 천사들과 함께 올 때에 그의 영광의 보좌 위에 앉을 것이다. 모든 민족들이 그 앞에 모이게 되고, 목자가 염소 중에서 양을 가려내듯이 인자는 그들을 둘로 갈라 양들은 자기 오른쪽에, 염소들은 그 왼쪽에 둘 것이다. 그때 그 왕이 오른쪽에 있는 사람들에게 말할 것이다. '이리 와서 세상의 창조 때부터 너희를 위해 마련해 두신 나라를 상속하라. 너희는 내가 배고플 때 먹을 것을 주었고 내가 목마를 때 마실 것을 주었으며 내가 나그네 됐을 때 나를 맞아들였다. 내가 헐벗었을 때 옷을 입혀 주었고 내가 병들었을 때 돌봐 주었으며 내가 감옥에 갇혔을 때 나를 찾아 주었다.' 그때 의인들이 대답할 것이다. '주여, 언제 주께서 배

고프신 것을 보고 우리가 먹을 것을 드렸으며 언제 주께서 목마르
신 것을 보고 우리가 마실 것을 드렸습니까? 언제 주께서 나그네 되
신 것을 보고 우리가 맞아들였으며 언제 주께서 헐벗으신 것을 보
고 우리가 입을 것을 드렸습니까? 언제 주께서 병드시거나 감옥에
갇히신 것을 보고 우리가 찾아갔습니까?' 왕이 대답할 것이다. '내
가 진실로 너희에게 말한다. 무엇이든 너희가 여기 있는 내 형제들
중 가장 보잘것없는 사람에게 한 것이 곧 내게 한 것이다.' 그러고
나서 왕은 왼쪽에 있는 사람들에게 말할 것이다. '이 저주받은 사람
들아! 내게서 떠나 마귀와 그의 부하들을 위해 마련된 영원한 불
속으로 들어가라. 너희는 내가 배고플 때 먹을 것을 주지 않았고
내가 목마를 때 마실 것을 주지 않았다. 내가 나그네 됐을 때 너희
는 나를 맞아들이지 않았고 내가 헐벗었을 때 입을 것을 주지 않
았다. 내가 병들고 감옥에 갇혔을 때 너희는 나를 보살펴 주지 않
았다.' 그들 역시 대답할 것이다. '주여, 우리가 언제 주께서 배고프
시거나 목마르시거나 나그네 되시거나 헐벗으시거나 병드시거나 감
옥에 갇히신 것을 보고 돌보지 않았다는 말씀입니까?' 왕이 대답
할 것이다. '내가 진실로 너희에게 말한다. 무엇이든 너희가 여기 있
는 사람들 중 가장 보잘것없는 사람에게 하지 않은 것이 곧 내게 하
지 않은 것이다.' 그러므로 그들은 영원한 벌에, 의인들은 영원한 생
명에 들어갈 것이다."

26 예수를 죽이려는 음모

예수께서 이 모든 말씀들을 끝마친 후에 제자들에게 말씀하셨습니다. "너희도 알다시피 이틀만 있으면 유월절이다. 그때 인자는 넘겨져 십자가에 못 박힐 것이다." 그 무렵 대제사장들과 백성의 장로들은 가야바라 하는 대제사장의 관저에 모여 교묘하게 예수를 체포해 죽일 음모를 꾸미고 있었습니다. 그러나 그들은 "백성들이 소동을 일으킬지도 모르니 명절 기간에는 하지 맙시다"라고 말했습니다.

베다니에서 향유를 부음 받은 예수

예수께서 베다니에 있는 나병 환자 시몬의 집에 계실 때였습니다. 한 여인이 값진 향유가 가득 든 옥합을 들고 와 식탁에 기대어 음식을 잡수시는 예수의 머리에 향유를 부었습니다. 제자들은 이것을 보고 분개하며 물었습니다. "왜 향유를 저렇게 낭비하는가? 이 향유를 비싼 값에 팔아 그 돈으로 가난한 사람들을 도울 수 있었을 텐데." 이것을 아신 예수께서 말씀하셨습니다. "왜 이 여인을 괴롭히느냐? 이 여인은 내게 좋은 일을 했다. 가난한 사람들은 항상 너희와 함께 있겠지만 나는 항상 너희 곁에 있는 것이 아니다. 이 여인이 내 몸에 향유를 부은 것은 내 장례를 준비하기 위한 것이다. 내가 진실로 너희에게 말한다. 온 세상 어디든지 복음이 전파되는 곳마다 이 여인이 한 일도 전해져서 사람들이 이 여인을 기억하게 될 것이다."

유다가 예수를 넘겨주기로 합의하다

그때 열두 제자 중 하나인 가룟 사람 유다가 대제사장들에게 가서 물었습니다. "예수를 당신들에게 넘겨주면 내게 얼마나 주겠소?" 그들은 유다에게 은돈 30을 쳐주었습니다. 그때부터 유다는 예수를 넘겨줄 기회를 엿보았습니다.

마지막 만찬

무교절 첫날에 제자들이 예수께 와서 물었습니다. "선생님께서 잡수실 유월절 음식을 어디에서 준비하면 좋겠습니까?" 예수께서 대답하셨습니다. "성안에 들어가 한 사람에게 가서 '우리 선생님께서 말씀하시기를, 나의 때가 가까워졌으니 내가 그대의 집에서 제자들과 함께 유월절을 지키겠다 하십니다'라고 전하라." 그리하여 제자들은 예수께서 지시하신 대로 유월절을 준비했습니다. 저녁이 되자 예수께서 열두 제자와 함께 식탁에 기대어 앉으셨습니다. 모두들 식사를 하고 있을 때에 예수께서 말씀하셨습니다. "내가 진실로 너희에게 말한다. 너희 중 하나가 나를 배반할 것이다." 제자들은 큰 슬픔에 잠겨 저마다 예수께 물었습니다. "주여! 저는 아니겠지요?" 예수께서 대답하셨습니다. "나와 함께 그릇에 손을 넣은 사람이 나를 배반할 것이다. 인자는 자신에 대해 성경에 기록된 대로 가겠지만 인자를 배반하는 그 사람에게는 저주가 있을 것이다! 그는 차라리 태어나지 않는 게 나았을 것이다." 그때 예수를 배반한 유다가 말했습니다. "랍비여! 저는 아니겠지요?" 예수께서 대답하셨습니다. "네가 말했다." 그들이 식사를 하고 있을 때에 예수께서 빵을 들어 감사 기도를 드리신 후 떼어 제자들에게 주면서 말씀하셨습니다. "받아서 먹어라. 이것은 내 몸이다." 그리고 또 잔을 들어 감사 기도를 드리신 후 제자들에게 주시면서 말씀하셨습니다. "너희 모두 이것을 마시라. 이것은 죄 사함을 위해 많은 사람들을 위해 흘리는 내 피, 곧 언약의 피다. 내가 너희에게 말한다. 나는 이제부터 내 아버지의 나라에서 너희와 함께 새 포도주를 마실 그날까지 다시는 포도 열매로 만든 것을 마시지 않을 것이다." 그들은 찬송을 부른 후에 올리브 산으로 향했습니다.

예수께서 베드로의 부인을 예고하시다

그때 예수께서 제자들에게 말씀하셨습니다. "'내가 목자를 치리니 양 떼가 흩어질 것이다'라고 성경에 기록된 대로 오늘 밤에 너희는 모두 나를 버릴 것이다. 그러나 내가 살아난 뒤에 너희보다 먼저 갈릴리로 갈 것이다." 베드로가 대답했습니다. "모두들 주를 버린다 해도 저는 결코 버리지 않겠습니다." 예수께서 대답하셨습니다. "내가 진실로 네게 말한다. 바로 오늘 밤 닭이 울기 전에 너는 세 번 나를 부인할 것이다." 그러자 베드로가 외쳤습니다. "주와 함께 죽을지언정 결코 주를 모른다고 하지 않을 것입니다." 그러자 다른 제자들도 모두 똑같이 말했습니다.

겟세마네

그때에 예수께서 제자들과 함께 겟세마네라고 하는 곳으로 가서 제자들에게 말씀하셨습니다. "내가 저기에 가서 기도하는 동안 여기 앉아 있으라." 예수께서 베드로와 세베대의 두 아들을 데리고 가셨습니다. 예수께서는 슬픔에 잠겨 괴로워하셨습니다. 그때 예수께서 그들에게 말씀하셨습니다. "내 마음이 너무 괴로워 죽을 지경이다. 너희는 여기 머물러 나와 함께 깨어 있도록 하라." 예수께서 조금 떨어진 곳으로 가셔서 얼굴을 땅에 파묻고 엎드려 기도하셨습니다. "내 아버지, 할 수 있다면 이 잔을 내게서 거둬 주십시오. 그러나 내 뜻대로 하지 마시고 아버지의 뜻대로 하십시오." 그리고 제자들에게 돌아와 보니 그들은 자고 있었습니다. 예수께서 베드로에게 물으셨습니다. "너희가 한 시간도 나와 함께 깨어 있지 못하겠느냐? 시험에 들지 않도록 깨어서 기도하라. 마음은 간절한데 육신이 약하구나." 그리고 예수께서 다시 가서 기도하셨습니다. "내 아버지, 내가 마시지 않고서는 이 잔이 내게서 떠날 수 없다면 아버지의 뜻대로 해 주십시오." 예수께서 돌아와 보니 제자들은 또 잠이 들어 있었습니다. 그들은 너무 졸려서 눈을 뜰 수 없었습니다. 그래서 예수께서 그들을 두고 또다시 가셔서 세 번째로 똑같은 기도를 하셨습니다. 그러고는 제자들에게 돌아와 말씀하셨습니다. "이제는 자고 쉬라. 보라. 때가 가까이 왔다. 인자가 배반당해 죄인들의 손에 넘겨지게 됐구나. 일어나라. 가자! 보라. 저기 나를 넘겨줄 사람이 가까이 오고 있다."

예수께서 잡히시다

예수의 말씀이 채 끝나기도 전에 열두 제자 중 하나인 유다가 다가왔습니다. 유다 곁에는 대제사장들과 백성의 장로들이 보낸 큰 무리가 칼과 몽둥이로 무장하고 있었습니다. 그리고 예수를 넘겨줄 사람이 그들에게 신호를 보내기로 정해 두었습니다. "내가 입을 맞추는 사람이 바로 그 사람이니 그를 붙잡으시오." 곧바로 유다는 예수께 다가가 "랍비여, 안녕하십니까?"라고 말하며 입을 맞추었습니다. 예수께서 대답하셨습니다. "친구여, 무엇을 하려고 여기에 왔느냐?" 그러자 사람들이 한 발자국 앞으로 나오더니 예수를 붙잡아 체포했습니다. 그때 예수의 일행 중 한 사람이 손을 뻗어 자기 칼을 빼고는 대제사장의 종을 내리쳐 그 귀를 잘랐습니다. 예수께서 그에게 말씀하셨습니다. "네 칼을 칼집에 도로 꽂아라. 칼을 뽑는 사람들은 모두 칼로 망할 것이다. 내가 내 아버지께 청하면 당장 12군단보다 더 많은 천사들을 보내 주실 수 있다는 것을 너는 모르느냐? 그러나 만일 그렇게 하면 성경에서 이런 일이 마땅히 일어나야 한다고 말한 것이 어떻게 이루어지겠느냐?" 그때에 예수께서 무리에게 말씀하셨습니다. "너희가 강도를 잡듯이 칼과 몽둥이로 나를 잡으러 왔느냐? 내가 날마다 성전에 앉아 가르쳤는데 너희가 그때는 나를 체포하지 않았다. 그러나 이 모든 일은 예언자들의 글을 이루기 위해 일어난 것이다." 그때에 제자들이 모두 예수를 버리고 달아났습니다.

예수께서 공회 앞에 서시다

예수를 체포한 사람들은 예수를 대제사장 가야바에게 끌고 갔습니다. 그곳에는 율법학자들과 장로들이 모여 있었습니다. 베드로는 멀찌감치 예수를 따라가 대제사장 관저의 뜰까지 갔습니다. 그는 들어가 하인들과 함께 앉아서 결말이 어떻게 되는지 지켜보았습니다. 대제사장들과 온 공회가 예수에 대한 거짓 증거를 찾아내어 죽이려고 했습니다. 많은 사람들이 나서서 거짓 증언을 했지만 그들은 아무런 증거도 발견하지 못했습니다. 결국 두 사람이 나와 주장했습니다. "이 사람이 '내가 하나님의 성전을 헐고 3일 만에 다시 세울 수 있다'고 말했습니다." 그러자 대제사장이 일어나 예수께 말했습니다. "아무 대답도 안 할 작정이냐? 이 사람들이 너에 대해 이렇게 불리한 진술을 하고 있지 않느냐?" 그러나 예수께서는 아무 말씀도 하지 않으셨습니다. 대제사장이 예수께 말했습니다. "내가 살아 계신 하나님께 맹세하며 네게 명령하니 우리에게 말해 보아라. 네가 그리스도, 곧 하나님의 아들이냐?" 예수께서 대답하셨습니다. "네가 스스로 말했다. 내가 너희에게 말한다. 이제 앞으로는 인자가 권능의 보좌 오른편에 앉아 있는 것과 하늘 구름을 타고 오는 것을 너희가 볼 것이다." 그러자 대제사장은 자기 옷을 찢으며 말했습니다. "이 사람이 하나님을 모독하고 있소! 더 이상 무슨 증인이 필요하겠소? 보시오! 여러분은 지금 하나님을 모독하는 말을 들었소. 여러분은 어떻게 생각하시오?" 그들은 "죽어 마땅합니다!"라고 대답했습니다. 그러자 그들은 예수의 얼굴에 침을 뱉고 주먹으로 그를 때렸습니다. 또 어떤 사람들은 뺨을 때리면서 말했습니다. "그리스도야! 누가 너를 때렸는지 예언자처럼 말해 보아라."

베드로가 예수를 알지 못한다고 하다

그때 베드로는 뜰에 앉아 있는데 한 하녀가 베드로에게 다가와 말했습니다. "당신도 갈릴리 사람 예수와 함께 있었던 사람이군요." 그러나 베드로는 모든 사람들 앞에서 그 말을 부인하며 "네가 도대체 무슨 말을 하는지 나는 모르겠다"라고 했습니다. 그러고는 대문 있는 데로 나왔는데 또 다른 하녀가 베드로를 보더니 거기 있던 사람들에게 말했습니다. "이 사람도 나사렛 예수와 함께 있었어요." 베드로는 다시 맹세코 부인하며 "나는 그 사람을 모르오!"라고 했습니다. 얼마 지나지 않아 거기 서 있던 사람들이 베드로에게 다가와 말했습니다. "당신도 그들 중 한 사람인 것이 틀림없소. 당신의 말씨를 보니 분명하오." 그러자 베드로는 저주하며 "나는 그 사람을 모른다!"라고 맹세했습니다. 바로 그때 닭이 울었습니다. 그제야 베드로는 예수께서 "닭이 울기 전에 네가 세 번 나를 모른다고 할 것이다"라고 하신 말씀이 생각났습니다. 그리고 베드로는 밖으로 나가 한없이 눈물을 쏟았습니다.

27 유다가 목매어 죽다

이튿날 새벽 모든 대제사장들과 백성의 장로들은 예수를 죽이기로 결정했습니다. 그들은 예수를 묶어 끌고 가서 빌라도 총독에게 넘겨주었습니다. 예수를 배반한 유다는 예수께서 유죄 판결을 받으신 것을 보고 뉘우쳐 은돈 30을 대제사장들과 장로들에게 돌려주며 말했습니다. "내가 죄 없는 사람의 피를 팔아넘기는 죄를 지었소." 그러나 그들이 대답했습니다. "그게 우리와 무슨 상관이오? 당신 일이니 당신이 알아서 하시오." 그러자 유다는 그 돈을 성소에 내던지고 뛰쳐나가 목을 매달아 자살했습니다. 대제사장들은 그 은돈들을 주워 들고 말했습니다. "이것은 피를 흘려 얻은 돈이니 성전 금고에 넣어 두는 것은 옳지 않다." 그래서 그들은 논의 끝에 그 돈으로 토기장이의 밭을 사서 나그네들을 위한 묘지로 삼았습니다. 그래서 오늘날까지도 그 밭을 '피밭'이라 부릅니다. 이로써 예언자 예레미야가 예언한 말씀이 이루어졌습니다. "그들은 은돈 30을, 곧 이스라엘 자손이 값을 매긴 사람의 몸값을 받아 토기장이의 밭을 사는 값으로 주었으니 이는 주께서 내게 지시하신 것이다."

예수께서 빌라도 앞에 서시다

예수께서 총독 앞에 서시자 총독은 예수께 물었습니다. "네가 유대 사람의 왕이냐?" 예수께서 대답하셨습니다. "네가 그렇게 말했다." 예수께서는 대제사장들과 장로들의 고소를 받고도 아무런 대답을 하지 않으셨습니다. 그러자 빌라도는 예수께 "이 사람들이 여러 가지로 너를 반대하는 증언이 들리지 않느냐?" 하고 물었습니다. 그러나 예수께서는 단 한마디도 대답하지 않으셨습니다. 그래서 총독은 매우 이상하게 여겼습니다. 명절이 되면 무리가 원하는 죄수 하나를 총독이 풀어 주는 관례가 있었습니다. 그때에 바라바라는 악명 높은 죄수가 있었습니다. 그러므로 빌라도는 모여든 군중에게 물었습니다. "내가 너희에게 누구를 놓아주었으면 좋겠느냐? 바라바냐, 아니면 그리스도라고 하는 예수냐?" 빌라도는 그들이 예수를 시기해 자기에게 넘겨준 사실을 알고 있었습니다. 빌라도가 재판석에 앉아 있을 때 그의 아내가 이런 전갈을 보내 왔습니다. "당신은 그 의로운 사람에게 상관하지 마세요. 어제 꿈에 제가 그 사람 때문에 몹시 괴로웠어요." 그러나 대제사장들과 장로들은 무리를 선동해 바라바는 풀어 주고 예수는 죽이라고 요구하게 했습니다. 총독이 그들에게 말했습니다. "두 사람 가운데 누구를 놓아주기 바라느냐?" 무리들은 "바라바!"라고 대답했습니다. "그러면 그리스도라 하는 예수는 내가 어떻게 하면 좋겠느냐?" 하고 빌라도가 물었습니다. 그러자 그들이 모두 대답했습니다. "십자가에 못 박으시오!" 빌라도가 물었습니다. "도대체 그가 무슨 악한 일을 했다고 그러느냐?" 그러나 그들은 더 큰 소리로 "십자가에 못 박으시오!" 하고 외쳤습니다. 빌라도가 자기로서는 어쩔 방도가 없다는 것과 또 폭동이 일어나려는 것을 보고 물을 가져다가 무리들 앞에서 손을 씻으며 말했습니다. "나는 이 사람의 피에 대해 아무 죄가 없다. 이 일은 너희가 책임을 져야 한다." 그러자 모든 백성들이 일제히 대답했습니다. "그 피에 대한 책임은 우리와 우리 자손들에게 돌리시오!" 그러자 빌라도는 바라바는 놓아주고 예수는 채찍질한 뒤 십자가에 못 박도록 넘겨주었습니다.

군인들이 예수를 희롱하다

총독의 군인들이 예수를 총독 관저로 끌고 가자 총독의 모든 군대가 예수를 둘러쌌습니다. 그들은 예수의 옷을 벗기고 자주색 옷을 입혔습니다. 또 가시로 관을 엮어서 예수의 머리에 씌우고는 그 오른손에 갈대를 들게 했습니다. 그리고 그 앞에 무릎을 꿇고 희롱하며 말했습니다. "유대 사람의 왕, 만세!" 그들은 예수께 침을 뱉고 갈대를 빼앗아 머리를 때렸습니다. 이렇게 희롱하고 나서 군인들은 자주색 옷을 벗기고 예수의 옷을 도로 입혔습니다. 그러고는 십자가에 못 박기 위해 예수를 끌고 나갔습니다.

예수께서 십자가에 못 박히시다

성 밖으로 나가는 길에 그들은 시몬이라는 구레네 사람과 마주치게 됐습니다. 그들은 그 사람에게 억지로 십자가를 지고 가게 했습니다. 그들은 '골고다' 곧 '해골의 장소'라는 곳에 이르렀습니다. 거기에서 군인들은 예수께 쓸개 탄 포도주를 주어 마시게 했습니다. 그러나 예수께서 맛보시고 마시지 않으셨습니다. 군인들은 예수를 십자가에 못 박고 나서 예수의 옷을 두고 제비를 뽑아 나눠 가졌습니다. 군인들은 거기에 앉아 계속 예수를 지켜보았습니다. 예수의 머리 위에는 그들이 '유대 사람의 왕 예수'라는 죄패를 써 붙였습니다. 두 명의 강도도 예수와 함께 십자가에 못 박혔는데, 한 사람은 예수의 오른쪽에, 다른 한 사람은 왼쪽에 달렸습니다. 지나가던 사람들이 고개를 흔들고 예수께 욕설을 퍼부으며 말했습니다. "성전을 헐고 3일 만에 짓겠다던 사람아! 네 자신이나 구원해 봐라! 어디 네가 하나님의 아들이라면 십자가에서 한번 내려와 봐라!" 대제사장들과 율법학자들과 장로들도 마찬가지로 예수를 조롱하며 말했습니다. "남을 구원한다더니 정작 자기 자신을 구원하지 못하는군! 그가 이스라엘의 왕이니 어디 한번 십자가에서 내려와 보라지. 그러면 우리가 그를 믿어 주겠다. 그가 하나님을 믿는다고 하니 하나님께서 정말 원하신다면 지금이라도 그를 당장 구원하시겠지. 자기 스스로 '나는 하나님의 아들이다'라고 말했었다." 예수와 함께 십자가에 못 박힌 강도들도 마찬가지로 예수를 모욕했습니다.

예수께서 숨을 거두시다

정오부터 오후 3시까지 온 땅이 어둠으로 뒤덮였습니다. 오후 3시쯤 돼 예수께서 큰 소리로 "엘리 엘리 라마 사박다니"라고 부르짖으셨습니다. 이것은 "내 하나님, 내 하나님, 어째서 나를 버리셨습니까?"라는 뜻입니다. 거기 서 있던 몇 사람들이 이 소리를 듣고 말했습니다. "이 사람이 엘리야를 부르나 보다." 그들 가운데 한 사람이 달려가 해면을 가져다가 신 포도주를 듬뿍 적셔 와서는 막대기에 매달아 예수께 마시게 했습니다. 그러나 다른 사람들은 "가만두어라. 어디 엘리야가 와서 그를 구해 주나 보자"라고 말했습니다. 예수께서 다시 크게 외치신 후 숨을 거두셨습니다. 바로 그때, 성전 휘장이 위에서 아래까지 두 쪽으로 찢어졌습니다. 땅이 흔들리며 바위가 갈라졌습니다. 무덤들이 열렸고 잠자던 많은 성도들의 몸이 살아났습니다. 그들은 예수께서 부활하신 후에 무덤에서 나와 거룩한 성에 들어가 많은 사람들에게 나타났습니다. 백부장과 그와 함께 예수를 지키고 있던 사람들은 이 지진과 그 모든 사건을 보고 몹시 두려워하며 외쳤습니다. "이분은 참으로 하나님의 아들이셨다!" 거기에는 갈릴리에서부터 예수를 섬기면서 따라온 많은 여자들이 멀찍이 서서 지켜보고 있었습니다. 그들 가운데는 막달라 마리아와 야고보와 요셉의 어머니 마리아와 세베대의 아들들의 어머니도 있었습니다.

예수께서 장사되시다

날이 저물자 아리마대 사람 요셉이라는 한 부자가 왔습니다. 그 사람도 예수의 제자였습니다. 요셉이 빌라도에게 가서 예수의 시신을 달라고 청하자 빌라도는 내주라고 명령했습니다. 요셉은 시신을 가져다가 모시 천으로 쌌습니다. 그리고 바위를 뚫어서 만들어 둔 자기의 새 무덤에 예수의 시신을 모신 다음 큰 돌을 굴려 무덤 입구를 막고 그곳을 떠났습니다. 막달라 마리아와 또 다른 마리아가 그 무덤 맞은편에 앉아 있었습니다.

경비병이 무덤을 지키다

이튿날, 곧 예비일 다음 날이 되자 대제사장들과 바리새파 사람들이 빌라도에게 가서 말했습니다. "총독 각하, 저 거짓말쟁이가 살아 있을 때 '내가 3일 만에 다시 살아날 것이다'라고 말한 것이 기억납니다. 그러니 3일째 되는 날까지는 무덤을 단단히 지키라고 명령해 주십시오. 그러지 않으면 그의 제자들이 와서 시체를 훔쳐 놓고는 백성들에게 '그가 죽은 사람 가운데서 살아났다'라고 말할지도 모릅니다. 그러면 이번의 마지막 속임수는 처음 것보다 더 나쁜 결과를 가져올 것입니다." 빌라도는 "경비병들을 데려가 무덤을 지키게 하라. 너희가 할 수 있는 한 단단히 무덤을 지키라" 하고 말했습니다. 그리고 그들은 가서 돌을 봉인하고 경비병들을 세워 무덤을 단단히 지키게 했습니다.

28 예수께서 살아나시다

안식일 다음 날, 바로 그 주의 첫날 동틀 무렵에 막달라 마리아와 다른 마리아가 무덤을 보러 갔습니다. 그런데 갑자기 큰 지진이 일어나더니 주의 천사가 하늘에서 내려와 돌을 굴려 내고 그 돌 위에 앉았습니다. 그 천사의 모습은 번개와 같았고 옷은 눈처럼 희었습니다. 경비병들은 그 천사를 보고 두려워 떨면서 마치 죽은 사람들처럼 됐습니다. 그 천사가 여자들에게 말했습니다. "두려워하지 말라. 너희가 십자가에 못 박히신 예수를 찾고 있는 것을 안다. 예수께서는 여기 계시지 않고 말씀하신 대로 살아나셨다. 여기 와서 예수께서 누워 계셨던 자리를 보라. 그리고 빨리 가서 그분의 제자들에게 '예수께서 죽은 사람 가운데서 살아나셨고, 너희보다 먼저 갈릴리로 가시니 그곳에서 너희가 예수를 보게 될 것이다'라고 말하라. 자, 이것이 내가 너희에게 전하는 말이다." 그러자 여인들은 서둘러 무덤을 떠났습니다. 그들은 두려우면서도 한편으로는 기쁨에 가득 차 제자들에게 알리려고 뛰어갔습니다. 그때 갑자기 예수께서 여인들에게 나타나 말씀하셨습니다. "평안하냐?" 그들은 예수께 다가가 예수의 발을 붙잡고 예수께 절했습니다. 그러자 예수께서 그들에게 말씀하셨습니다. "두려워하지 말라. 가서 내 형제들에게 갈릴리로 가라고 전하라. 그곳에서 그들이 나를 만날 것이다."

경비병이 보고하다

그 여인들이 길을 가는 동안 몇몇 경비병들은 성안으로 들어가서 대제사장들에게 일어난 일들을 모두 보고했습니다. 그러자 대제사장들은 장로들과 만나 계략을 꾸미고는 군인들에게 많은 돈을 쥐어 주며 말했습니다. "'예수의 제자들이 밤중에 와서 우리가 잠든 사이에 시체를 훔쳐 갔다'라고 말하라. 만약 이 소문이 총독의 귀에 들어가더라도 우리가 잘 말해서 너희에게 문제가 없도록 해 주겠다." 그러자 군인들은 돈을 받고 시키는 대로 했습니다. 그래서 이 말이 오늘날까지도 유대 사람들 사이에 널리 퍼지게 된 것입니다.

대위임령

열한 제자들이 갈릴리로 가서 예수께서 일러 주신 산에 이르렀습니다. 그리고 그들은 예수를 뵙고 경배드렸습니다. 그러나 어떤 사람들은 의심했습니다. 그때 예수께서 다가오셔서 그들에게 말씀하셨습니다. "하늘과 땅의 모든 권세가 내게 주어졌다. 그러므로 너희는 가서 모든 민족을 제자로 삼아 아버지와 아들과 성령의 이름으로 세례를 주고 내가 너희에게 명령한 모든 것을 그들에게 가르쳐 지키게 하라. 보라. 내가 세상 끝 날까지 너희와 항상 함께 있을 것이다."

마가복음
Mark

1 세례자 요한이 길을 준비하다

하나님의 아들 예수 그리스도에 관한 복음은 이렇게 시작됩니다. 예언자 이사야의 글에 "내가 네 앞에 내 심부름꾼을 보낼 것이다. 그가 네 길을 준비할 것이다." "광야에서 외치는 사람의 소리가 있다. '주를 위해 길을 예비하라. 그분을 위해 길을 곧게 하라'"라고 기록돼 있는 대로 세례자 요한이 광야에 나타나서 죄 용서를 위한 회개의 세례를 선포했습니다. 유대 온 지방과 예루살렘 모든 사람들이 요한에게 나아와 자기 죄를 고백하고 요단 강에서 요한에게 세례를 받았습니다. 요한은 낙타털로 만든 옷을 입고 허리에 가죽 띠를 두르고 메뚜기와 들꿀을 먹었습니다. 그리고 요한은 이렇게 선포했습니다. "나보다 더 능력 있는 분이 내 뒤에 오실 텐데 나는 몸을 굽혀 그분의 신발 끈을 풀 자격도 없다. 나는 너희에게 물로 세례를 주지만 그분은 너희에게 성령으로 세례를 주실 것이다."

예수께서 세례와 시험을 받으시다

그 무렵에 예수께서 갈릴리 나사렛에서 요단 강으로 오셔서 요한에게 세례를 받으셨습니다. 예수께서 물에서 막 나오실 때 하늘이 열리고 성령이 비둘기처럼 자기에게 내려오는 것을 보셨습니다. 그리고 하늘에서 소리가 들려왔습니다. "너는 내가 사랑하는 아들이다. 내가 너를 무척 기뻐한다." 그러고 나서 곧 성령이 예수를 광야로 내보내셨습니다. 예수께서 40일 동안 광야에 계시면서 사탄에게 시험을 받으셨습니다. 그때 예수께서 들짐승들과 함께 계셨는데 천사들이 예수를 시중들었습니다.

예수께서 복음을 전파하시다

요한이 감옥에 갇힌 뒤 예수께서는 갈릴리로 가셔서 하나님의 복음을 선포하셨습니다. "때가 찼고 하나님 나라가 가까이 왔으니 회개하고 복음을 믿으라!"

예수께서 제자들을 첫 번째 부르시다

그리고 예수께서 갈릴리 호수 가를 거닐다가 시몬과 그 동생 안드레가 호수에 그물을 던지는 것을 보셨는데 그들은 어부였습니다. 예수께서 말씀하셨습니다. "나를 따라라. 내가 너희를 사람 낚는 어부가 되게 하겠다." 시몬과 안드레는 곧 그물을 버려두고 예수를 따랐습니다. 예수께서 조금 더 가시다가 세베대의 아들 야고보와 그 동생 요한이 배에서 그물을 깁고 있는 것을 보시고 곧 그들을 부르셨습니다. 그러자 그들도 아버지 세베대와 일꾼들을 배에 남겨 두고 곧바로 예수를 따랐습니다.

예수께서 더러운 귀신을 쫓아내시다

그들은 가버나움으로 갔습니다. 곧 안식일이 돼 예수께서 회당에 들어가셔서 말씀을 가르치시기 시작하셨습니다. 그러자 사람들은 예수의 가르치심에 놀랐습니다. 율법학자들과 달리, 예수께서는 권위 있는 분처럼 가르치셨기 때문입니다. 바로 그때, 회당 안에 더러운 귀신 들린 사람 한 명이 울부짖었습니다. "나사렛 예수여! 우리가 당신과 무슨 상관이 있습니까? 우리를 망하게 하려고 오셨습니까? 나는 당신이 누구신 줄 압니다. 하나님께서 보내신 거룩한 분이십니다." 예수께서 귀신을 꾸짖으시며 말씀하셨습니다. "조용히 하여라. 그리고 그 사람에게서 나와라!" 그러자 더러운 귀신은 그 사람에게 발작을 일으키더니 비명을 지르며 떠나갔습니다. 사람들은 모두 너무나 놀란 나머지 서로 수군거렸습니다. "이게 무슨 일이지? 권위 있는 새로운 가르침이로군. 저가 더러운 귀신에게 명령까지 하고 귀신도 그에게 복종하니 말이야." 그래서 예수에 대한 소문이 갈릴리 온 지역으로 삽시간에 퍼졌습니다.

예수께서 많은 사람들을 고치시다

그들은 회당에서 나와 곧바로 야고보와 요한과 함께 시몬과 안드레의 집으로 갔습니다. 이때 시몬의 장모가 열병으로 앓아누워 있었습니다. 사람들은 즉시 이 사실을 예수께 말씀드렸습니다. 그래서 예수께서 그 여인에게 다가가셔서 손을 잡고 일으키셨습니다. 그러자 그 즉시 시몬 장모의 열이 떨어졌습니다. 곧바로 그 여인은 그들을 시중들기 시작했습니다. 그날 저녁 해 진 후에 사람들이 아픈 사람들과 귀신 들린 사람들을 전부 예수께로 데려왔습니다. 온 동네 사람들이 문 앞에 모여들었습니다. 예수께서는 온갖 병에 걸린 사람들을 많이 고쳐 주셨습니다. 그리고 많은 귀신들도 내쫓아 주셨습니다. 예수께서는 귀신들이 예수가 누구신지 알고 있기 때문에 귀신들이 말하는 것을 허락하지 않으셨습니다.

예수께서 외딴 곳에서 기도하시다

매우 이른 새벽 아직 어둑어둑할 때 예수께서 일어나 외딴곳으로 가셔서 기도하셨습니다. 시몬과 그 일행들이 예수를 찾아 나섰습니다. 그들이 마침내 예수를 만나자 소리쳐 말했습니다. "모든 사람들이 선생님을 찾고 있습니다." 예수께서 대답하셨습니다. "가까운 이웃 마을들에 가서도 말씀을 전파하도록 하자. 내가 이 일을 하러 왔다." 그리하여 예수께서는 갈릴리에 두루 다니시며 여러 회당에서 가르치시고 귀신들을 쫓아내셨습니다.

예수께서 나병 환자를 고치시다

어떤 나병 환자가 예수께 다가와 무릎을 꿇고 애원했습니다. "선생님께서 원하시기만 하면 저를 깨끗하게 해 주실 수 있습니다." 예수께서 불쌍히 여기시고 손을 내밀어 그를 만지시며 말씀하셨습니다. "내가 원한다. 자, 깨끗이 나아라!" 그러자 나병이 순식간에 사라지고 그가 깨끗이 나았습니다. 예수께서는 곧바로 그를 보내시며 단단히 당부하셨습니다. "이 일에 대해 아무에게도 아무 말도 하지 마라. 다만 제사장에게 가서 네 몸을 보이고 네가 깨끗이 나은 것에 대해 모세가 명령한 대로 예물을 드려 사람들에게 증거를 삼아라." 그러나 그 사람은 나가서 이 일을 마구 널리 퍼뜨렸습니다. 그 결과 예수께서는 더 이상 드러나게 마을 안으로 들어가지 못하고 마을 밖 외딴곳에 머물러 계셨습니다. 그래도 사람들은 여전히 사방에서 예수께로 모여들었습니다.

2 예수께서 중풍 환자를 용서하시고 고치시다

며칠 후 예수께서 가버나움으로 다시 들어가시자 예수께서 집에 계신다는 소문이 퍼졌습니다. 그러자 얼마나 많은 사람들이 모여들었던지 집 안은 물론 문밖까지도 발 디딜 틈이 없었습니다. 예수께서는 그들에게 말씀을 전하셨습니다. 그때 네 사람이 한 중풍 환자를 예수께 데리고 왔습니다. 그러나 사람들이 너무 많아 예수께 가까이 갈 수가 없었습니다. 그래서 그들은 예수께서 계신 곳 바로 위의 지붕을 뚫어 구멍을 내고 중풍 환자를 자리에 눕힌 채 달아 내렸습니다. 예수께서는 그들의 믿음을 보시고 중풍 환자에게 말씀하셨습니다. "애야, 네 죄가 용서받았다." 거기 앉아 있던 율법학자들은 속으로 생각했습니다. '저 사람이 어떻게 저런 말을 할 수 있단 말인가? 하나님을 모독하고 있구나. 하나님 한 분 말고 누가 죄를 용서할 수 있단 말인가?' 예수께서는 이들이 속으로 이렇게 생각하는 것을 마음으로 곧 알아채시고 율법학자들에게 말씀하셨습니다. "왜 그런 생각을 하느냐? 중풍 환자에게 '네 죄가 용서받았다' 하는 말과 '일어나 자리를 들고 걸어가거라' 하는 말 중 어느 말이 더 쉽겠느냐? 그러나 인자가 땅에서 죄를 용서하는 권세가 있는 것을 너희에게 알려 주겠다." 그리고 예수께서 중풍 환자에게 말씀하셨습니다. "내가 네게 말한다. 일어나 네 자리를 들고 집으로 가거라." 그러자 중풍 환자는 모든 사람들이 보는 앞에서 벌떡 일어나 자리를 들고 밖으로 나갔습니다. 사람들은 모두 크게 놀라 하나님께 영광을 돌리며 "이런 일은 난생 처음 본다!"라고 말했습니다.

예수께서 레위를 부르시고 죄인들과 함께 식사하시다

예수께서는 다시 호숫가로 나가셨습니다. 많은 사람들이 나아오자 예수께서 가르치기 시작하셨습니다. 그리고 나서 예수께서는 지나가시다가 세관에 앉아 있는 알패오의 아들 레위를 만나셨습니다. "나를 따라오너라." 예수께서 레위에게 말씀하시자 레위는 일어나 예수를 따랐습니다. 예수께서 레위의 집에서 식사를 하시는데 많은 세리와 죄인들이 예수와 그분의 제자들과 함께 음식을 먹고 있었습니다. 이런 사람들이 예수를 많이 따랐기 때문입니다. 바리새파 사람인 율법학자들은 예수께서 죄인들과 세리들과 함께 먹는 것을 보고 예수의 제자들에게 물었습니다. "어째서 너희 선생님은 세리들과 죄인들과 함께 어울려 먹느냐?" 예수께서 이 말을 들으시고 그들에게 말씀하셨습니다. "건강한 사람에게는 의사가 필요하지 않으나 병든 사람에게는 의사가 필요하다. 나는 의인을 부르러 온 것이 아니라 죄인을 부르러 왔다."

예수께서 금식에 관하여 말씀하시다

요한의 제자들과 바리새파 사람들이 금식하고 있었습니다. 몇몇 사람들이 와서 예수께 물었습니다. "요한의 제자들과 바리새파 사람의 제자들은 금식을 하는데 왜 당신의 제자들은 금식하지 않습니까?" 예수께서 대답하셨습니다. "신랑이 함께 있는데 어떻게 결혼 잔치에 초대받은 사람들이 금식을 할 수 있겠느냐? 신랑이 자기들과 함께 있는 한 금식할 수 없다. 그러나 신랑을 빼앗길 날이 올 텐데 그날에는 그들이 금식할 것이다. 낡은 옷에 새 천 조각을 대고 깁는 사람은 없다. 그렇게 하면 새 천 조각이 낡은 옷을 잡아당겨 더 찢어지게 된다. 또한 새 포도주를 낡은 가죽 부대에 담는 사람도 없다. 그렇게 하면 포도주가 부대를 터뜨려 포도주와 부대 모두를 버리게 되기 때문이다. 새 포도주는 새 부대에 담아야 하는 법이다."

예수께서 안식일의 주인이시다

안식일에 예수께서 밀밭 사이를 지나가시는데 함께 가던 제자들이 길을 내며 이삭을 자르기 시작했습니다. 바리새파 사람들이 예수께 말했습니다. "보십시오. 어째서 저들이 안식일에 해서는 안 될 일을 하는 것입니까?" 예수께서 대답하셨습니다. "다윗과 그 일행이 배가 고파 먹을 것이 필요했을 때 다윗이 어떻게 했는지 읽어 보지 못했느냐? 아비아달 대제사장 때에 다윗이 하나님의 집에 들어가 제사장만 먹게 돼 있는 진설병을 다윗이 먹고 자기 일행에게도 나눠 주지 않았느냐?" 그러고 나서 예수께서 바리새파 사람들에게 말씀하셨습니다. "안식일이 사람을 위해 만들어진 것이지 사람이 안식일을 위해 있는 것이 아니다. 그러므로 인자는 안식일에도 주인이다."

3 예수께서 안식일에 고치시다

예수께서 다시 회당으로 들어가셨는데 그곳에 한쪽 손이 오그라든 사람이 있었습니다. 몇몇 사람들이 혹시 예수께서 안식일에 그 사람을 고치지나 않을까 하며 예수를 고소할 구실을 찾으려고 가까이에서 지켜보고 있었습니다. 예수께서 손이 오그라든 사람에게 말씀하셨습니다. "일어나 앞으로 나오너라." 그리고 예수께서 그들에게 물으셨습니다. "안식일에 무슨 일을 하는 것이 옳겠느냐? 선한 일이냐, 악한 일이냐? 생명을 구하는 것이냐, 죽이는 것이냐?" 그러자 그들은 말없이 잠자코 있었습니다. 예수께서 노하셔서 그들을 둘러보시고 그들의 마음이 완악한 것을 마음 깊이 슬퍼하시며 그 사람에게 말씀하셨습니다. "손을 펴 보아라." 그가 손을 쭉 내밀자 그 손이 완전하게 회복됐습니다. 그러자 바리새파 사람들은 그길로 나가 헤롯 당원들과 함께 어떻게 하면 예수를 죽일까 음모를 꾸미기 시작했습니다.

큰 무리가 예수를 따르다

예수께서 제자들을 데리고 호숫가로 물러가시자 갈릴리에서 많은 사람들이 예수를 따라왔습니다. 예수께서 행하신 일을 다 듣고 유대, 예루살렘, 이두매, 요단 강 건너편, 두로와 시돈 지방에서 많은 사람들이 몰려왔습니다. 사람들이 너무 많아서 예수께서는 제자들에게 작은 배 하나를 마련하라고 말씀하셨습니다. 무리가 자기에게 몰려드는 것을 막으려는 것이었습니다. 예수께서 전에 많은 사람들을 고쳐 주셨기 때문에 온갖 병에 걸린 사람들이 예수를 만지려고 밀려들었던 것입니다. 더러운 귀신들은 예수를 보기만 하면 그 앞에 엎드려져 "당신은 하나님의 아들이십니다"라고 소리쳤습니다. 그러나 예수께서는 자기가 누구인지 말하지 말라고 엄하게 꾸짖으셨습니다.

예수께서 열두 제자를 세우시다

예수께서 산으로 올라가셔서 원하는 사람들을 불러 모으셨습니다. 그러자 그들이 예수께로 나아왔습니다. 예수께서는 12명을 따로 뽑아 (이들을 사도라 부르시고) 자기와 함께 있게 하셨습니다. 그리고 그들을 내보내셔서 전도도 하게 하시며 그들에게 귀신을 쫓는 권세도 주셨습니다. 예수께서 세우신 12사람들은 베드로라 이름 지어 준 시몬, '우레의 아들들'이라는 뜻으로 '보아너게'라 이름 지어 준 세베대의 아들 야고보와 그 동생 요한, 안드레, 빌립, 바돌로매, 마태, 도마, 알패오의 아들 야고보, 다대오, 열심당원 시몬과 예수를 배반한 가룟 유다였습니다.

예수께서 율법학자들과 가족들에게 비난을 받으시다

예수께서 집으로 들어가시니 또다시 사람들이 몰려들어 예수와 제자들은 음식 먹을 겨를조차 없었습니다. 예수의 가족들은 "예수가 미쳤다"라는 소문을 듣고서 예수를 붙잡으러 찾아다녔습니다. 그래서 예루살렘에서 내려온 율법학자들이 말했습니다. "예수가 바알세불에게 사로잡혀 있다. 그가 귀신들의 우두머리의 힘을 빌려 귀신을 쫓아내는 것이다." 그러자 예수께서 그들을 불러 놓고 비유로 말씀하셨습니다. "사탄이 어떻게 사탄을 쫓아낼 수 있느냐? 만일 한 나라가 서로 갈라져 싸우면 그 나라가 제대로 서 있을 수 없고 만일 한 가정이 서로 갈라져 싸우면 그 가정이 제대로 서 있을 수 없다. 만일 사탄이 스스로 반란을 일으켜 갈라진다면 제대로 서지 못하고 스스로 망할 것이다. 먼저 힘센 사람을 묶어 놓지 않고 그 집에 들어가 물건을 훔치는 사람은 아무도 없다. 묶고 나서야 그 집을 털 수 있는 것이다. 내가 너희에게 진실로 말한다. 사람이 어떤 죄를 짓든지 어떤 비방의 말을 하든지 그것은 모두 용서받을 수 있다. 그러나 누구든지 성령을 모독하는 사람은 결코 용서받을 수 없다. 그것은 영원한 죄다." 예수께서 이 말씀을 하신 것은 사람들이 "그가 악한 귀신이 들렸다"라고 말했기 때문입니다. 그때 예수의 어머니와 형제들이 찾아왔습니다. 그들은 밖에 서서 사람을 시켜 예수를 불렀습니다. 많은 사람들이 예수 곁에 둘러앉아 있었는데 그들이 예수께 말했습니다. "보십시오. 선생님의 어머니와 형제들이 밖에서 선생님을 찾고 계십니다." 예수께서 그들에게 물으셨습니다. "누가 내 어머니이고 내 형제들이냐?" 그러고는 곁에 둘러앉은 그들을 보며 말씀하셨습니다. "보라. 내 어머니와 내 형제들이다. 누구든지 하나님의 뜻을 행하는 사람이 바로 내 형제요, 자매요 어머니다."

4 씨 뿌리는 사람의 비유

예수께서 다시 호숫가에서 가르치기 시작하셨습니다. 수많은 사람이 예수 주위에 모여들었기 때문에 예수께서는 호수에 배를 띄우고 배에 올라앉으셨습니다. 사람들은 모두 호숫가를 따라 앉아 있었습니다. 예수께서 비유를 들어 그들에게 여러 가지를 가르치셨습니다. 그러면서 이렇게 말씀하셨습니다. "잘 들으라. 어떤 농부가 씨를 뿌리러 나갔다. 그가 씨를 뿌리고 있는데 어떤 씨는 길가에 떨어져 새들이 와서 모두 쪼아 먹었다. 어떤 씨는 흙이 많지 않은 돌밭에 떨어졌는데 흙이 얕아 싹이 금방 돋았지만 해가 뜨자 그 싹은 말랐고 뿌리가 없어서 시들어 버렸다. 다른 씨는 가시덤불 속에 떨어졌는데 가시덤불이 무성해져 그 기운을 막는 바람에 제대로 열매를 맺지 못했다. 또 다른 씨는 좋은 땅에 떨어져 싹이 나고 잘 자라서 30배, 60배, 100배의 열매들을 맺었다." 그리고 예수께서 말씀하셨습니다. "들을 귀 있는 사람은 들으라!" 예수께서 혼자 계실 때 열두 제자들과 그 곁에 있던 사람들이 그 비유가 무슨 뜻인지 물었습니다. 예수께서 대답하셨습니다. "너희에게는 하나님 나라의 비밀을 아는 것이 허락됐으나 다른 사람들에게는 모든 것을 비유로 말한다. 이것은 '그들이 보기는 보아도 알지 못하고 듣기는 들어도 깨닫지 못하게 해 그들이 돌아와서 용서를 받지 못하게 하시려는 것이다.'" 그리고 예수께서 그들에게 말씀하셨습니다. "이 비유를 알아듣지 못하겠느냐? 그렇다면 다른 비유는 어떻게 알아듣겠느냐? 씨를 뿌리는 농부는 말씀을 뿌리는 사람이다. 말씀이 길가에 뿌려졌다는 것은 이런 사람을 두고 하는 말이다. 그들은 말씀을 듣기는 하지만 곧 사탄이 와서 그들 안에 뿌려진 말씀을 가로채 간다. 이와 마찬가지로 말씀이 돌밭에 떨어졌다는 것은 이런 사람을 두고 하는 말이다. 그들은 말씀을 듣고 기뻐하며 즉시 받아들이지만 뿌리가 없어서 오래가지 못하고 그 말씀 때문에 고난이나 핍박이 오면 곧 넘어진다. 또 다른 사람들은 말씀이 가시밭에 떨어진 것과 같아서 그들은 말씀을 듣기는 하지만 이 세상의 걱정, 돈의 유혹, 그 밖에 다른 많은 욕심이 들어와 말씀의 기운을 막고 열매를 맺지 못하게 한다. 그러나 말씀이 좋은 땅에 떨어진 것과 같은 사람들은 말씀을 듣고 받아들여 30배, 60배, 100배의 열매를 맺는다.”

등잔대 위의 등불

예수께서 그들에게 말씀하셨습니다. “사람이 등불을 가져와 그릇 아래 두거나 침대 밑에 숨겨 놓겠느냐? 등잔대 위에 놓지 않겠느냐? 무엇이든 숨겨진 것은 드러나고 무엇이든 감추어진 것은 나타나기 마련이다. 들을 귀 있는 사람은 들으라.” 또 예수께서 그들에게 말씀하셨습니다. “너희는 듣는 말을 새겨들으라. 너희가 헤아려 주는 만큼 너희가 헤아림을 받을 것이요, 또 덤으로 더 헤아려 받을 것이다. 누구든지 가진 사람은 더 받을 것이요, 가지지 못한 사람은 그 있는 것마저도 빼앗길 것이다.”

자라는 씨의 비유

예수께서 또 말씀하셨습니다. “하나님 나라는 이런 모습이다. 어떤 사람이 땅에 씨를 뿌리면 씨는 그 사람이 자고 있든 깨어 있든 밤낮없이 싹이 트고 자라난다. 그러나 그는 씨가 어떻게 해서 그렇게 되는지 알지 못한다. 땅이 스스로 곡식을 길러 내는 것이다. 처음에는 줄기가 자라고 다음에는 이삭이 패고 그다음에는 이삭에 알곡이 맺힌다. 그리고 곡식이 익는 대로 곧 농부가 낫을 댄다. 이제 추수할 때가 됐기 때문이다."

겨자씨의 비유

예수께서 또 말씀하셨습니다. "하나님 나라를 무엇에 비교할 수 있을까? 어떤 비유로 설명할 수 있을까? 하나님 나라는 한 알의 겨자씨와 같다. 그 씨는 땅에 심는 것 가운데 제일 작은 씨지만 일단 심어 놓으면 자라나 어떤 식물보다 더 큰 가지들을 뻗어 그 그늘에 공중의 새들이 깃들 수 있게 된다." 예수께서는 제자들과 그 곁에 있던 사람들이 잘 알아들을 수 있게 여러 가지 비유로 그들에게 말씀을 전하셨습니다. 예수께서는 비유가 아니면 말씀하지 않으셨으나 제자들에게는 따로 모든 것을 일일이 설명해 주셨습니다.

예수께서 풍랑을 잔잔케 하시다

그날 저녁이 되자 예수께서는 제자들에게 말씀하셨습니다. "호수 저편으로 건너가자." 제자들은 사람들을 뒤로하고 예수를 배 안에 계신 그대로 모시고 갔습니다. 그러자 다른 배들도 함께 따라갔습니다. 그때 매우 강한 바람이 불어와 파도가 배 안으로 들이쳐 배가 물에 잠기기 직전이었습니다. 예수께서는 배 뒷부분에서 베개를 베고 주무시고 계셨습니다. 제자들이 예수를 깨우며 말했습니다. "선생님! 저희가 빠져 죽게 됐는데 모른 척하십니까?" 예수께서 일어나셔서 바람을 꾸짖으시고 파도에게 명령하셨습니다. "고요하라! 잠잠하라!" 그러자 바람이 멈추고 호수가 잔잔해졌습니다. 예수께서 제자들에게 말씀하셨습니다. "왜 그렇게 무서워하느냐? 아직도 믿음이 없느냐?"제자들은 크게 두려워하면서 서로 수군거렸습니다. "도대체 이분이 누구시기에 바람과 파도까지도 복종하는가?"

5 예수께서 귀신 들린 사람을 회복시키시다

예수와 제자들은 호수 건너편 거라사 지방으로 갔습니다. 예수께서 배에서 내리시자 더러운 귀신 들린 사람이 무덤 사이에서 나와 예수와 마주치게 됐습니다. 그 사람은 무덤 사이에서 살았는데 아무도 그를 잡아맬 사람이 없었습니다. 쇠사슬도 소용없었습니다. 그는 여러 번 쇠사슬로 손발이 묶이기도 했지만 번번이 사슬을 끊고 발에 찬 쇠고랑도 깨뜨렸습니다. 아무도 그를 당해 낼 수 없었습니다. 그는 밤낮으로 무덤들과 언덕을 돌아다니며 소리를 지르고 돌로 자기 몸을 찢곤 했습니다. 그런데 그가 멀리서 예수를 보더니 달려가 그 앞에 엎드려 절을 했습니다. 그러고는 찢어질 듯 큰 소리로 외쳤습니다. "지극히 높으신 하나님의 아들 예수여, 제가 당신과 무슨 상관이 있습니까? 제발 저를 괴롭히지 마십시오." 그것은 앞서 예수께서 그에게 "더러운 귀신아, 그 사람에게서 나와라!" 하고 말씀하셨기 때문입니다. 그때 예수께서 물으셨습니다. "네 이름이 무엇이냐?" 그가 대답했습니다. "내 이름은 군대입니다. 우리 수가 많기 때문에 붙여진 이름입니다." 그리고 예수께 자기들을 이 지방에서 쫓아내지 말아 달라고 간청했습니다. 마침 큰 돼지 떼가 거기 비탈진 언덕에서 먹이를 먹고 있었습니다. 더러운 귀신들이 예수께 애원했습니다. "우리를 저 돼지들 속으로 보내 주십시오. 그 속으로 들어가게 해 주십시오." 예수께서 허락하시자 더러운 귀신들이 나와서 돼지들에게로 들어갔습니다. 그러자 2,000마리 정도 되는 돼지 떼가 비탈진 둑을 내리달아 호수에 빠져 죽었습니다. 돼지를 치던 사람들이 마을과 그 일대로 달려가서 이 사실을 알렸습니다. 사람들은 무슨 일이 일어났는지 구경하러 달려 나왔습니다. 그들이 예수께 와서, 군대 귀신 들렸던 그 사람이 옷을 입고 제정신이 들어 거기 앉아 있는 것을 보았습니다. 그들은 덜컥 겁이 났습니다. 이 일을 본 사람들은 귀신 들렸던 사람에게 무슨 일이 일어났으며 돼지들은 어떻게 됐는지 그들에게 이야기해 주었습니다. 그러자 사람들은 예수께 제발 이 지방에서 떠나 달라고 부탁했습니다. 예수께서 배에 오르시려는데 귀신 들렸던 그 사람이 따라가겠다고 간청했습니다. 예수께서는 허락하시지 않고 이렇게 말씀하셨습니다. "집으로 돌아가 주께서 네게 얼마나 큰일을 해 주셨는지, 어떻게 자비를 베푸셨는지 가족들에게 말해 주어라." 그리하여 그 사람은 데가볼리로 가서 예수께서 자기를 위해 얼마나 큰일을 베푸셨는지 말하고 다녔습니다. 그러자 이 말을 들은 사람들마다 모두 놀랐습니다.

예수께서 혈루병 앓는 여인을 고치시고 죽은 소녀를 살리시다

예수께서 배를 타고 다시 호수 건너편으로 가셨습니다. 예수께서 호숫가에 계시는 동안 많은 사람들이 예수께로 모여들었습니다. 그때 야이로라 불리는 회당장이 예수께 와서 예수를 보고 그 발 앞에 엎드려 간절히 애원했습니다. "제 어린 딸이 죽어 갑니다. 제발 오셔서 그 아이에게 손을 얹어 주십시오. 그러면 그 아이가 병이 낫고 살아날 것입니다." 그러자 예수께서 그와 함께 가셨습니다. 많은 사람들이 따라가면서 예수를 둘러싸고 밀어 댔습니다. 그 가운데는 혈루병으로 12년 동안 앓고 있던 여인도 있었습니다. 이 여인은 여러 의사들에게 치료를 받으며 고생도 많이 하고 재산도 다 잃었지만 병이 낫기는 커녕 악화될 뿐이었습니다. 그러던 중 예수의 소문을 듣고 뒤에서 무리들 틈에 끼어들어 와서 예수의 옷자락에 손을 댔습니다. '예수의 옷자락만 닿아도 내 병이 나을 것이다'라고 생각한 것입니다. 그러자 곧 출혈의 근원이 마르면서 이 여인은 자신의 병이 나은 것을 몸으로 느낄 수 있었습니다. 동시에 예수께서도 자신의 몸에서 능력이 나간 것을 알아차리셨습니다. 예수께서 사람들을 돌아보며 물으셨습니다. "누가 내 옷자락에 손을 대었느냐?" 제자들이 대답했습니다. "이렇게 많은 사람들이 밀어 대는 것을 보시면서 '누가 손을 대었느냐'고 물으십니까?" 그러나 예수께서는 누가 옷을 만졌는지 알아보려고 둘러보셨습니다. 그러자 자기에게 일어난 일을 알고 있는 이 여인이 와서 예수의 발 앞에 엎드려 두려움에 떨면서 사실대로 말했습니다. 예수께서 여인에게 말씀하셨습니다. "딸아, 네 믿음이 너를 구원했다. 이제 안심하고 가거라. 그리고 병에서 해방돼 건강하여라." 예수의 말씀이 채 끝나기도 전에 야이로 회당장의 집에서 사람들이 와서 말했습니다. "따님이 죽었습니다. 선생님께 더 이상 폐 끼칠 게 뭐가 있겠습니까?" 예수께서 그 말에 아랑곳하지 않으시고 회당장에게 말씀하셨습니다. "두려워하지 말고 믿기만 하여라." 그리고 예수께서 베드로와 야고보와 야고보의 동생 요한 외에는 아무도 따라오지 못하게 하셨습니다. 회당장의 집에 이르자 예수께서 많은 사람들이 울며 통곡하며 소란스러운 것을 보시고는 집 안으로 들어가 그들에게 말씀하셨습니다. "어째서 소란하며 울고 있느냐? 아이는 죽은 것이 아니라 그냥 자고 있는 것이다." 그러자 사람들이 예수를 비웃었습니다. 예수께서 사람들을 모두 밖으로 내보내시고 아이의 부모와 함께 있는 제자들만 데리고 아이가 있는 방으로 들어가셨습니다. 예수께서 그 아이의 손을 잡고는 아이에게 "달리다굼!" 하고 말씀하셨습니다. 이 말은 "소녀야, 내가 네게 말한다. 일어나거라!" 하는 뜻입니다. 그러자 곧 아이가 일어나더니 걸어 다녔습니다. 이 소녀는 열두 살이었습니다. 이 일을 본 사람들은 몹시 놀랐습니다. 예수께서 이 일을 아무에게도 알리지 말라고 엄하게 말씀하셨습니다. 그리고 "아이에게 먹을 것을 주라" 하고 말씀하셨습니다.

6 존경받지 못하는 예언자

예수께서 그곳을 떠나 고향으로 가셨습니다. 예수의 제자들도 동행했습니다. 안식일이 되자 예수께서는 회당에서 말씀을 가르치기 시작하셨습니다. 많은 사람들이 그분의 말씀을 듣고 놀라며 물었습니다. "저 사람이 이런 것들을 어디서 배웠는가? 저런 지혜를 도대체 어디서 받았는가? 기적까지 일으키고 있지 않는가? 저 사람은 한낱 목수가 아닌가? 마리아의 아들이고 야고보, 요셉, 유다, 시몬과 형제가 아닌가? 그 누이들도 여기 우리와 함께 있지 않는가?" 그러면서 사람들은 예수를 배척했습니다. 예수께서 그들에게 말씀하셨습니다. "예언자는 자기 고향과 자기 친척과 자기 집에서는 배척당하는 법이다." 예수께서는 그저 아픈 사람들 몇 명만 안수해 고쳐 주셨을 뿐 거기서 다른 기적은 일으키실 수 없었습니다. 그리고 예수께서는 그들이 믿지 않는 것에 놀라셨습니다.

예수께서 열두 제자를 파송하시다

그 후 예수께서 여러 마을을 두루 다니시며 말씀을 전하셨습니다. 예수께서는 열두 제자를 불러 둘씩 짝지어 보내시며 더러운 귀신을 제어할 권세를 주셨습니다. 그리고 이렇게 당부하셨습니다. "여행길에 지팡이 외에는 아무것도 가져가지 말라. 먹을 것이나 자루도 챙기지 말고 전대에 돈도 넣어 가지 말라. 신발만 신고 옷도 두 벌씩 가져가지 말라. 어느 집에 들어가든지 그 마을을 떠나기 전까지는 그 집에 머물라. 어느 집이든지 너희를 반기지 않거나 너희 말에 귀 기울이지 않으면 떠나면서 경고의 표시로 발에 붙은 먼지를 떨어 버리라." 제자들은 나가서 사람들에게 회개하라고 전파했습니다. 그들은 많은 귀신들을 쫓아내고 수많은 환자들에게 기름 부어 병을 고쳐 주었습니다.

세례자 요한이 참수되다

예수의 이름이 널리 알려지자 헤롯 왕도 그 소문을 듣게 됐습니다. 어떤 사람들은 "세례자 요한이 죽은 사람 가운데에서 살아났다. 그래서 그런 기적을 일으키는 능력이 그 사람 안에서 역사하는 것이다"라고 말했습니다. 또 "그는 엘리야다" 하는 사람도 있었고 어떤 사람들은 "그는 예언자다. 옛 예언자들 가운데 한 사람과 같은 사람이다"라고 말하기도 했습니다. 이런 이야기를 듣고 헤롯이 말했습니다. "내가 목을 벤 요한이 죽은 사람 가운데서 살아났나 보다!" 헤롯은 전에 요한을 체포하라는 명령을 직접 내렸고 결국 요한을 잡아다가 감옥에 가둔 적이 있었습니다. 헤롯이 자기 동생 빌립의 아내 헤로디아와 결혼한 것 때문에 요한이 헤롯에게 "동생의 아내를 데려간 것은 옳지 않다"라고 말해 왔기 때문입니다. 그래서 헤로디아는 원한을 품고 요한을 죽이려 했습니다. 그러나 그렇게 할 수 없었습니다. 그것은 요한이 의롭고 거룩한 사람임을 헤롯이 알고 그를 두려워하며 보호해 주었기 때문입니다. 헤롯이 요한의 말을 듣고 있으면 마음이 몹시 괴로웠지만 그럼에도 그의 말을 달게 듣곤 했습니다. 그런데 때마침 좋은 기회가 왔습니다. 헤롯은 자기 생일에 고관들과 천부장들과 갈릴리의 인사들을 초청해 만찬을 베풀었습니다. 그때 헤로디아의 딸이 들어와 춤을 춰 헤롯과 손님들을 즐겁게 해 주었습니다. 왕이 그 소녀에게 말했습니다. "무엇이든 네가 원하는 것을 말해 보아라. 내가 다 들어주겠다." 헤롯은 그 소녀에게 맹세까지 하면서 약속했습니다. "네 소원이 무엇인지 말해 보아라. 내 나라의 절반이라도 떼어 주겠다." 소녀는 나가서 자기 어머니에게 물었습니다. "무엇을 달라고 할까요?" 그 어머니가 대답했습니다. "세례자 요한의 머리를 달라고 해라." 소녀가 곧장 왕에게 달려가 요구했습니다. "지금 곧 세례자 요한의 머리를 쟁반에 담아 제게 주십시오." 왕은 몹시 난감했습니다. 그러나 자기가 맹세한 것도 있고 손님들도 보고 있어서 그 요구를 도저히 거절할 수 없었습니다. 그래서 왕은 곧 호위병을 보내 요한의 목을 베어 오라고 명령했습니다. 호위병은 가서 감옥에 있는 요한의 목을 베어 그 머리를 쟁반에 담아 가지고 돌아와 소녀에게 주었습니다. 그 소녀는 그것을 자기 어머니에게 갖다 주었습니다. 요한의 제자들이 이 소식을 듣자마자 달려와 시신을 가져다가 무덤에 안치했습니다.

예수께서 오천 명을 먹이시다

사도들이 예수께 돌아와 자기들이 한 일과 가르친 것을 모두 보고했습니다. 그런데 거기에는 오가는 사람들이 너무 많아 예수와 제자들은 먹을 겨를조차 없었습니다. 예수께서 그들에게 말씀하셨습니다. "외딴곳으로 가서 잠시 쉬라." 그래서 그들은 따로 배를 타고 외딴곳으로 갔습니다. 그런데 많은 사람들이 그들이 떠나는 것을 보고 그들을 알아보았습니다. 그러고는 여러 마을에서 달려 나와 길을 따라 걸어가서 그들보다 그곳에 먼저 가 있었습니다. 예수께서 도착해 많은 사람들을 보시고 목자 없는 양들 같은 그들을 불쌍히 여겨 그들에게 여러 가지로 가르쳐 주기 시작하셨습니다. 날이 저물어 가자 제자들이 예수께 다가와서 말했습니다. "이곳은 빈 들인데다 시간도 벌써 많이 늦었습니다. 사람들을 보내 가까운 마을이나 동네에 가서 각자 먹을 것을 사 먹게 하시지요." 그러자 예수께서 대답하셨습니다. "너희가 그들에게 먹을 것을 주라." 제자들이 예수께 말했습니다. "그러면 우리가 가서 200데나리온어치를 사다가 그들에게 먹이라는 말씀입니까?" 예수께서 물으셨습니다. "빵이 얼마나 있느냐? 가서 알아보라." 그들이 알아보고 말했습니다. "빵 다섯 개와 물고기 두 마리가 있습니다." 그러자 예수께서는 사람들을 모두 풀밭에 무리를 지어 앉히라고 제자들에게 지시하셨습니다. 그래서 사람들은 100명씩, 50명씩 무리를 지어 앉았습니다. 예수께서는 빵 다섯 개와 물고기 두 마리를 들고 하늘을 우러러 감사 기도를 드린 후 빵을 떼셨습니다. 그리고 제자들에게 주어 사람들 앞에 갖다 놓으라고 하셨습니다. 예수께서는 물고기 두 마리도 그들 모두에게 나눠 주셨습니다. 사람들은 모두 배불리 먹었습니다. 제자들이 남은 빵 조각과 물고기를 모으니 12바구니에 가득 찼습니다. 빵을 먹은 남자 어른만도 5,000명이었습니다.

예수께서 물 위를 걸으시다

예수께서 곧 제자들을 배에 태워 호수 건너편 벳새다로 먼저 가게 하시고 사람들을 돌려보내셨습니다. 그들을 보내신 뒤 예수께서는 기도하려고 산으로 올라가셨습니다. 밤이 되자 배는 호수 한가운데 있었고 예수께서는 혼자 뭍에 계셨습니다. 예수께서는 제자들이 강한 바람 때문에 노 젓느라 안간힘을 쓰는 것을 보셨습니다. 이른 새벽에 예수께서 물 위를 걸어 그들에게 나아가시다 그들 곁을 지나가려고 하셨습니다. 예수께서 물 위를 걸어오시는 것을 본 제자들은 유령인 줄 알고 소리를 질렀습니다. 그들 모두 예수를 보고 겁에 질렸습니다. 그러자 곧 예수께서 그들에게 말씀하셨습니다. "안심하라! 나다. 두려워하지 말라." 그리고 예수께서 제자들이 탄 배에 오르시자 바람이 잔잔해졌습니다. 제자들은 몹시 놀랐습니다. 그것은 제자들이 예수께서 빵을 먹이신 기적을 보고도 아직 제대로 깨닫지 못하고 마음이 둔해져 있었기 때문입니다. 그들은 호수를 건너 게네사렛에 도착해 배를 대었습니다. 그들이 배에서 내리자 사람들은 예수를 즉시 알아보았습니다. 사람들은 온 지역을 뛰어다니며 예수께서 계시는 곳이면 어디든지 아픈 사람들을 자리에 눕힌 채 짊어지고 오기 시작했습니다. 예수께서 가시는 곳이면 어디든지, 마을이든 도시든 농촌이든 할 것 없이 사람들은 아픈 사람들을 시장에 데려다 두고 예수의 옷자락이라도 만질 수 있도록 간청했습니다. 그리고 손을 댄 사람들은 모두 병에서 나았습니다.

7 더럽게 하는 것

예루살렘에서 온 바리새파 사람들과 몇몇 율법학자들이 예수 곁에 모여 있다가 예수의 제자들 가운데 몇 사람이 손을 씻지 않고 '더러운' 손으로 음식을 먹는 것을 보았습니다. (바리새파 사람들과 모든 유대 사람들은 장로들의 전통에 따라 손 씻는 정결 의식을 치르지 않고는 먹지 않았고 시장에 다녀와서도 손을 씻지 않고는 음식을 먹지 않았습니다. 그들이 지키는 규례는 이것 말고도 잔과 단지와 놋그릇을 씻는 등 여러 가지가 있었습니다.) 그래서 바리새파 사람들과 율법학자들이 예수께 물었습니다. "왜 선생님의 제자들은 장로들이 전해 준 전통을 따르지 않고 '더러운' 손으로 음식을 먹습니까?" 예수께서 대답하셨습니다. "너희 위선자들에 대해 이사야가 예언한 말이 옳았다. 성경에 이렇게 기록됐다. '이 백성들은 입술로만 나를 공경하고 마음은 내게서 멀리 떠났다. 사람의 훈계를 교리인 양 가르치고 나를 헛되이 예배한다.' 너희가 하나님의 계명은 버리고 사람의 전통만 붙들고 있구나." 그리고 예수께서 그들에게 말씀하셨습니다. "너희는 너희만의 전통을 지킨다는 구실로 그럴듯하게 하나님의 계명을 제쳐 두고 있다! 모세는 '네 부모를 공경하라'라고 했고 '누구든지 자기 부모를 저주하는 자는 반드시 죽을 것이다'라고 했다. 그러나 너희는 '내가 아버지나 어머니에게 드리려던 것이 고르반, 곧 하나님께 드리는 예물이 됐다'라고 하면 그만이라면서 너희 부모를 더 이상 봉양하지 않으니 너희는 전통을 핑계 삼아 하나님의 말씀을 유명무실하게 만드는 것이 아니냐? 또 너희가 많은 일들을 이런 식으로 행하고 있다." 예수께서 다시 사람들을 불러 말씀하셨습니다. "너희는 모두 내 말을 잘 듣고 깨달으라. 몸 밖에 있는 것이 사람 속으로 들어가 사람을 '더럽게' 하지 못한다. 오히려 사람 속에서 나오는 것이 사람을 '더럽게' 하는 것이다." 예수께서 사람들을 떠나 집 안으로 들어가시자 제자들이 이 비유에 대해 물었습니다. 그러자 예수께서 물으셨습니다. "너희는 아직도 깨닫지 못하느냐? 몸 밖에서 사람 속으로 들어가는 것이 사람을 '더럽게' 하지 못하는 것을 너희가 알지 못하느냐? 그것은 사람의 마음으로 들어가는 것이 아니라 배 속으로 들어갔다가 결국 몸 밖으로 나오기 때문이다." 그러므로 예수께서는 모든 음식은 "깨끗하다"라고 선포하신 것입니다. 예수께서 이어 말씀하셨습니다. "사람 안에서 나오는 것이 바로 사람을 '더럽게' 하는 것이다. 사람 속에서, 곧 사람의 마음에서 나오는 것은 악한 생각, 음란, 도둑질, 살인, 간음, 탐욕, 악의, 거짓말, 방탕, 질투, 비방, 교만, 어리석음이다. 이런 악한 것들은 모두 안에서 나오고 사람을 '더럽게' 한다."

예수께서 수로보니게 여인의 믿음에 응하시다

예수께서는 그곳을 떠나 두로와 시돈 지방으로 가셨습니다. 어떤 집에 들어가 아무도 모르게 계시려 했지만 그 사실을 숨길 수가 없었습니다. 더러운 귀신 들린 어린 딸을 둔 여인도 예수의 소식을 듣자마자 와서 그 발 앞에 엎드렸습니다. 그 여인은 수로보니게 출신 그리스 사람이었는데 자기 딸에게서 귀신을 쫓아 달라고 예수께 애원했습니다. 예수께서 여인에게 말씀하셨습니다. "자녀들을 먼저 배불리 먹게 해야 한다. 자녀들이 먹을 빵을 가져다가 개에게 던져 주는 것은 옳지 않다." 여인이 대답했습니다. "그렇습니다, 주여. 하지만 개들도 식탁 밑에서 자녀들이 떨어뜨린 부스러기를 주워 먹습니다." 그러자 예수께서 말씀하셨습니다. "네가 그렇게 말했으니 어서 가 보아라. 귀신이 네 딸에게서 나갔다." 여인이 집에 돌아가 보니 귀신은 떠나가고 딸아이가 침대에 누워 있었습니다.

예수께서 귀 먹고 말 더듬는 자를 고치시다

그 후 예수께서 다시 두로와 시돈 해안을 떠나 데가볼리 지방을 거쳐 갈릴리 호수로 가셨습니다. 그곳에서 어떤 사람들이 듣지 못하고 말도 못하는 사람을 예수께 데려와 안수해 달라고 간청했습니다. 예수께서 그를 멀찌감치 따로 데리고 가셔서 그의 귓속에 손가락을 넣으시고 손에 침을 뱉어서 그의 혀에 손을 대셨습니다. 그리고 예수께서 하늘을 쳐다보며 깊은 숨을 크게 한 번 쉬고는 그에게 "에바다!"라고 말씀하셨습니다. 이 말은 "열려라!"라는 뜻입니다. 그러자마자 그 사람은 귀가 뚫리고 혀가 풀리더니 제대로 말하기 시작했습니다. 예수께서 "이 일을 아무에게도 말하지 말라" 하고 사람들에게 명령하셨습니다. 그러나 예수께서 하지 말라고 하실수록 그들은 더욱더 말하고 다녔습니다. 그들이 몹시 놀라 이렇게 말했습니다. "예수께서 행하시는 모든 것은 참으로 대단하다. 듣지 못하는 사람도 듣게 하시고 말 못하는 사람도 말하게 하신다!"

8 예수께서 사천 명을 먹이시다

그 무렵 또 수많은 사람들이 모여들었습니다. 그들에게 먹을 것이 없었기 때문에 예수께서 제자들을 불러 말씀하셨습니다. "저들이 나와 함께 있은 지 벌써 3일이 지났는데 먹을 것이라곤 없으니 참 불쌍하다. 멀리서 온 사람도 있으니 굶겨 보냈다가는 가다가 도중에 쓰러질 것이다." 제자들이 말했습니다. "하지만 이렇게 빈 들에서 이 사람들을 다 먹일 만한 빵을 어디서 구하겠습니까?" 예수께서 물으셨습니다. "너희에게 빵이 얼마나 있느냐?" 제자들이 대답했습니다. "일곱 개입니다." 예수께서 사람들에게 땅에 앉으라고 말씀하셨습니다. 그러고는 빵 일곱 개를 가지고 감사 기도를 드린 후 떼어 제자들에게 주면서 사람들 앞에 가져다 두라고 하셨습니다. 그래서 제자들은 그렇게 했습니다. 그들에게는 작은 물고기도 조금 있었습니다. 예수께서는 물고기도 감사 기도를 드린 후 제자들을 시켜 나눠 주라고 하셨습니다. 사람들이 배불리 먹고 나서 제자들이 남은 조각들을 거두어 보니 일곱 광주리에 가득 찼습니다. 거기에는 대략 4,000명의 남자가 있었습니다. 예수께서 그들을 돌려보내시고는 제자들과 함께 배를 타고 달마누다 지방으로 가셨습니다. 바리새파 사람들이 와서 예수께 시비를 걸기 시작했습니다. 그들은 예수를 시험하려고 하늘로부터 오는 표적을 구했습니다. 예수께서는 깊이 탄식하시며 말씀하셨습니다. "이 세대가 왜 표적을 구하느냐? 내가 너희에게 진실로 말한다. 이 세대는 어떤 표적도 받지 못할 것이다." 그러고 나서 예수께서는 바리새파 사람들을 떠나 다시 배를 타고 호수 건너편으로 가셨습니다.

바리새파 사람들과 헤롯의 누룩

제자들은 깜빡 잊고 빵을 가져가지 않았습니다. 그들이 가진 것이라고는 배 안에 있던 빵 한 개뿐이었습니다. 예수께서 제자들에게 경고하셨습니다. "조심하라! 바리새파 사람들의 누룩과 헤롯의 누룩을 주의하라." 제자들은 이 말씀을 두고 서로 수군거렸습니다. "우리에게 빵이 없어서 그러시나 보다." 그들이 수군거리는 것을 다 아시고 예수께서 말씀하셨습니다. "왜 빵이 없는 것을 두고 말하느냐? 너희가 아직도 알지 못하고 아직도 깨닫지 못하느냐? 너희 마음이 둔해졌느냐? 너희가 눈이 있어도 보지 못하고 귀가 있어도 듣지 못하느냐? 기억하지 못하느냐? 내가 빵 다섯 개를 5,000명에게 떼어 주었을 때 남은 조각을 몇 바구니나 거두었느냐?" 그들이 대답했습니다. "12바구니였습니다." "내가 빵 일곱 개를 4,000명에게 떼어 주었을 때는 남은 조각을 몇 광주리나 거두었느냐?" 그들이 대답했습니다. "일곱 광주리였습니다." 그러자 예수께서 말씀하셨습니다. "너희가 아직도 깨닫지 못하느냐?"

예수께서 벳새다에서 보지 못하는 사람을 고치시다

그리고 그들이 벳새다에 갔습니다. 사람들이 보지 못하는 사람을 데려와 예수께 만져 달라고 간청했습니다. 예수께서 그 사람의 손을 잡고 마을 밖으로 데리고 나가셨습니다. 예수께서 그 사람의 눈에 침을 뱉으시고 그에게 손을 얹으시며 물으셨습니다. "뭐가 좀 보이느냐?" 그러자 그 사람이 쳐다보며 말했습니다. "사람들이 보입니다. 그런데 나무가 걸어 다니는 것처럼 보입니다." 다시 한 번 예수께서 그 사람의 눈에 손을 얹으셨습니다. 그러자 그가 뚫어지게 바라보더니 시력이 회복돼 모든 것을 분명히 보게 됐습니다. 예수께서 그를 집으로 보내시며 말씀하셨습니다. "마을 안으로 들어가지 마라."

베드로가 예수를 그리스도로 고백하다

예수께서 제자들을 데리고 가이사랴 빌립보에 있는 여러 마을로 가셨습니다. 가는 길에 예수께서 물으셨습니다. "사람들이 나를 누구라고 하느냐?" 제자들이 대답했습니다. "세례자 요한이라고도 하고 엘리야라고도 합니다. 예언자 중 한 분이라고 하는 사람도 있습니다." 예수께서 물으셨습니다. "그러면 너희는 나를 누구라고 하느냐?" 베드로가 대답했습니다. "주는 그리스도이십니다." 예수께서 제자들에게 자신에 대해 아무에게도 말하지 말라고 단단히 주의를 주셨습니다.

예수께서 자신의 죽음을 예고하시다

예수께서 제자들에게 인자가 많은 고난을 당하고 장로들과 대제사장들과 율법학자들에게 배척받아 죽임당했다가 3일 만에 다시 살아나시게 될 것임을 가르치기 시작하셨습니다. 예수께서 이 일을 드러내 놓고 말씀하시자 베드로는 예수를 붙들고 그게 무슨 말이냐며 항의했습니다. 그러자 예수께서 제자들을 돌아다보시고 베드로를 꾸짖으시며 말씀하셨습니다. "사탄아, 내 뒤로 물러가거라! 네가 하나님의 일은 생각하지 않고 사람의 일만 생각하는구나."

십자가의 길

그리고 예수께서 제자들과 그분을 따르는 사람들을 다 불러 놓고 말씀하셨습니다. "누구든지 나를 따르려거든 자기를 부인하고 자기 십자가를 지고 따라야 한다. 누구든지 자기 생명을 구하려고 하는 사람은 잃어버릴 것이요, 누구든지 나와 복음을 위해 자기 생명을 버리는 사람은 구할 것이다. 사람이 온 세상을 다 얻고도 자기 생명을 잃으면 무슨 소용이 있겠느냐? 사람이 자기 생명을 무엇과 맞바

꾸겠느냐? 누구든지 음란하고 죄 많은 이 세대에서 나와 내 말을 부끄럽게 여기면 인자도 아버지의 영광을 입고 거룩한 천사들과 함께 올 때에 그를 부끄럽게 여길 것이다."

9 예수께서 변모되시다

예수께서 그들에게 말씀하셨습니다. "내가 너희에게 진실로 말한다. 여기 서 있는 사람 가운데 죽기 전에 하나님 나라가 능력을 떨치며 오는 것을 볼 사람이 있다." 6일 후에 예수께서 베드로, 야고보, 요한만 따로 데리고 높은 산으로 올라가셨습니다. 그런데 예수께서 그들 앞에서 모습이 변하셨습니다. 예수의 옷은 이 세상 그 누구도 더 이상 희게 할 수 없을 만큼 새하얗고 광채가 났습니다. 그리고 거기에 엘리야가 모세와 함께 그들 앞에 나타나 예수와 이야기를 나누었습니다. 베드로가 예수께 말했습니다. "주여, 우리가 여기 있는 것이 좋겠습니다. 우리가 초막 세 개를 만들어 하나에는 주를, 하나에는 모세를, 하나에는 엘리야를 모시도록 하겠습니다." 모두들 몹시 두려웠기 때문에 베드로는 무슨 말을 해야 좋을지 몰라 이렇게 말했습니다. 그때 구름이 나타나 그들 위를 덮더니 구름 속에서 소리가 들려왔습니다. "이는 내 사랑하는 아들이다. 그의 말을 들으라!" 그 순간 그들은 주위를 살펴보았습니다. 그러나 그때는 이미 아무도 보이지 않고 오직 예수만 그들과 함께 계셨습니다. 산을 내려오시면서 예수께서 제자들에게 단단히 일러두셨습니다. "인자가 죽은 사람 가운데에서 살아날 때까지는 지금 본 것을 아무에게도 말하지 말라." 제자들은 이 일을 마음에 새겨 두면서도 '죽은 사람 가운데에서 살아난다'는 것이 무슨 뜻인지 몰라 서로 물어보았습니다. 제자들이 예수께 물었습니다. "왜 율법학자들은 엘리야가 먼저 와야 한다고 말한 것입니까?" 예수께서 대답하셨습니다. "참으로 엘리야가 먼저 와서 모든 것을 회복시킨다. 그런데 왜 성경에는 인자가 많은 고난을 받고 멸시를 당할 것이라고 기록된 것이냐? 내가 너희에게 말한다. 엘리야는 이미 왔다. 그런데 사람들은 그에 대해 성경에 기록돼 있는 대로 그를 자기들 마음대로 대했다."

예수께서 귀신 들린 아이를 고치시다

그들이 다른 제자들에게 돌아와 보니 그 제자들이 많은 사람들에게 둘러싸여 율법학자들과 논쟁을 벌이고 있었습니다. 사람들은 모두 예수를 보자마자 몹시 놀라며 달려와 맞이했습니다. 예수께서 물으셨습니다. "무슨 일로 이렇게 논쟁하고 있느냐?" 무리 가운데 한 사람이 대답했습니다. "선생님, 제가 아들을 데려왔습니다. 그 아이는 말 못하게 하는 더러운 귀신이 들려 있습니다. 귀신이 한번 아이를 사로잡으면 아이가 땅에 거꾸러집니다. 그러면 아이는 입에 거품을 물고 이를 갈면서 몸이 뻣뻣하게 굳습니다. 그래서 선생님의 제자들에게 귀신을 쫓아내 달라고 부탁했지만 쫓아내지 못했습니다." 예수께서 말씀하셨습니다. "이 믿음 없는 세대야! 내가 언제까지 너희와 함께 있어야 하겠느냐? 내가 언제까지 너희에게 참아야 하겠느냐? 아이를 데려오라." 그러자 그들이 아이를 예수께 데려왔습니다. 더러운 귀신은 예수를 보더니 곧 아이의 몸에 경련을 일으켰습니다. 아이는 땅에 거꾸러지더니 입에 거품을 물고 뒹굴었습니다. 예수께서 아이의 아버지에게 물으셨습니다. "이 아이가 언제부터 이렇게 됐느냐?" 그가 대답했습니다. "아주 어릴 때부터입니다. 귀신이 아이를 죽이려고 여러 번 불 속에 내던지고 물속에도 빠뜨렸습니다. 그러나 선생님께서 어떻게든 하실 수 있다면 제발 우리를 불쌍히 여기시고 도와주십시오." 예수께서 말씀하셨습니다. "'하실 수 있다면'이 무슨 말이냐? 믿는 사람에게는 모든 일이 가능하다." 그러자 곧 아이의 아버지가 소리쳤습니다. "내가 믿습니다! 믿음이 부족한 나를 도와주십시오!" 많은 사람들이 이 광경을 보려고 달려오는 것을 보시고 예수께서 귀신을 꾸짖으셨습니다. "듣지 못하게 하고 말 못하게 하는 귀신아, 내가 네게 명령한다! 이 아이에게서 나와 다시는 들어가지 마라!" 더러운 귀신은 소리 지르며 아이에게 심한 경련을 일으키더니 나갔습니다. 아이가 죽은 것같이 돼 누워 있자 많은 사람들이 수군거렸습니다. "아이가 죽었나 보다." 그때 예수께서 아이의 손을 잡아 일으키셨습니다. 그러자 아이가 벌떡 일어섰습니다. 예수께서 집 안으로 들어가신 후에 제자들이 따로 물어보았습니다. "어째서 저희는 귀신을 쫓아내지 못했습니까?" 예수께서 대답하셨습니다. "이런 귀신은 오직 기도로만 쫓아낼 수 있다."

예수께서 자신의 죽음을 두 번째 예고하시다

그들은 그곳을 떠나 갈릴리를 지나가게 됐습니다. 그러나 예수께서는 자기 일행이 어디로 가는지 사람들이 모르기를 바라셨습니다. 이는 제자들을 가르치고 계셨기 때문입니다. 예수께서 그들에게 말쓸하셨습니다. "인자는 배반을 당하고 사람들의 손에 넘겨져 죽임 당할 것이다. 그러나 3일 만에 그는 다시 살아날 것이다." 그러나 제 자들은 그 말씀이 무슨 뜻인지 깨닫지 못했고 두려워서 예수께 묻지도 못했습니다. 그들이 가버나움으로 갔습니다. 집 안에 계실 때에 예수께서 제자들에게 물으셨습니다. "오는 길에 너희끼리 왜 논쟁했느냐?" 그러자 제자들은 말이 없었습니다. 그들은 길에서 누가 가장 큰 사람이냐 하는 문제로 다투었기 때문입니다. 예수께서 자리에 앉으시면서 열두 제자를 불러 놓고 말씀하셨습니다. "누구든지 첫째가 되려면 모든 사람의 꼴찌가 돼야 하고 모든 사람을 섬기는 종이 돼야 한다." 예수께서 한 어린아이를 데려와 그들 가운데에 세우셨습니다. 그리고 아이를 팔로 껴안고 제자들에게 말씀하셨습니다. "누구든지 내 이름으로 이런 어린아이 하나를 영접하는 사람은 나를 영접하는 것이고 누구든지 나를 영접하는 사람은 나를 영접하는 것이 아니라 나를 보내신 분을 영접하는 것이다."

우리를 반대하지 않으면 우리 편이다

요한이 말했습니다. "선생님, 선생님의 이름으로 귀신을 쫓아내는 어떤 사람을 보고 우리를 따르는 자가 아니어서 우리가 그에게 하지 못하게 했습니다." 예수께서 말씀하셨습니다. "못 하게 하지 마라. 내 이름으로 기적을 행하고 나서 바로 나를 욕할 사람은 없다. 누구든지 우리를 반대하지 않으면 우리 편이다. 내가 너희에게 진실로 말한다. 너희가 그리스도의 사람인 것을 알고 너희에게 물 한잔이라도 주는 사람은 반드시 자기가 받을 상을 잃지 않을 것이다.

넘어지게 하는 일

또 누구든지 나를 믿는 어린아이들 중 하나라도 죄짓게 하는 사람은 차라리 큰 맷돌을 목에 달고 바다에 던져지는 것이 나을 것이다. 네 손이 너를 죄짓게 하거든 잘라 버려라. 두 손을 가지고 영원히 꺼지지 않는 지옥 불에 떨어지느니 성하지 않은 몸이 되더라도 생명에 들어가는 것이 더 낫다. 또 네 발이 너를 죄짓게 하거든 잘라 버려라. 두 발을 가지고 지옥에 던져지느니 저는 다리로 생명에 들어가는 것이 더 낫다. 또 네 눈이 너를 죄짓게 하거든 뽑아 버려라. 두 눈을 가지고 지옥에 던져지느니 한 눈만 가지고 하나님 나라에 들어가는 것이 더 낫다. 지옥은 '벌레도 죽지 않고 불도 꺼지지 않는' 곳이다. 모든 사람이 소금에 절여지듯 불에 절여질 것이다. 소금은 좋은 것이다. 그러나 소금이 그 짠맛을 잃으면 어떻게 다시 짜게 되겠느냐? 그러므로 너희 가운데 소금을 간직하고 서로 화목하게 지내라."

10 이혼

예수께서 그곳을 떠나 유대 지방으로 가서서 요단 강 건너편으로 가셨습니다. 그러자 사람들이 또 예수께 몰려왔고 예수께서는 늘 하시던 대로 그들을 가르치셨습니다. 바리새파 사람들 몇명이 와서 예수를 시험하려고 물었습니다. "남자가 자기 아내와 이혼해도 됩니까?" 예수께서 대답하셨습니다. "모세가 어떻게 하라고 명령했느냐?" 그들이 말했습니다. "모세는 남자가 이혼 증서를 써 주고 아내와 헤어져도 된다고 했습니다." 그러자 예수께서 말씀하셨습니다. "모세가 그런 계명을 쓴 것은 완악한 너희 마음 때문이다. 그러나 하나님께서 세상을 창조하실 때 '사람을 남자와 여자로 만드셨다.' '그러므로 남자가 자기 부모를 떠나 아내와 더불어 둘이 한 몸이 될 것이다. 따라서 그들이 이제 둘이 아니라 한 몸이다.' 그러므로 하나님께서 짝지어 주신 것을 사람이 갈라놓아서는 안 된다." 집 안에서 제자들이 예수께 이 문제에 대해 다시 물었습니다. 예수께서 대답하셨습니다. "누구든지 자기 아내와 이혼하고 다른 여자와 재혼하는 사람은 자기 아내에게 간음하는 것이다. 또 그 아내가 자기 남편과 이혼하고 다른 남자와 재혼하는 것도 간음하는 것이다."

어린아이들과 예수

사람들이 어린아이들을 예수께 데리고 와 어루만져 주시기를 원했습니다. 그러나 제자들이 그들을 꾸짖었습니다. 예수께서 이것을 보시고 노하시며 제자들에게 말씀하셨습니다. "어린아이들이 내게 오는 것을 허락하고 막지 말라. 하나님 나라는 이런 아이들과 같은 사람의 것이다. 내가 너희에게 진실로 말한다. 누구든지 어린아이와 같이 하나님 나라를 받아들이지 않는 사람은 결코 그곳에 들어가지 못할 것이다." 그러고는 어린아이들을 꼭 껴안아 주시며 손을 얹으시고 축복해 주셨습니다.

부자와 하나님의 나라

예수께서 밖에 나가려고 하시는데 한 사람이 예수께로 달려와 그 앞에 무릎을 꿇고 물었습니다. "선하신 선생님, 제가 영원한 생명을 얻으려면 어떻게 해야 합니까?" 예수께서 대답하셨습니다. "네가 왜 나를 선하다고 하느냐? 오직 하나님 한 분 외에는 선한 분이 없다. 네가 '살인하지 말라, 간음하지 말라, 도둑질하지 말라, 거짓 증언하지 말라, 사기 치지 말라, 부모를 공경하라' 하는 계명들을 알고 있을 것이다." 그가 말했습니다. "선생님, 저는 어릴 때부터 이것들을 모두 어김없이 지켜 왔습니다." 예수께서 그를 쳐다보고 사랑스럽게 여기시며 말씀하셨습니다. "네게 한 가지 부족한 것이 있다. 가서 네가 가진 것을 모두 팔아 가난한 사람들에게 나눠 주어라. 그리하면 하늘에서 보물을 얻게 될 것이다. 그리고 와서 나를 따라라." 이 말씀을 듣자 그 사람은 무척 근심스러운 얼굴로 슬퍼하며 떠나갔습니다. 그가 대단한 부자였기 때문입니다. 예수께서는 제자들을 둘러보시고 말씀하셨습니다. "부자가 하나님 나라에 들어가기가 참으로 어렵다." 제자들은 예수의 말씀에 무척 놀랐습니다. 그러자 예수께서 다시 말씀하셨습니다. "얘들아, 하나님 나라에 들어가기가 얼마나 어려운지 부자가 하나님 나라에 들어가는 것보다 낙타가 바늘귀를 지나가는 것이 더 쉽다." 제자들은 더욱 놀라서 서로 수군거렸습니다. "그러면 도대체 누가 구원받을 수 있다는 말인가?" 예수께서 그들을 보시고 말씀하셨습니다. "사람은 할 수 없지만 하나님께서는 하실 수 있다. 하나님께는 모든 것이 가능하다." 베드로가 예수께 말했습니다. "보시다시피 우리는 모든 것을 버리고 주를 따랐습니다!" 예수께서 말씀하셨습니다. "내가 너희에게 진실로 말한다. 나와 복음을 위해 집이나 형제나 부모나 자식이나 자기 땅을 버린 사람은 지금 이 세상에서 집과 형제자매와 어머니와 자녀와 땅을 100배나 더 받되 핍박도 함께 받을 것이고 이제 올 세상에서는 영원한 생명을 받을 것이다. 그러나 먼저 된 사람이 나중 되고 나중 된 사람이 먼저 되는 일이 많을 것이다."

예수께서 자신의 죽음을 세 번째 예고하시다

그들이 예루살렘으로 올라가는 길이었습니다. 예수께서 앞장서서 그리로 향하시자 제자들은 놀랐고 뒤따라가던 사람들도 두려워했습니다. 예수께서는 다시 열두 제자를 따로 불러 놓으시고 앞으로 자신에게 일어날 일을 말씀해 주셨습니다. "우리는 지금 예루살렘으로 올라가고 있다. 인자는 배반당해 대제사장들과 율법학자들에게 넘겨질 것이다. 그들은 인자를 죽이기로 결정하고 이방 사람들에게 넘겨줄 것이고 이방 사람들은 인자를 조롱하고 침을 뱉고 채찍으로 때린 뒤 죽일 것이다. 그러나 3일 만에 그는 다시 살아날 것이다."

야고보와 요한의 요청

그러자 세베대의 두 아들 야고보와 요한이 예수께 다가와 말했습니다. "선생님, 저희의 소원을 들어주시기 원합니다." 예수께서 물으셨습니다. "내가 너희에게 무엇을 해 주었으면 좋겠느냐?" 그들이 대답했습니다. "주께서 영광의 자리에 앉으실 때 저희 중 하나는 오른편에, 하나는 왼편에 앉게 해 주십시오." 예수께서 그들에게 말씀하셨습니다. "너희가 지금 무엇을 구하고 있는지 알고 있느냐? 내가 마시는 잔을 너희가 마시며 내가 받는 세례를 너희가 받을 수 있겠느냐?" 그들이 대답했습니다. "할 수 있습니다." 예수께서 그들에게 말씀하셨습니다. "너희도 정말 내가 마시는 잔을 마시고 내가 받는 세례를 받을 것이다. 그렇지만 내 오른편이나 왼편에 앉는 것은 내가 정해 주는 것이 아니다. 그 자리는 미리 정해 놓은 사람들에게 돌아갈 것이다." 다른 열 명은 이 말을 듣고 야고보와 요한에게 분개했습니다. 예수께서는 그들을 함께 불러 놓고 말씀하셨습니다. "너희도 알듯이 이방 사람의 통치자라는 사람들은 백성들 위에 군림하고 그 고관들도 권력을 행사한다. 그러나 너희는 그렇게 해서는 안 된다. 오히려 누구든지 너희 중에서 큰사람이 되고 싶은 사람은 너희를 섬기는 자가 돼야 하고 누구든지 으뜸이 되려는 사람은 모든 사람의 종이 돼야 한다. 인자 역시 섬김을 받으러 온 것이 아니라 섬기러 왔고 많은 사람들을 구원하기 위해 치를 몸값으로 자기 생명을 내어 주려고 온 것이다."

눈먼 사람 바디매오가 고침을 받다

그들은 여리고로 갔습니다. 예수와 제자들이 많은 사람들과 함께 그 성을 떠나려는데 디매오의 아들 바디매오라는 눈먼 사람이 길가에 앉아 구걸하고 있다가 나사렛 예수라는 말을 듣고 소리치기 시작했습니다. "다윗의 자손 예수여, 나를 불쌍히 여겨 주십시오!" 많은 사람들이 그를 꾸짖으며 조용히 하라고 했습니다. 그러나 그는 더욱더 큰 소리를 질렀습니다. "다윗의 자손이여, 나를 불쌍히 여겨 주십시오!" 예수께서 걸음을 멈추시고 말씀하셨습니다. "저 사람을 불러오너라." 그러자 그들이 그 사람에게 말했습니다. "안심하고 일어나라! 예수께서 너를 부르신다." 그는 겉옷을 던져 버리고 벌떡 일어나 예수께로 갔습니다. 예수께서 그에게 물으셨습니다. "내가 무엇을 네게 해 주기 원하느냐?" 앞을 못 보는 사람이 대답했습니다. "선생님, 제가 보기를 원합니다." 예수께서 말씀하셨습니다. "가거라. 네 믿음이 너를 구원했다." 그러자 그 즉시 그는 보게 됐고 예수를 따라 길을 나섰습니다.

11 예수께서 왕으로 예루살렘에 입성하시다

그들이 예루살렘에 가까이 와서 올리브 산 근처 벳바게와 베다니에 이르렀을 때 예수께서 제자 두 명을 보내시며 말씀하셨습니다. "저기 보이는 마을로 들어가라. 그곳에 들어가 보면 아직 아무도 탄 적이 없는 새끼 나귀 하나가 매여 있을 것이다. 그 나귀를 풀어서 이리로 끌고 와라. 만약 누가 '왜 이러느냐'고 물으면 '주께서 필요하시니 쓰고 제자리에 갖다 놓겠다'고 하라." 그들이 가서 보니 길거리 어느 문 앞에 새끼 나귀가 매여 있었습니다. 그들이 나귀를 풀고 있는데 거기 서 있던 사람들이 물었습니다. "뭘 하는 것이오? 왜 나귀를 풀고 있소?" 그들이 예수께서 일러 주신 대로 대답하자 그 사람들이 허락해 주었습니다. 그들이 나귀를 예수께 끌고 와서 자기들의 겉옷을 그 위에 얹어 드리자 예수께서 나귀를 타셨습니다. 많은 사람들이 길 위에 겉옷을 깔아 드렸고 또 어떤 사람들은 들에서 나뭇가지를 꺾어 와 길에 깔기도 했습니다. 앞서가는 사람들과 뒤따라가는 사람들이 외쳤습니다. "호산나! 복이 있으리로다! 주의 이름으로 오시는 분이여!" "복이 있도다! 다가오는 우리 조상 다윗의 나라여! 지극히 높은 곳에서 호산나!" 예수께서 예루살렘에 도착하시자 성전으로 들어가셨습니다. 예수께서는 모든 것을 둘러보시고는 이미 날이 저물었으므로 열두 제자들과 함께 베다니로 나가셨습니다.

예수께서 무화과나무를 저주하시고 성전을 정화하시다

이튿날 베다니를 떠나시려는데 예수께서 배가 고프셨습니다. 예수께서 멀리 잎이 무성한 무화과나무를 보시고는 열매가 있을까 해서 가 보셨습니다. 가까이 다가가 보시니 잎만 무성할 뿐 무화과 열매는 없었습니다. 무화과 철이 아니었기 때문입니다. 예수께서 그 나무에게 말씀하셨습니다. "이제부터 어느 누구도 네 열매를 따 먹지 못할 것이다." 예수의 제자들도 이 말씀을 들었습니다. 예루살렘에 도착하시자마자 예수께서 성전으로 들어가 거기서 장사하던 사람들을 내쫓기 시작하셨습니다. 예수께서는 돈 바꿔 주는 사람들의 상과 비둘기를 파는 사람들의 의자를 둘러엎으셨습니다. 그리고 어느 누구라도 장사할 물건들을 들고 성전 안으로 지나다니지 못하게 하셨습니다. 그리고 예수께서 사람들을 가르치시며 말씀하셨습니다. "'내 집은 모든 민족들이 기도하는 집이라 불릴 것이다'라고 성경에 기록돼 있지 않았느냐? 그런데 너희는 이곳을 '강도의 소굴'로 만들고 말았다." 이 말을 듣고 난 대제사장들과 율법학자들은 예수를 죽일 방도를 궁리하기 시작했습니다. 그들은 모든 사람들이 예수의 가르치심에 놀라는 것을 보고 예수를 두려워했던 것입니다. 저녁때가 되자 예수와 제자들은 성 밖으로 나갔습니다. 이튿날 아침, 예수와 제자들이 지나가다 뿌리째 말라 버린 무화과나무를 보았습니다. 베드로는 생각이 나서 예수께 말했습니다. "선생님, 보십시오! 저주하셨던 무화과나무가 말라 버렸습니다." 예수께서 대답하셨습니다. "하나님을 믿어라. 내가 너희에게 진실로 말한다. 누구든지 저 산에게 '들려서 바다에 빠져라!' 하고 마음에 의심하지 않고 말한 대로 될 줄 믿으면 그대로 이루어질 것이다. 그러므로 내가 너희에게 말한다. 무엇이든지 너희가 기도하고 간구하는 것은 이미 받은 줄로 믿으라. 그러면 너희에게 그대로 이루어질 것이다. 서서 기도할 때에 어떤 사람과 등진 일이 있다면 그 사람을 용서해 주라. 그러면 하늘에 계신 너희 아버지께서도 너희 죄를 용서해 주실 것이다."

예수의 권세를 두고 말하다

그들이 다시 예루살렘으로 들어갔습니다. 예수께서 성전을 거닐고 계시는데 대제사장들과 율법학자들과 장로들이 다가와서 물었습니다. "당신이 무슨 권세로 이런 일을 하는 것이오? 누가 이런 권세를 주었소?" 예수께서 대답하셨습니다. "나도 한 가지 물어보겠다. 대답해 보라. 그러면 내가 무슨 권세로 이런 일을 행하는지 말해 주겠다. 요한의 세례가 하늘로부터 왔느냐, 사람으로부터 왔느냐? 말해 보라." 그들은 자기들끼리 의논하며 말했습니다. "만약 우리가

'하늘로부터 왔다'라고 하면 저 사람이 '그러면 왜 요한을 믿지 않았느냐?'라고 할 것이다. 그렇다고 해서 '사람으로부터 왔다'라고 할 수도 없지 않은가?" 많은 사람들이 요한을 진정한 예언자로 믿고 있었기 때문에 그들은 백성들이 두려웠던 것입니다. 그래서 그들은 예수께 "잘 모르겠소"라고 대답했습니다. 예수께서 말씀하셨습니다. "그렇다면 나도 무슨 권세로 이런 일을 하는지 너희에게 말하지 않겠다."

12 소작인의 비유

예수께서 그들에게 비유를 들어 말씀하기 시작하셨습니다. "어떤 사람이 포도원을 하나 만들어 울타리를 치고 땅을 파서 포도즙 짜는 틀 자리를 만들고 망대를 세웠다. 그러고는 어떤 농부들에게 포도원을 세주고 멀리 떠났다. 수확할 때가 되자 주인은 포도원에서 난 소출 가운데 얼마를 받아 오라고 종을 농부들에게 보냈다. 그런데 그들은 그 종을 잡아다가 때리고는 빈손으로 돌려보냈다. 그러자 주인은 그들에게 다른 종을 보냈다. 그러나 그들은 그 종의 머리를 때리고 모욕했다. 주인은 또 다른 종을 보냈지만 그들은 그 종을 죽여 버렸다. 그러고 나서도 주인은 계속해서 다른 종들을 많이 보냈는데 농부들은 그 종들을 때리고 더러는 죽이기도 했다. 주인에게는 이제 단 한 사람, 바로 사랑하는 자기 아들이 남아 있었다. 그는 마지막으로 아들을 보내면서 '그들이 내 아들은 존중하겠지'라고 말했다. 그러나 농부들은 자기들끼리 수군거렸다. '이 사람은 상속자다. 가서 그를 죽이자. 그러면 그 유산은 우리 차지가 될 것이다.' 그리하여 농부들은 아들을 데려다가 죽이고 포도원 밖으로 내던져 버렸다. 이렇게 되면 포도원 주인이 어떻게 하겠느냐? 그가 와서 그 농부들을 죽이고 다른 사람들에게 포도원을 줄 것이다. 너희는 성경에서 이런 말씀을 읽어 보지 못했느냐? '건축자들이 버린 돌이 집 모퉁이의 머릿돌이 됐다. 주께서 이렇게 하셨으니 우리 눈에 놀랍게 보일 뿐이다.'" 그러자 그들은 예수께서 말씀하신 이 비유가 자기들을 가리켜 말씀하시는 것임을 알아차리고 예수를 체포할 방도를 모색했습니다. 그러나 백성들을 두려워해 예수를 그대로 두고 가 버렸습니다.

가이사에게 세금을 바치는 것

그들은 예수의 말씀을 트집 잡아 보려고 바리새파 사람들과 헤롯 당원들을 예수께로 보냈습니다. 그들이 예수께 다가와 말했습니다. "선생님, 우리는 선생님을 참된 분으로 알고 있습니다. 선생님은 사람을 겉모습으로 판단하지 않기 때문에 사람으로 인해 동요되지 않고 하나님의 진리를 참되게 가르치신다고 들었습니다. 그런데 우리가 가이사에게 세금을 내는 것이 옳습니까, 옳지 않습니까? 우리가 세금을 내야 합니까, 내지 말아야 합니까?" 예수께서는 위선적인 그들의 속셈을 다 아시고 말씀하셨습니다. "왜 너희가 나를 시험하느냐? 데나리온 동전 하나를 가져와 내게 보이라." 그들이 동전 하나를 가져오자 예수께서 그들에게 물으셨습니다. "동전에 있는 얼굴과 새겨진 글자가 누구의 것이냐?" 그들은 "가이사의 것입니다" 하고 대답했습니다. 그러자 예수께서 그들에게 말씀하셨습니다. "가이사의 것은 가이사에게 바치고 하나님의 것은 하나님께 바치라." 그들은 예수께 몹시 감탄했습니다.

부활 때 혼인 관계

부활이 없다고 주장하는 사두개파 사람들이 예수께 와서 물었습니다. "선생님, 모세가 우리를 위해 쓰기를 '만약 형이 자식 없이 아내만 남겨 놓고 죽으면 동생이 그 형수와 결혼해서 형의 대를 이을 자식을 낳아야 한다'고 했습니다. 그런데 일곱 형제들이 있었습니다. 첫째가 결혼을 했는데 자식 없이 죽었습니다. 둘째가 그 형수와 결혼을 했는데 그도 역시 자식 없이 죽었습니다. 셋째도 마찬가지였습니다. 그렇게 일곱 형제 모두가 자식 없이 죽었고 결국 그 여자도 죽었습니다. 일곱 형제들이 다 이 여자와 결혼을 했으니 부활할 때에 이 여자는 누구의 아내가 되겠습니까?" 예수께서 대답하셨습니다. "너희가 성경도 모르고 하나님의 능력도 몰라서 그렇게 잘못 생각하는 것이 아니냐? 죽은 사람들이 살아날 때에는 시집도 가지 않고 장가도 가는 일이 없다. 그들은 마치 하늘에 있는 천사들같이 될 것이다. 죽은 사람의 부활에 대해서는 모세의 책에 가시떨기나무가 나오는 곳에서 하나님께서 모세에게 말씀하시기를 '나는 아브라함의 하나님, 이삭의 하나님, 야곱의 하나님이다' 하신 것을 읽어보지 못했느냐? 하나님께서는 죽은 사람들의 하나님이 아니라 살아 있는 사람들의 하나님이시다. 너희가 크게 잘못 생각하고 있다."

가장 중요한 계명

율법학자들 가운데 한 사람이 와서 그들이 논쟁하는 것을 들었습니다. 예수께서 그들에게 대답을 잘하시는 것을 보고 예수께 물었습니다. "모든 계명들 가운데 어떤 것이 가장 중요한 계명입니까?" 예수께서 대답하셨습니다. "첫째로 중요한 계명은 이것이다. '이스라엘아, 들으라! 주 우리 하나님은 오직 한 분이시다. 네 마음과 네 목숨과 네 뜻과 네 힘을 다해 주 네 하나님을 사랑하라' 하는 것이고 두 번째로 중요한 계명은 이것이다. '네 이웃을 네 몸과 같이 사랑하라' 하는 것이다. 이것보다 더 중요한 계명은 없다." 그 사람이 대답했습니다. "선생님, 옳은 말씀입니다. 하나님은 오직 한 분이시고 하나님 한 분 외에는 다른 신이 없다는 말씀이 옳습니다. 온 마음과 모든 지혜와 온 힘을 다해 하나님을 사랑하는 것과 이웃을 자기 몸같이 사랑하는 것이 모든 번제물과 희생제물보다 더 중요합니다." 예수께서는 그가 지혜롭게 대답하는 것을 보시고, "너는 하나님 나라로부터 멀리 있지 않구나"라고 말씀하셨습니다. 그 뒤로는 감히 예수께 더 묻는 사람이 없었습니다.

그리스도가 누구의 자손인가?

예수께서 성전에서 가르치시면서 물으셨습니다. "어째서 율법학자들이 그리스도를 다윗의 자손이라고 하느냐? 다윗 자신이 성령으로 감동돼 이렇게 친히 말했다. '주께서 내 주께 말씀하셨다. 내가 네 원수들을 네 발아래 굴복시킬 때까지 너는 내 오른편에 앉아 있어라.' 다윗 자신도 그분을 '주'라 부르는데 어떻게 그리스도가 다

143

윗의 자손이 될 수 있겠느냐?" 많은 사람들이 예수의 말씀을 기쁘게 들었습니다.

율법학자들에 대한 경고

예수께서 가르치시면서 말씀하셨습니다. "율법학자들을 조심하여라. 이들은 긴 옷을 입고 다니기를 좋아하고 시장에서 인사받기를 좋아한다. 또 회당에서 높은 자리와 잔치에서 윗자리에 앉기를 좋아한다. 그들은 과부의 집을 삼키고 남에게 보이려고 길게 기도한다. 이런 사람들은 더 큰 심판을 받을 것이다."

가난한 과부의 헌금

예수께서는 성전 헌금함 맞은편에 앉아 사람들이 헌금함에 돈 넣는 것을 보고 계셨습니다. 많은 부자들이 큰돈을 넣었습니다. 그런데 가난한 과부 한 사람이 다가오더니 렙돈 동전 두 개, 곧 1고드란트를 넣었습니다. 예수께서 제자들을 불러서 말씀하셨습니다. "내가 너희에게 진실로 말한다. 이 가난한 과부가 어느 누구보다 더 많은 헌금을 드렸다. 그들은 모두 풍족한 가운데서 드렸지만 이 여인은 가난한 가운데서도 자신이 가지고 있던 모든 것, 곧 자기 생활비 전부를 드렸다."

13 성전의 파괴와 마지막 때의 징조
예수께서 성전을 떠나실 때 제자들 가운데 한 사람이 말했습니다. "선생님, 저것 좀 보십시오! 저 큰 돌들하며 웅장한 건물 좀 보십시오!" 예수께서 그에게 말씀하셨습니다. "이 훌륭한 건물들을 보느냐? 여기 있는 돌 하나도 그냥 쌓여 있지 않고 하나같이 모두 무너질 것이다." 예수께서 성전 맞은편 올리브 산에서 앉아 계실 때에 베드로와 야고보와 요한과 안드레가 따로 나아와 예수께 물었습니다. "말씀해 주십시오. 그런 일이 언제 일어납니까? 그런 일이 다 이루어질 무렵에는 어떤 징조가 있겠습니까?" 예수께서 대답하셨습니다. "어느 누구에게도 현혹되지 않도록 조심하라. 많은 사람들이 내 이름으로 와서 '내가 바로 그다'라고 하며 많은 사람들을 속일 것이다. 전쟁이 일어난 소식과 소문이 들려도 놀라지 말라. 그런 일은 반드시 일어나야 하지만 아직 마지막은 아니다. 민족과 민족이 서로 대항해 일어나고 나라와 나라가 서로 대항해 일어날 것이다. 곳곳에서 지진이 일어나고 기근이 들 것이다. 그러나 이런 일은 해산하는 고통의 시작일 뿐이다. 너희는 정신을 바짝 차려야 한다. 너희는 법정에 넘겨지고 회당에서 매질당할 것이다. 그리고 나로 인해 왕과 총독들 앞에 서서 그들에게 증언하게 될 것이다. 먼저 복음이 세상 모든 민족에게 전해져야 한다. 너희가 붙잡혀 가서 재판을 받게 될 때에 무슨 말을 할지 미리 걱정하지 말라. 때에 맞게 너희에게 주시는 말만 하면 된다. 말하는 분은 너희가 아니라 성령이시다. 형제가 형제를, 아버지가 자식을 배신해 죽게 내어 줄 것이다. 자식들이 부모를 배역해 죽게 만들 것이다. 모든 사람들이 나로 인해 너희를 미워할 것이다. 그러나 끝까지 견디는 사람은 구원받을 것이다. '멸망하게 하는 가증한 것'이 있어서는 안 될 곳에 서 있는 것을 보

145

면 (읽는 사람은 깨달아라) 유대에 있는 사람들은 산으로 도망가라. 자기 집 지붕 위에 있는 사람은 거기서 내려오지 말고 물건을 가지러 집 안으로 들어가지 마라. 들에 있는 사람은 겉옷을 가지러 돌아가지 마라. 임신한 여인들이나 젖 먹이는 어머니들에게는 그날들이 얼마나 끔찍할지 모른다. 이런 일이 겨울에 닥치지 않도록 기도하라. 그때가 환난의 날들이 될 것이기 때문이다. 이와 같은 환난은 태초에 하나님께서 세상을 창조하신 이후 지금까지 없었고 또 앞으로도 없을 것이다. 주께서 그날들을 줄여 주시지 않았더라면 아무도 살아남지 못할 것이다. 그러나 주께서는 자신이 택하신 사람들을 위해 그날들을 줄여 주셨다. 그때 누가 너희에게 '보라! 여기 그리스도가 있다!', '보라! 그리스도가 저기 있다!'라고 해도 믿지 말라. 가짜 그리스도들과 가짜 예언자들이 나타나 표적과 기사를 보이면서 가능한 한 택함받은 사람들까지도 미혹할 것이다. 그러므로 정신을 바짝 차리라. 그때가 오기 전에 이 모든 것을 너희에게 미리 일러두는 것이다. '그러나 환난이 지나가면 해가 어두워지고 달이 빛을 내지 않을 것이며 별들이 하늘에서 떨어지고 하늘의 세력들이 무너질 것이다.' 그때 사람들은 인자가 큰 권능과 영광 가운데 구름을 타고 오는 것을 볼 것이다. 그때에 인자가 천사들을 보내 택함받은 사람들을 땅끝에서 하늘 끝까지 사방에서 모을 것이다. 무화과나무를 보고 배우라. 그 가지가 연해지고 새잎이 돋으면 여름이 가까이 왔음을 안다. 이와 같이 이런 일들이 일어나는 것을 보면 그때가 바로 문 앞에 가까이 온 줄을 알라. 내가 너희에게 진실로 말한다. 이 세대가 지나가기 전에 이 모든 일이 일어날 것이다. 하늘과 땅은 없어질지라도 내가 한 말들은 결코 없어지지 않을 것이다.

그날과 그때는 아무도 모른다

그 날짜와 그 시각은 아무도 모른다. 하늘의 천사들도 모르고 아들도 모른다. 오직 아버지만 아신다. 정신을 바짝 차리라! 항상 깨어 있으라! 그때가 언제 올지 알지 못하기 때문이다. 그것은 여행을 떠나는 사람에 비유할 수 있다. 사람이 집을 떠나면서 자기 종들에게 권한을 주고 각 사람에게 할 일을 맡기고 자기 문지기에게 집을 잘 지키라고 명령하는 것과 같다. 그러므로 너희는 항상 깨어 있으라. 집주인이 언제 돌아올지, 곧 저녁이 될지, 한밤이 될지, 새벽이 될지, 아침이 될지 모르기 때문이다. 그가 갑자기 돌아와 너희가 자고 있는 모습을 보게 되는 일이 없도록 하라. 내가 너희에게 하는 이 말은 모든 사람에게 하는 말이니 '깨어 있으라!'"

14 베다니에서 향유를 부음 받은 예수

유월절과 무교절이 되기 이틀 전이었습니다. 대제사장들과 율법학자들은 어떻게 예수를 체포해 죽일지 궁리하고 있었습니다. 그들은 "백성들이 소동을 일으킬 수 있으니 명절에는 하지 말자"라고 말했습니다. 예수께서 베다니 마을에 '나병 환자 시몬'이라는 사람의 집에서 식탁에 기대 먹고 계시는데 한 여인이 값비싼 순수한 나드 향유가 든 옥합 하나를 가져왔습니다. 그리고 그 여인은 옥합을 깨뜨려 향유를 예수의 머리에 부었습니다. 거기 있던 사람들이 화를 내며 서로 수군거렸습니다. "왜 향유를 저렇게 낭비하는 가? 저것을 팔면 300데나리온은 족히 될 텐데. 그 돈을 가난한 사람들에게 주었으면 좋았을 것을." 그러면서 그들은 여인을 심하게 나무랐습니다. 예수께서 말씀하셨습니다. "가만두어라. 어찌해 이 여인을 괴롭히느냐? 이 사람은 내게 좋은 일을 했다. 가난한 사람들이야 항상 너희 곁에 있으니 너희가 원하기만 하면 언제든지 도울 수 있지만 나는 너희 곁에 항상 있는 것이 아니다. 이 여인은 자기가 할 수 있는 일을 했다. 내 몸에 향유를 부어 내 장례를 미리 준비한 것이다. 내가 너희에게 진실로 말한다. 온 세상 어디든지 복음이 전파되는 곳마다 이 여인이 한 일도 전해져서 사람들이 이 여인을 기억하게 될 것이다." 그때 열두 제자 가운데 하나인 가룟 유다가 예수를 배반해서 넘겨줄 심산으로 대제사장들에게 갔습니다. 그들은 유다의 말을 듣고 무척 기뻐하며 그에게 돈을 주기로 약속했습니다. 그래서 유다는 예수를 넘겨줄 기회를 엿보았습니다.

마지막 만찬

무교절 첫날, 유월절 양을 잡는 날에 제자들이 예수께 물었습니다. "우리가 주를 위해 어디에 가서 유월절 음식을 준비하는 것이 좋겠습니까?" 그러자 예수께서 제자 두 사람을 보내시며 말씀하셨습니다. "성안으로 들어가면 물동이를 메고 가는 사람을 만날 것이다. 그를 따라가거라. 그가 어디로 들어가든지 그 집주인에게 '선생님 께서 제자들과 함께 유월절 음식 먹을 방이 어디냐고 물으십니다' 라고 말하라. 그가 잘 마련해 놓은 넓은 다락방을 보여 줄 것이다.

거기에다 우리를 위해 음식을 준비해 두라." 제자들이 떠나 성안으로 들어가 보니 모든 것이 예수께서 말씀하신 그대로였습니다. 그리하여 그들은 유월절을 준비했습니다. 그날 저녁이 되자 예수께서 열두 제자들과 함께 그 집에 도착하셨습니다. 함께 식탁에 기대어 음식을 나누는 동안 예수께서 말씀하셨습니다. "내가 너희에게 진실로 말한다. 너희 가운데 하나가 나를 배반할 것이다. 그가 지금 나와 함께 먹고 있다." 그들은 슬픔에 잠겨 한 사람씩 예수께 물었습니다. "설마 저는 아니지요?" 예수께서 대답하셨습니다. "12명 가운데 한 사람이다. 지금 나와 한그릇에 빵을 찍어 먹는 사람이다. 인자는 자신에 대해 성경에 기록된 대로 가겠지만 인자를 배반하는 그 사람에게는 화가 있을 것이다! 그는 차라리 이 세상에 태어나지 않았더라면 좋았을 것이다." 그들이 음식을 먹고 있는데 예수께서 빵을 들고 감사 기도를 드리신 후 떼어 제자들에게 나눠 주며 말씀하셨습니다. "이것을 받으라. 이것은 내 몸이다." 그러고 나서 예수께서는 잔을 들고 감사 기도를 드리신 후 제자들에게 주셨습니다. 그러자 그들 모두 받아 마셨습니다. 예수께서 그들에게 말씀하셨습니다. "이것은 많은 사람을 위해 흘리는 내 피, 곧 언약의 피다. 내가 너희에게 진실로 말한다. 내가 하나님 나라에서 새 포도주를 마시는 그날까지 포도나무에서 난 것을 다시는 마시지 않을 것이다." 그들은 찬송을 부른 뒤 올리브 산으로 향했습니다.

예수께서 베드로의 부인을 예고하시다

예수께서 그들에게 말씀하셨습니다. "너희는 모두 나를 버릴 것이다. 성경에 이렇게 기록돼 있다. '내가 목자를 치리니 양 떼가 흩어질 것이다.' 그러나 내가 살아난 후에 너희보다 앞서 갈릴리로 갈 것이다." 베드로가 장담하며 말했습니다. "모든 사람이 주를 저버린다 해도 저는 그렇게 하지 않을 것입니다." 예수께서 대답하셨습니다. "내가 네게 진실로 말한다. 오늘 밤 닭이 두 번 울기 전에 네가 나를 모른다고 세 번 부인할 것이다." 그러나 베드로는 힘주어 말했습니다. "주와 함께 죽을지언정 결코 주를 모른다고 하지 않을 것입니다." 다른 모든 제자들도 같은 말을 했습니다.

겟세마네

그들은 겟세마네라는 곳으로 갔습니다. 예수께서 제자들에게 "내가 기도하는 동안 여기 앉아 있으라" 하시고 베드로와 야고보와 요한만 따로 데리고 가셨습니다. 그리고 매우 근심에 잠겨 괴로워하셨습니다. 예수께서 그들에게 말씀하셨습니다. "내 마음이 너무 괴로워 죽을 지경이다. 너희는 여기 머물러 깨어 있으라." 예수께서는 조금 떨어진 곳으로 가셔서 땅에 엎드려 할 수만 있다면 그 순간이 그냥 지나가게 해 주십사 기도하셨습니다. 예수께서 말씀하셨습니다. "아바 아버지여! 아버지께는 모든 일이 가능하시니 이 잔을 내게서 거두어 주십시오. 그러나 내 뜻대로 하지 마시고 아버지의 뜻대로 하십시오." 그리고 나서 제자들에게 돌아와 보시니 그들은 자고 있었습니다. 예수께서 베드로에게 말씀하셨습니다. "시몬아, 자고 있느냐? 네가 한 시간도 깨어 있지 못하겠느냐? 시험에 들지 않도록 깨어서 기도하여라. 마음은 간절한데 육신이 약하구나." 예수

께서는 다시 한 번 가셔서 똑같은 말씀으로 기도하셨습니다. 그러
고는 다시 오셔서 보시니 그들은 또 잠이 들어 있었습니다. 제자들
이 너무 졸려 눈을 뜰 수 없었던 것입니다. 그들은 예수께 무슨 말
을 해야 좋을지 몰랐습니다. 예수께서 세 번째 그들에게 돌아오셔
서 말씀하셨습니다. "아직도 졸며 쉬고 있느냐? 이제 됐다. 때가 왔
구나. 보라. 인자가 배반당해 죄인들의 손에 넘겨지게 됐다. 일어나
라! 가자! 저기 나를 배반할 자가 오고 있다."

예수께서 잡히시다

예수께서 아직 말씀하고 계시는데 열두 제자 가운데 하나인 유다
가 나타났습니다. 그 곁에는 칼과 몽둥이로 무장한 사람들이 함께
있었습니다. 그들은 대제사장들과 율법학자들과 장로들이 보낸 사
람들이었습니다. 예수를 넘겨주는 사람이 그들과 신호를 미리 정했
습니다. "내가 입을 맞추는 사람이 바로 그 사람이니 그를 붙잡아
단단히 끌고 가시오." 유다는 예수께 곧바로 다가가 "선생님!" 하고
입을 맞추었습니다. 그러자 사람들이 예수를 붙잡아 체포했습니다.
그때 옆에 서 있던 사람들 가운데 하나가 자기 칼을 빼더니 대제
사장 하인의 귀를 쳐 잘라 버렸습니다. 예수께서 말씀하셨습니다.
"너희가 강도에게 하듯이 칼과 몽둥이를 들고 나를 잡으러 왔느냐?
내가 날마다 너희와 함께 있으면서 성전에서 가르칠 때에는 너희가
나를 잡지 않았다. 그러나 이것은 성경을 이루려고 하는 것이다." 제
자들은 모두 예수를 버리고 달아났습니다. 그런데 한 청년이 맨몸
에 베 홑이불을 두르고 예수를 따라가고 있었습니다. 사람들이 그

를 붙잡자 그는 홑이불을 버리고 벌거벗은 채 달아나 버렸습니다.

예수께서 공회 앞에 서시다

그들은 예수를 끌고 대제사장에게로 갔습니다. 대제사장들과 장로들과 율법학자들이 모두 모여들었습니다. 베드로는 멀찌감치 떨어져 예수를 따라가 대제사장 집 뜰에까지 들어갔습니다. 거기서 그는 경비병들 틈에 앉아 불을 쬐고 있었습니다. 대제사장들과 온 공회가 예수를 죽이려고 증거를 찾았지만 아무런 증거도 나오지 않았습니다. 많은 사람들이 예수에 대해 거짓 증거를 댔지만 그들의 증언이 서로 맞지 않았습니다. 그러자 몇몇 사람들이 일어나 예수에 대해 이렇게 거짓으로 증언했습니다. "우리는 저 사람이 '내가 손으로 지은 이 성전을 헐고 손으로 짓지 않은 다른 성전을 3일 만에 세우겠다'고 하는 소리를 들었습니다." 그러나 이 사람들이 한 증언도 서로 맞지 않았습니다. 그러자 대제사장이 그들 앞에 서서 예수께 물었습니다. "아무 대답도 안 할 작정이냐? 이 사람들이 너에 대해 이렇게 불리한 진술을 하고 있지 않느냐?" 예수께서는 묵묵히 아무런 대답도 하지 않으셨습니다. 대제사장이 다시 물었습니다. "네가 찬송받으실 하나님의 아들, 그리스도냐?" 예수께서 대답하셨습니다. "내가 바로 그다. 너희는 인자가 전능하신 분의 오른편에 앉아 있는 것과 하늘 구름을 타고 오는 것을 보게 될 것이다." 대제사장은 자기 옷을 찢으며 말했습니다. "더 이상 무슨 증인이 필요하겠소? 하나님을 모독하는 저 말을 여러분이 들었는데 어떻게 생각하시오?" 그들은 모두 예수가 사형을 받아야 마땅하다고 정죄했습니다. 어떤 사람들은 예수께 침을 뱉었습니다. 또 예수의 얼굴을 가리고 주먹으로 때리며 말했습니다. "누가 때렸는지 예언자처럼 맞혀 보아라!" 경비병들도 예수를 끌고 가 마구 때렸습니다.

베드로가 예수를 알지 못한다고 하다

베드로가 집 안뜰 아래쪽에 있는데 대제사장의 하녀 하나가 다가 왔습니다. 하녀는 불을 쬐고 있는 베드로를 보고 가까이서 자세히 살펴보더니 말했습니다. "당신도 나사렛 예수와 한패지요?" 그러나 베드로는 부인했습니다. "네가 지금 무슨 말을 하는지 나는 알지도 못하고 깨닫지도 못하겠다." 그리고 베드로는 문밖으로 나갔습니다. 그 하녀가 거기서 베드로를 보고 둘러서 있던 사람들에게 다시 말했습니다. "이 사람도 저들과 한패예요." 베드로는 다시 부인했습니다. 조금 있다가 옆에 서 있던 사람들이 베드로에게 말했습니다. "너도 분명 저들과 한패가 틀림없어. 갈릴리 사람이잖아." 그러나 베드로는 저주하고 맹세하며 말했습니다. "나는 당신들이 말하는 그 사람이 누군지 알지 못하오!" 바로 그때 닭이 두 번째 울었습니다. 그러자 베드로는 "닭이 두 번 울기 전에 네가 나를 세 번 모른다고 할 것이다"라고 하신 예수의 말씀이 생각나 엎드려 울었습니다.

15 예수께서 빌라도 앞에 서시다
새벽이 되자 곧 대제사장들은 장로들과 율법학자들과 온 공회원들과 함께 회의를 소집했습니다. 그리고 그들은 예수를 묶어 끌고 가서 빌라도에게 넘겨주었습니다. 빌라도가 물었습니다. "네가 유대 사람의 왕이냐?" 예수께서 대답하셨습니다. "그렇다. 네가 말한 대로다." 대제사장들은 여러 가지로 예수를 고소했습니다. 그러자 빌라도가 다시 예수께 물었습니다. "저 사람들이 너를 여러 가지로 고소하고 있는데 대답할 말이 없느냐?" 그러나 예수께서는 더 이상 아무 대답을 하지 않으셨습니다. 그래서 빌라도는 이상히 여겼습니다. 명절이 되면 백성들이 요구하는 죄수 하나를 풀어 주는 관례가 있었습니다. 그런데 폭동 때 살인한 죄로 감옥에 갇힌 반란자들 가운데 바라바라는 사람이 있었습니다. 군중들은 빌라도에게 관례대로 죄수 하나를 석방해 달라고 요구했습니다. 빌라도가 물었습니다. "너희는 내가 유대 사람의 왕을 풀어 주기를 바라느냐?" 그는 대제사장들이 예수를 시기해서 자기에게 넘겨준 것을 알고 있었습니다. 그러자 대제사장들은 군중들을 선동해 오히려 바라바를 대신 풀어 줄 것을 요구했습니다. 빌라도가 그들에게 물었습니다. "그렇다면 이 유대 사람의 왕이라는 사람을 내가 어떻게 하면 좋겠느냐?" 사람들이 소리 질렀습니다. "십자가에 못 박으시오!" 빌라도가 물었습니다. "도대체 그가 무슨 죄를 지었다고 그러느냐?" 그러나 그들은 더 큰 소리로 외쳤습니다. "십자가에 못 박으시오!" 그래서 빌라도는 군중들의 비위를 맞추려고 바라바를 풀어 주었습니다. 빌라도는 예수를 채찍질한 다음 십자가에 못 박도록 넘겨주었습니다.

군인들이 예수를 희롱하다

군인들은 예수를 총독 관저 안에 있는 뜰 안으로 끌고 갔습니다. 그리고 그들은 온 부대를 집합시켰습니다. 그들은 예수에게 자주색 옷을 입히고 가시관을 엮어 그 머리에 씌웠습니다. 그러고는 예수께 "유대 사람의 왕, 만세!"라고 인사하기 시작했습니다. 그들은 갈대로 예수의 머리를 계속 때리고 예수께 침을 뱉고 무릎 꿇고 절을 했습니다. 예수를 이렇게 조롱한 후에 자주색 옷을 벗기고 예수의 옷을 도로 입혔습니다. 그러고는 십자가에 못 박으려고 예수를 끌고 나갔습니다.

예수께서 십자가에 못 박히시다

어떤 사람이 시골에서 오는 길에 그곳을 지나고 있었습니다. 그는 알렉산더와 루포의 아버지인 구레네 사람 시몬이었습니다. 그들은 시몬에게 예수께서 지고 있던 십자가를 강제로 지고 가게 했습니다. 군인들은 예수를 '골고다'라는 곳까지 끌고 갔습니다. (골고다는 '해골의 장소'라는 뜻입니다.) 그들은 몰약을 탄 포도주를 예수께 주었습니다. 그러나 예수께서는 받아 마시지 않으셨습니다. 마침내 군인들은 예수를 십자가에 못 박고 예수의 옷을 나누고 누가 어떤 것을 가질지 제비를 뽑았습니다. 군인들이 예수를 십자가에 못 박은 것은 아침 9시쯤이었습니다. 예수의 죄패에는 '유대 사람의 왕'이라고 적혀 있었습니다. 그들은 예수와 함께 두 명의 강도를 하나는 그분의 오른쪽에, 하나는 그분의 왼쪽에 매달았습니다. 지나가던 사람들이 고개를 흔들며 욕설을 퍼부었습니다. "아하! 성전을 헐고 3일 만에 짓겠다던 사람아! 십자가에서 내려와 네 자신이나 구원해 보아라!" 대제사장들도 율법학자들과 함께 예수를 조롱하며 자기들끼리 말했습니다. "남을 구원한다더니 정작 자기 자신은 구원하지 못하는군! 그리스도, 이스라엘 왕아! 십자가에서 내려와 보아라! 우리가 보고 믿도록 해 보아라!" 함께 십자가에 매달린 두 사람도 예수를 모욕했습니다.

예수께서 숨을 거두시다

낮 12시가 되자 온 땅에 어둠이 뒤덮이더니 오후 3시까지 계속됐습니다. 오후 3시가 되자 예수께서 큰 소리로 부르짖으셨습니다. "엘리 엘리 라마 사박다니" 이 말은 "내 하나님, 내 하나님, 어째서 나를 버리셨습니까?"라는 뜻입니다. 가까이 서 있던 몇 사람들이 이 소리를 듣고 말했습니다. "들어 보라. 저 사람이 엘리야를 부른다." 한 사람이 달려가 해면을 신 포도주에 듬뿍 적셔 막대기에 매달아 예수께 마시게 하며 말했습니다. "보시오. 저가 엘리야를 부르고 있소." 그때 예수께서 큰 소리를 지르시고 숨을 거두셨습니다. 그리고 성전의 휘장이 위에서 아래까지 두 쪽으로 찢어졌습니다. 예수를 마주 보고 서 있던 백부장은 예수께서 이렇게 부르짖으시며 돌아가시는 것을 보고 말했습니다. "이분은 참으로 하나님의 아들이셨다!" 여인들도 멀리서 이 광경을 지켜보고 있었습니다. 그 가운데는 막달라 마리아, 작은 야고보와 요세의 어머니 마리아, 살로메도 있었습니다. 이 여인들은 갈릴리에서 예수를 따르며 섬기던 사람들이었습니다. 그 외에도 예수를 따라 예루살렘에 온 다른 여인들도 많았습니다.

예수께서 장사되시다

이미 날이 저물었는데 그날은 예비일, 곧 안식일 바로 전날이었습니다. 아리마대 사람 요셉이 용감하게 빌라도에게 가서 예수의 시신을 내어 달라고 요청했습니다. 그는 존경받는 유대 공회원으로 그 자신도 하나님 나라를 기다리는 사람이었습니다. 빌라도는 예수가 벌써 죽었는지 의아하게 생각했습니다. 그래서 백부장을 불러 예수가 벌써 죽었는지 알아보았습니다. 백부장으로부터 죽은 사실을 확인하자 빌라도는 요셉에게 시신을 내주었습니다. 요셉은 고운 모시 천을 사 가지고 와서 예수의 시신을 내려다가 모시로 싸고는 바위를 파서 만든 무덤에 시신을 모셨습니다. 그리고 무덤 입구에 돌을 굴려 막아 놓았습니다. 막달라 마리아와 요세의 어머니 마리아는 예수의 시신이 놓이는 곳을 지켜보았습니다.

16 예수께서 살아나시다

안식일이 지난 뒤 막달라 마리아와 야고보의 어머니 마리아와 살로메는 예수의 시신에 바르려고 향품을 사 두었습니다. 그 주가 시작되는 첫날 이른 아침, 해가 막 돋을 때 여인들은 무덤으로 가고 있었습니다. 그들이 서로 말했습니다. "무덤 입구에 있는 돌덩이를 누가 굴려 줄까?" 그런데 여인들이 눈을 들어 보니 돌덩이가 이미 옮겨져 있었습니다. 여인들이 무덤에 들어가 보니 흰옷 입은 한 청년이 오른쪽에 앉아 있었습니다. 그들은 깜짝 놀랐습니다. 그러자 그가 말했습니다. "놀라지 말라. 십자가에 못 박히신 나사렛 예수를 찾으러 온 것이 아니냐? 예수께서는 살아나셨다. 이제 여기 계시지 않는다. 여기 예수를 눕혔던 자리를 보라. 자, 이제 가서 그분의 제자들과 베드로에게 전하라. '예수께서 너희보다 앞서 갈릴리로 가실 것이며, 그분의 말씀대로 거기서 너희가 예수를 보게 될 것이다.'" 여인들은 넋을 잃고 벌벌 떨면서 무덤에서 도망쳐 나왔습니다. 너무나 무서워 아무에게 어떤 말도 할 수가 없었습니다. [예수께서 그 주가 시작되는 첫날 이른 아침, 부활하셔서 맨 처음으로 막달라 마리아에게 나타나셨습니다. 막달라 마리아는 전에 예수께서 일곱 귀신을 쫓아 주신 여인입니다. 그녀는 전에 예수와 함께 지내던 사람들에게 가서 전했습니다. 그들은 슬피 울며 통곡하고 있었습니다. 그러나 그들은 예수께서 살아나셨다는 소식과 또 마리아가 그분을 직접 보았다는 말을 듣고도 믿지 않았습니다. 그 후에 그들 가운데 두 제자가 시골로 내려가고 있는데 예수께서 전과는 달라진 모습으로 그들 앞에 나타나셨습니다. 이들은 다른 제자들에게 돌아가 이 사실을 알렸지만 이번에도 제자들은 믿지 않았습니다. 나중에 예수께서 열한 제자들이 음식을 먹고 있을 때 그들에게 나타나셔서 그들이 믿지 못하는 것과 마음이 굳은 것을 꾸짖으셨습니다. 예수께서 다시 살아나신 후 자신을 보았다는 사람들의 말을 제자들이 믿지 못했기 때문입니다. 예수께서 제자들에게 말씀하셨습니다. "너희는 온 세상에 나가서 모든 사람들에게 복음을 전파하라. 누구든지 믿고 세례 받는 사람은 구원을 받을 것이요, 누구든지 믿지 않는 사람은 심판을 받을 것이다. 믿는 사람들에게는 이런 표적이 따를 것이다. 그들은 내 이름으로 귀신을 내쫓고 새 방언으로 말하며 손으로 뱀을 집어 들고 독을 마셔도 아무런 해를 받지 않으며 아픈 사람들에게 손을 얹으면 병이 나을 것이다." 주 예수께서 그들에게 말씀하신 후에 하늘로 들려 올라가셔서 하나님의 오른편에 앉으셨습니다. 그리고 제자들은 곳곳에 다니면서 복음을 전파하는데 주께서 그들과 함께 일하시고 표적들이 나타나게 하셔서 그들이 전하는 말씀이 사실임을 확증해 주셨습니다.]

누가복음
Luke

1 서언
많은 사람들이 우리 사이에 이루어진 사건들에 대해 기록하려고 했는데 그것은 처음부터 말씀의 목격자이며 일꾼이었던 사람들이 우리에게 전해 준 것과 같습니다. 존경하는 데오빌로님, 제 자신도 그 모든 사건을 처음부터 면밀히 조사해 당신을 위해 순서대로 써 보내는 것이 좋겠다는 생각이 들었습니다. 이는 당신이 전에 배우신 것이 틀림없는 사실임을 아시도록 하기 위해서입니다.

세례자 요한의 출생을 예고하다
유대 헤롯 왕 때 사가랴라는 제사장이 있었는데 그는 아비야 계열에 소속된 사람이었습니다. 그 아내 또한 아론의 자손이었는데 그녀의 이름은 엘리사벳이었습니다. 둘 다 하나님 보시기에 의로운 사람들이어서 주의 모든 계명과 규율을 흠잡을 데 없이 잘 지켰습니다. 그런데 이들에게는 자식이 없었습니다. 엘리사벳이 아기를 가질 수 없는 몸이었고 둘 다 이미 나이가 많았기 때문입니다. 어느 날 사가랴는 자기 계열의 차례가 돌아와 하나님 앞에서 제사장으로 섬기게 됐습니다. 제사장직의 관례에 따라 제비를 뽑았는데 사가랴는 주의 성전 안으로 들어가 분향하는 일을 맡게 됐습니다. 그리고 사람들은 모두 밖에서 기도하고 있었습니다. 그때 주의 천사가 사가랴에게 나타나 분향하는 제단 오른쪽에 섰습니다. 천사를 본 사가랴는 깜짝 놀라 두려움에 사로잡혔습니다. 그러자 천사가 말했습니다. "두려워하지 마라. 사가랴야, 하나님께서 네 기도를 들으셨다. 네 아내 엘리사벳이 네게 아들을 낳아 줄 것이니 그 이름을 요한이라 하여라. 그 아이는 네게 기쁨과 즐거움이 될 것이며 많은 사람이 그가 태어난 것을 기뻐할 것이다. 그는 주께서 보시기에 위대한 사람이 될 것이기 때문이다. 또 그 아이는 포도주나 독한 술을 마시지 않을 것이고 모태에서부터 성령으로 충만할 것이며 이스라엘의 많은 백성들을 그들의 주 하나님께 돌아오게 할 것이다. 그는 엘리야의 심령과 능력으로 주보다 먼저 와서 아버지들의 마음을 그 자녀들에게로, 순종치 않는 자들을 의인의 지혜로 돌아서게 할 것이다. 그래서 주를 위해 예비된 백성들을 준비할 것이다." 사가랴가 천사에게 물었습니다. "제가 어떻게 이 말을 확신하겠습니까? 저는 늙었고 제 아내도 나이가 많습니다." 천사가 대답했습니다. "나는 하나님 앞에 서 있는 가브리엘이다. 나는 이 좋은 소식을 네게 말하라고 보내심을 받았다. 보아라. 너는 벙어리가 돼서 이 일이 일어날 그 날까지 말을 하지 못할 것이다. 이는 네가 그때가 되면 다 이루어질 내 말들을 믿지 않았기 때문이다." 한편 사람들은 사가랴를 기다리고 있었는데 그가 성전 안에서 너무 오래 지체하므로 이상하게 여겼습니다. 사가랴가 밖으로 나왔을 때 말을 하지 못하자 사람들은 그가 성전 안에서 환상을 본 줄 알았습니다. 사가랴는 손짓만 했지 말을 못하는 채로 계속 있었습니다. 직무 기간이 끝나자 사가랴는 집으로 돌아갔습니다. 그 후 사가랴의 아내 엘리사벳이 아기를 갖게 돼 다섯 달 동안 숨어 지냈습니다. 엘리사벳은 이렇게 말했습니다. "주께서 이때에 이렇게 나를 돌아보셔서 사람들 사이에서 내 수치를 없애 주셨습니다."

예수의 탄생을 예고하다

그 후 여섯 달째에 하나님께서 천사 가브리엘을 갈릴리 나사렛 마을에 보내 한 처녀에게 가게 하셨는데 그 처녀는 다윗의 가문에 속한 요셉이라는 남자와 약혼한 마리아였습니다. 천사가 마리아에게 가서 말했습니다. "기뻐하여라. 은혜를 입은 자여, 주께서 너와 함께 하신다." 천사의 말에 마리아는 당황하며 깜짝 놀라 '이게 무슨 인사인가' 하고 생각했습니다. 그러자 천사가 말했습니다. "두려워하지 마라. 마리아야, 네가 하나님의 은혜를 받았다. 보아라. 네가 잉태해 아들을 낳을 것이다. 그러면 그 이름을 예수라 하여라. 그는 위대한 이가 될 것이요, 지극히 높으신 분의 아들이라 불릴 것이다. 주 하나님께서 그에게 그 조상 다윗의 보좌를 주실 것이다. 그는 야곱의 집을 영원히 다스릴 것이며 그의 나라는 결코 끝나지 않을 것이다." 마리아가 천사에게 물었습니다. "처녀인 제게 어떻게 이런 일이 있겠습니까?" 천사가 대답했습니다. "성령께서 네게 임하실 것이며 지극히 높으신 분의 능력이 너를 감싸 주실 것이다. 그러므로 태어날 거룩한 아기는 하나님의 아들이라고 불릴 것이다. 보아라. 네 친척 엘리사벳도 그렇게 많은 나이에 아이를 가졌다. 아이를 갖지 못하는 여자라 불렸는데 임신한 지 벌써 여섯 달째가 됐다. 하나님께는 불가능한 일이 전혀 없다." 그러자 마리아가 대답했습니다. "보십시오. 저는 주의 여종입니다. 당신의 말씀대로 제게 이루어지기를 원합니다." 그러자 천사가 마리아에게서 떠나갔습니다.

마리아가 엘리사벳을 방문하다

그 무렵 마리아가 일어나 유대 산골에 있는 한 마을로 서둘러 갔습니다. 그리고 그녀는 사가랴의 집에 들어가 엘리사벳에게 인사를 드렸습니다. 엘리사벳이 마리아의 인사를 받을 때 배 속의 아기가 뛰놀았고 엘리사벳은 성령으로 충만해져 큰 소리로 외쳤습니다. "당신은 여인들 중에 복을 받았습니다. 당신의 배 속에 있는 아기도 복을 받았습니다. 내 주의 어머니께서 내게 오시다니 이게 어찌된 일입니까? 보십시오. 당신의 인사말이 내 귀에 들릴 때 내 배 속에서 아기가 기뻐하며 뛰놀았습니다. 주께서 하신 말씀이 정말 이루어질 것을 믿은 여인은 복이 있을 것입니다."

마리아의 찬가

그러자 마리아가 말했습니다. "내 영혼이 주를 찬양하며 내 영이 내 구주 하나님을 기뻐함은 그분이 자신의 여종의 비천함을 돌아보셨기 때문입니다. 이제부터 모든 세대가 나를 복 있다고 할 것이니 이는 전능하신 그분이 내게 위대한 일을 하셨기 때문입니다. 그분의 이름이 거룩하시며 그분의 자비는 그분을 경외하는 사람들에게 대대로 이어질 것입니다. 그분은 자신의 팔로 엄청난 일을 행하시고 마음의 생각이 교만한 사람들을 흩어 버리셨습니다. 그분은 통치자들을 왕좌에서 끌어내리시고 낮은 사람들을 높여 주셨으며 배고픈 사람들을 좋은 것들로 배불리시고 부유한 사람들을 빈손으로 보내셨습니다. 그분은 자비를 기억하셔서 자기의 종 이스라엘을 도우셨습니다. 곧 우리 조상들에게 말씀하신 대로 그 자비는 아브라함과 그 자손에게 영원토록 있을 것입니다." 마리아는 엘리사벳과 함께 석 달 동안 지낸 후에 자기 집으로 돌아갔습니다.

세례자 요한의 출생

해산할 때가 돼 엘리사벳은 아들을 낳았습니다. 이웃 사람들과 친척들은 주께서 그녀에게 큰 자비를 베푸셨다는 것을 듣고 함께 기뻐해 주었습니다. 8일째 되는 날 그들이 아기에게 할례를 하려고 와서 아버지의 이름을 따라 그 아이의 이름을 사가랴로 지으려 했습니다. 그때 아기의 어머니가 대답했습니다. "안 됩니다. 이 아이는 요한이라고 불러야 합니다." 그러자 사람들이 엘리사벳에게 말했습니다. "당신 친척 중에는 그런 이름을 가진 사람이 하나도 없습니다." 그러고는 그 아버지에게 아기의 이름을 무엇이라 할 것인지 손짓으로 물었습니다. 사가랴는 서판을 달라고 하더니 '아기의 이름은 요한'이라고 썼습니다. 그들은 모두 놀랐습니다. 그러자 사가랴의 입이 곧 열리고 혀가 풀려 말하기 시작하면서 하나님을 찬양했습니다. 근처에 사는 사람들이 모두 두려워했고 이 모든 일은 온 유대 산골에 두루 퍼져 사람들의 이야깃거리가 됐습니다. 이 말을 들은 사람마다 모두 이 일을 마음에 새기며 "이 아기가 대체 어떤 사람이 될까?" 하고 말했습니다. 그것은 주의 손이 그 아기와 함께했기 때문입니다.

사가랴의 예언

그의 아버지 사가랴가 성령으로 충만해 예언했습니다. "주 이스라엘의 하나님을 찬양하라. 주께서 자기 백성을 돌봐 구원을 베푸셨다. 그분이 우리를 위해 자기의 종 다윗의 집에 구원의 뿔을 들어올리셨다. 이 일은 주의 거룩한 옛 예언자들의 입을 통해 말씀하신 대로 우리를 원수와 우리를 미워하는 모든 사람의 손에서 건지시는 구원이로다. 주께서 우리 조상에게 자비를 베푸셨고 자기의 거룩한 언약을 기억하셨다. 이 맹세는 우리 조상 아브라함에게 하신 것으로 우리를 원수들의 손에서 구출하사 두려움 없이 주를 섬겨 우리가 주 앞에서 평생토록 거룩하고 의롭게 살도록 하셨다. 너 아기야, 너는 지극히 높으신 분의 예언자로 불릴 것이요, 주보다 앞서가서 주의 길을 예비할 것이며 주의 백성에게 그들의 죄를 용서해 주어 구원의 지식을 전할 것이다. 이것은 우리 하나님의 온유하신 자비로 말미암은 것으로서 태양이 높은 곳에 떠올라 어둠과 죽음의 그늘에 앉은 우리에게 빛을 비춰 우리의 발을 평화의 길로 인도할 것이다." 그 아기는 자라면서 영이 강건해졌고 이스라엘 백성들에게 공개적으로 나타나는 날까지 광야에서 살았습니다.

2 예수의 탄생

그 무렵 아우구스투스 황제가 칙령을 내려 전 로마 통치 지역은 호적 등록을 하게 됐습니다. 이것은 구레뇨가 시리아의 총독으로 있을 때 실시된 첫 번째 호적 등록이었습니다. 그래서 모든 사람은 호적을 등록하기 위해 각각 자기 고향으로 갔습니다. 요셉도 갈릴리 나사렛 마을을 떠나 다윗의 마을인 유대 땅 베들레헴으로 올라갔습니다. 요셉은 다윗 가문의 직계 혈통이었기 때문입니다. 그는 약혼한 마리아와 함께 호적을 등록하러 그곳에 갔습니다. 그때 마리아는 임신 중이었습니다. 그들이 그곳에 머무르는 동안 해산할 때가 돼 마리아는 첫아들을 낳고는 아기를 천으로 싸서 구유에 눕혔습니다. 여관에는 그들이 들어갈 빈방이 없었기 때문입니다. 한편 목자들은 바로 그 지역 들판에서 살며 밤에 양 떼를 지키고 있었습니다. 주의 천사가 그들 앞에 나타나 주의 영광이 그들을 환하게 둘러 비추니 그들은 너무나 두려웠습니다. 천사가 말했습니다. "두려워하지 마라. 보아라. 내가 모든 백성에게 큰 기쁨이 될 좋은 소식을 너희에게 알려 준다. 오늘 구주이신 주 그리스도가 다윗의 동네에서 태어나셨다. 너희가 천에 싸여 구유에 누워 있는 아기를 볼 것인데 그것이 너희에게 표적이 될 것이다." 갑자기 그 천사와 함께 하늘의 군대가 큰 무리를 이루며 나타나 하나님을 찬양하며 말했습니다. "지극히 높은 곳에서는 하나님께 영광이요 땅에서는 하나님의 은총을 입는 사람들에게 평화로다." 천사들이 떠나 하늘로 올라가자 목자들이 서로 말했습니다. "베들레헴으로 가서 주께서 우리에게 말씀하신 이 일이 정말 일어났는지 보자." 그래서 그들은 서둘러 가서 마리아와 요셉과 아기를 찾아냈습니다. 과연 아기는 구유에 누워 있었습니다. 그들은 아기를 보고 나서 그 아이에 관해 들은 말을 알려 주었고 그 말을 들은 모든 사람들은 목자들이 한 말에 놀랐습니다. 그러나 마리아만은 이 모든 일을 마음에 간직하고 곰곰이 되새겼습니다. 목자들은 자기들이 보고 들은 모든 것에 대해 하나님께 영광 돌리고 찬양하며 돌아갔습니다. 그들이 듣고 본 모든 일대로 이루어진 것입니다. 8일째 되는 날 할례할 때가 되자 아기가 잉태되기 전에 천사가 일러 준 대로 그 이름을 '예수'라 지었습니다.

아기 예수의 정결 의식

모세의 율법에 따라 정결 의식을 치를 때가 되자 요셉과 마리아는 아기를 데리고 예루살렘으로 갔습니다. 이것은 주의 율법에 "첫 번째 태어나는 모든 남자 아기는 하나님께 거룩한 사람으로 불릴 것이다"라고 기록된 대로 아기를 주께 드리고 또 "산비둘기 한 쌍이나 어린 집비둘기 두 마리"라고 한 주의 율법을 지켜 희생 제물을 드리려는 것이었습니다. 당시 예루살렘에는 시므온이라는 사람이 있었습니다. 이 사람은 의롭고 경건한 사람으로 하나님께서 이스라엘을 위로하실 날을 손꼽아 기다리고 있었습니다. 그리고 성령께서 시므온에게 머물러 계셨습니다. 그에게는 주의 그리스도를 보기 전에는 죽지 않으리라는 성령의 계시가 있었습니다. 시므온이 성령에 이끌려 성전 뜰 안으로 들어갈 때 아기의 부모가 율법의 규정대로 행하기 위해 아기 예수를 데리고 들어왔습니다. 그러자 시므온이 아기를 팔에 안고 하나님을 찬양하며 말했습니다. "다스리시는 주여, 이제 주께서는 주의 종이 평안히 가게 해 주십니다. 제 두 눈으로 주의 구원을 보았습니다. 이 구원은 주께서 모든 백성 앞에 마련하신 것으로 이방 사람에게는 계시의 빛이요, 주의 백성 이스라엘에게는 영광입니다." 아기의 아버지와 어머니는 아기에 대한 이 말에 무척 놀랐습니다. 그러자 시므온은 그들을 축복하고 그 어머니 마리아에게 말했습니다. "보십시오. 이 아기는 이스라엘 가운데 많은 사람을 넘어지게도 하고 일어서게도 할 것이며 비난받는 표적이 되기 위해 세우심을 받았습니다. 칼이 당신의 마음도 찌를 것입니다. 그래서 이제 많은 사람의 마음속 생각이 드러나게 될 것입니다." 또 아셀 지파의 바누엘의 딸인 안나라는 여자 예언자도 있었습니다. 안나는 나이가 많았는데 결혼해서 남편과 7년 동안 살다가 그 후 84세가 되도록 과부로 지냈습니다. 안나는 성전을 떠나지 않고 밤낮으로 금식하고 기도하면서 하나님을 섬겼습니다. 바로 그때 안나가 그들에게 다가와 하나님께 감사하고 예루살렘의 구원을 간절히 고대하는 모든 사람에게 그 아기에 대해 이야기했습니다. 요셉과 마리아는 주의 율법에 따라 모든 일을 마치고 난 뒤 갈릴리에 있는 자기 마을 나사렛으로 돌아왔습니다. 아이는 점점 자라 가며 강해지고 지혜가 충만했으며 하나님의 은혜가 그 위에 있었습니다.

성전에서의 소년 예수

해마다 유월절이 되면 예수의 부모는 예루살렘으로 갔습니다. 예수께서 열두 살이 되던 해에도 그들은 관례에 따라 절기를 지키러 예루살렘에 올라갔습니다. 기간이 끝나 그 부모는 집으로 돌아가는 길이었는데 소년 예수는 예루살렘에 남아 있었습니다. 그러나 부모는 이 사실을 알지 못했습니다. 그들은 예수가 일행 속에 있으리라 생각하고 하룻길을 가다가 그제야 친척들과 친구들 사이에서 예수를 찾기 시작했습니다. 그러나 찾지 못하자 그들은 예루살렘으로 되돌아가서 예수를 찾았습니다. 3일이 지나서야 그들은 성전 뜰에서 예수를 찾게 됐습니다. 그는 선생들 가운데 앉아서 이야기를 듣기도 하고 묻기도 하고 있었습니다. 예수의 말을 들은 사람들마다 그가 깨닫고 대답하는 것에 몹시 감탄했습니다. 그 부모는 예수를 보고 놀랐습니다. 그래서 그의 어머니가 말했습니다. "애야, 왜 우리에게 이렇게 했느냐? 네 아버지와 내가 얼마나 걱정하며 찾았는지 모른다." 그러자 예수가 말했습니다. "왜 나를 찾으셨습니까? 내가 마땅히 내 아버지의 집에 있어야 하는 줄 모르셨습니까?" 그러나 그들은 예수가 하는 말을 깨닫지 못했습니다. 그러고 나서 예수는 부모와 함께 내려가 나사렛으로 돌아가서 부모님께 순종하며 지냈습니다. 예수의 어머니는 이 모든 일을 마음에 간직했습니다. 그리고 예수는 지혜와 키가 점점 더 자라 가며 하나님과 사람들로부터 사랑을 받았습니다.

3 세례자 요한이 길을 준비하다

디베료 황제가 다스린 지 15째째 되던 해, 곧 본디오 빌라도가 유대 총독으로, 헤롯이 갈릴리 분봉 왕으로, 헤롯의 동생 빌립은 이두래와 드라고닛 지방의 분봉 왕으로, 루사니아가 아빌레네 지방의 분봉 왕으로, 안나스와 가야바가 대제사장으로 있을 때 하나님의 말씀이 광야에 있는 사가랴의 아들 요한에게 내렸습니다. 그는 요단 강 전역을 두루 다니며 죄 용서를 위한 회개의 세례를 전파했습니다. 이것은 예언자 이사야의 책에 기록된 것과 같습니다. "광야에서 외치는 소리가 있다. '주의 길을 예비하라. 그분의 길을 곧게 하라. 모든 골짜기는 메워지고 모든 산과 언덕은 낮아질 것이며 굽은 길은 곧아지고 험한 길은 평탄해질 것이다. 그리고 모든 사람들이 하나님의 구원을 보게 될 것이다.'" 세례를 받으려고 찾아온 사람들에게 요한이 말했습니다. "독사의 자식들아! 누가 너희에게 다가올 진노를 피하라고 하더냐? 회개에 알맞은 열매를 맺으라. 속으로 '아브라함이 우리 조상이다'라고 말하지 말라. 내가 너희에게 말해 두는데 하나님께서는 이 돌들로도 아브라함의 자손을 만드실 수 있다. 도끼가 이미 나무뿌리에 놓여 있다. 그러므로 좋은 열매를 맺지 않는 나무는 모조리 잘려 불 속에 던져질 것이다." 사람들이 물었습니다. "그러면 우리가 어떻게 해야 합니까?" 요한이 대답했습니다. "옷을 두 벌 가진 자는 없는 자에게 나눠 주라. 먹을 것이 있는 자도 그렇게 하라." 세리들도 세례를 받으러 와서 물었습니다. "선생님, 우리는 어떻게 해야 합니까?" 요한이 그들에게 말했습니다. "정해진 것보다 더 많은 세금을 걷지 말라." 군인들도 물었습니다. "그러면 우리는 어떻게 해야 합니까?" 요한이 대답했습니다. "강제로 돈을 뜯어내거나 거짓으로 고발하지 말라. 너희가 받는 봉급으로 만족하라." 그리스도가 오시기를 간절히 고대하고 있던 백성들은 모두 마음속으로 요한이 혹시 그리스도가 아닐까 생각했습니다. 그러자 요한이 그들 모두에게 대답했습니다. "나는 너희에게 물로 세례를 준다. 그러나 이제 나보다 더 큰 능력을 가진 분이 오실 텐데 나는 그분의 신발 끈도 풀 자격이 없다. 그분은 너희에게 성령과 불로 세례를 주실 것이다. 그분은 손에 키를 들고 타작마당을 깨끗이 치우시며 알곡을 창고에 모아들이고 쭉정이를 꺼지지 않는 불에 태우실 것이다." 그리고 요한은 또 다른 많은 말씀으로 백성들을 권고하고 좋은 소식을 전파했습니다. 그런데 분봉 왕 헤롯은 자기 동생의 아내 헤로디아에 관해, 또 헤롯 자신이 저지른 악행에 관해 요한이 질책하자 그 모든 것에다 악을 한 가지 더 행했습니다. 요한을 잡아 감옥에 가두었던 것입니다.

예수의 세례와 족보

모든 백성이 세례 받을 때에 예수께서도 세례를 받으셨습니다. 예수께서 기도하시자 하늘이 열리고 성령께서 비둘기 같은 형상으로 그분 위에 내려오셨습니다. 그리고 하늘에서 한 소리가 났습니다. "너는 내 사랑하는 아들이다. 내가 너를 기뻐한다." 예수께서 사역을 시작하신 것은 30세였으며 사람들이 생각하는 것처럼 요셉의 아들이셨습니다. 요셉은 엘리의 아들입니다. 엘리는 맛닷의 아들이고 맛닷은 레위의 아들이고 레위는 멜기의 아들이고 멜기는 얀나의 아들이고 얀나는 요셉의 아들입니다. 요셉은 맛다디아의 아들이고 맛다디아는 아모스의 아들이고 아모스는 나훔의 아들이

171

고 나훔은 에슬리의 아들이고 에슬리는 낙개의 아들입니다. 낙개는 마앗의 아들이고 마앗은 맛다디아의 아들이고 맛다디아는 세메인의 아들이고 세메인은 요셐의 아들이고 요셐은 요다의 아들입니다. 요다는 요아난의 아들이고 요아난은 레사의 아들이고 레사는 스룹바벨의 아들이고 스룹바벨은 스알디엘의 아들이고 스알디엘은 네리의 아들입니다. 네리는 멜기의 아들이고 멜기는 앗디의 아들이고 앗디는 고삼의 아들이고 고삼은 엘마담의 아들이고 엘마담은 에르의 아들입니다. 에르는 예수의 아들이고 예수는 엘리에제르의 아들이고 엘리에제르는 요림의 아들이고 요림은 맛닷의 아들이고 맛닷은 레위의 아들입니다. 레위는 시므온의 아들이고 시므온은 유다의 아들이고 유다는 요셉의 아들이고 요셉은 요남의 아들이고 요남은 엘리아김의 아들입니다. 엘리아김은 멜레아의 아들이고 멜레아는 멘나의 아들이고 멘나는 맛다다의 아들이고 맛다다는 나단의 아들이고 나단은 다윗의 아들입니다. 다윗은 이새의 아들이고 이새는 오벳의 아들이고 오벳은 보아스의 아들이고 보아스는 살라의 아들이고 살라는 나손의 아들입니다. 나손은 아미나답의 아들이고 아미나답은 아니의 아들이고 아니는 헤스론의 아들이고 헤스론은 베레스의 아들이고 베레스는 유다의 아들입니다. 유다는 야곱의 아들이고 야곱은 이삭의 아들이고 이삭은 아브라함의 아들이고 아브라함은 데라의 아들이고 데라는 나홀의 아들입니다. 나홀은 스룩의 아들이고 스룩은 르우의 아들이고 르우는 벨렉의 아들이고 벨렉은 에벨의 아들이고 에벨은 살라의 아들입니다. 살라는 가이난의 아들이고 가이난은 아박삿의 아들이고 아박삿은 셈의 아들이고 셈은 노아의 아들이고 노아는 레멕의 아들입니다. 레멕은 므두셀라의 아들이고 므두셀라는 에녹의 아들이고 에녹은 야렛의 아들이고 야렛은 마할랄렐의 아들이고 마할랄렐은 가이난의 아들입니다. 가이난은 에노스의 아들이고 에노스는 셋의 아들이고 셋은 아담의 아들이고 아담은 하나님의 아들입니다.

4 예수께서 광야에서 시험을 받으시다

예수께서는 성령으로 충만해 요단 강에서 돌아오셨고 성령에 이끌려 광야로 나가 그곳에서 40일 동안 마귀에게 시험을 당하셨습니다. 그동안 아무것도 잡수시지 않았기 때문에 그 기간이 끝나자 그분은 배가 고프셨습니다. 마귀가 예수께 말했습니다. "당신이 하나님의 아들이라면 이 돌에게 빵이 되라고 말해 보시오." 예수께서 대답하셨습니다. "성경에 '사람이 빵으로만 사는 것이 아니다'라고 기록됐다." 그러자 마귀는 예수를 높은 곳으로 이끌고 올라가 순식간에 세상 모든 나라를 보여 주었습니다. 그러고는 마귀가 예수께 말했습니다. "내가 저 모든 권세와 그 영광을 당신에게 주겠소. 이것은 내게 넘어온 것이니 내가 주고 싶은 사람에게 주는 것이오. 그러니 당신이 내게 경배하면 모두 당신 것이 될 것이오." 예수께서 대답하셨습니다. "성경에 '주 너의 하나님께 경배하고 오직 그분만을 섬기라'라고 기록됐다." 마귀는 예수를 예루살렘으로 이끌고 가더니 성전 꼭대기에 세우고 말했습니다. "당신이 하나님의 아들이라면 여기서 뛰어내려 보시오. 성경에 '그가 너를 위해 천사들에게 명령해 너를 지킬 것이다. 그들이 손으로 너를 붙들어 네 발이 돌에 부딪히지 않게 할 것이다'라고 기록돼 있소." 예수께서 대답하셨습니다. "성경에 '주 너의 하나님을 시험하지 말라'라고 기록됐다." 마귀는 이 모든 시험을 마치고 때가 될 때까지 예수에게서 떠나갔습니다.

예수께서 나사렛에서 배척을 받으시다

예수께서 성령의 능력을 입고 갈릴리로 돌아오시자 그분에 대한 소문이 전역에 두루 퍼졌습니다. 예수께서는 회당에서 가르치셨으며 모든 사람들로부터 영광을 받으셨습니다. 예수께서 자신이 자라나신 나사렛에 오셨습니다. 안식일이 되자 예수께서 늘 하시던 대로 회당에 가셔서 성경을 읽으려고 일어나셨습니다. 예언자 이사야의 두루마리를 건네받으시고 두루마리를 펼쳐 이렇게 기록된 곳을 찾아 읽으셨습니다. "주의 영이 내게 내리셨다. 이는 하나님께서 내게 기름을 부으셔서 가난한 사람들에게 복음을 전파하도록 하기 위해서다. 하나님께서는 포로 된 사람들에게 자유를, 못 보는 사람들에게 다시 볼 수 있음을, 억눌린 사람들에게 해방을 선포하기 위해 나를 보내셨다. 주의 은혜의 해를 선포하도록 하기 위함이다." 예수께서는 두루마리를 말아서 시중들던 자에게 돌려주시고 자리에 앉으셨습니다. 회당 안에 있던 모든 사람의 눈이 일제히 예수를 주시했습니다. 그러자 예수께서 그들에게 말씀을 시작하셨습니다. "오늘 이 말씀이 너희가 듣는 자리에서 이루어졌다!"

그러자 모든 사람이 감탄하고 그분의 입에서 나오는 은혜로운 말씀에 놀라며 "저 사람은 요셉의 아들이 아닌가?"라고 물었습니다. 예수께서 그들에게 말씀하셨습니다. "틀림없이 너희는 '의사야, 네 병이나 고쳐라!' 하는 속담을 들이대며 '우리가 소문에 들은 대로 당신이 가버나움에서 했다는 모든 일을 여기 당신의 고향에서도 해 보시오'라고 할 것이다." 예수께서 이어 말씀하셨습니다. "내가 진실로 너희에게 말한다. 어떤 예언자도 자기 고향에서는 인정받지 못하는 법이다. 그러나 내가 진실로 너희에게 말한다. 많은 과부들이 엘리야 시대에 이스라엘에 있었다. 그때 3년 반 동안 하늘 문이 닫혀 온 땅에 극심한 기근이 들었다. 그런데 하나님께서는 그 과부들 중 어느 누구에게도 엘리야를 보내지 않으시고 오직 시돈에 있는 사렙다 마을의 한 과부에게 보내셨다. 또 많은 나병 환자들이 엘리사 예언자 시대에 이스라엘에 있었다. 그러나 그들 중 어느 누구도 시리아 사람 나아만 외에는 깨끗함을 받지 못했다." 회당 안에 있던 사람들은 모두 이 말씀을 듣고 화가 잔뜩 났습니다. 그들은 일어나서 예수를 마을 밖으로 쫓아냈습니다. 그리고 마을이 세워진 산벼랑으로 끌고 가서 그 아래로 밀쳐 떨어뜨리려고 했습니다. 그러나 예수께서는 사람들의 한가운데를 지나 떠나가셨습니다.

예수께서 더러운 귀신을 쫓아내시다

예수께서는 갈릴리 가버나움 마을로 내려가셨습니다. 그리고 안식일이 되자 사람들을 가르치셨습니다. 그분의 말씀이 얼마나 권위가 있었는지 사람들은 그 가르침에 놀랐습니다. 회당에 더러운 영이 들린 사람이 있었는데 그는 큰 소리로 외쳤습니다. "아, 나사렛 예수여! 당신은 우리에게 무엇을 원하십니까? 우리를 망하게 하려고 오셨습니까? 나는 당신이 누구신지 압니다. 하나님께서 보내신 거룩한 분이십니다." 예수께서 그를 꾸짖어 말씀하셨습니다. "조용히 하고 그 사람에게서 나와라!" 그러자 귀신이 모든 사람들 앞에서 그 사람을 땅에 내동댕이치고 떠나갔는데 아무 상처도 입지 않았습니다. 모든 사람들이 놀라며 서로 말했습니다. "이게 무슨 가르침인가? 저 사람이 권위와 능력으로 더러운 영들에게 명령하니 그들이 떠나가 버렸다." 그리하여 예수에 대한 소문은 그 주변 지역까지 두루 퍼져 나갔습니다.

예수께서 많은 사람들을 고치시다

예수께서는 회당에서 나와 시몬의 집으로 가셨습니다. 그런데 시몬의 장모가 심한 열병에 시달리고 있었기 때문에 사람들이 그녀를 위해 예수께 도움을 청했습니다. 예수께서 시몬의 장모를 굽어보시고 열병을 꾸짖으시자 열병이 사라졌습니다. 장모는 곧 일어나 사람들을 시중들기 시작했습니다. 해 질 녘이 되자 사람들이 온갖 환자들을 모두 예수께 데려왔습니다. 예수께서는 그들에게 일일이 손을 얹어 병을 고쳐 주셨습니다. 게다가 귀신들이 많은 사람들로부터 떠나가며 "당신은 하나님의 아들이십니다!"라고 소리를 질렀습니다. 그러나 예수께서는 귀신들을 꾸짖으시며 그들이 말하는 것을 허락하지 않으셨습니다. 예수께서 그리스도이신 것을 그들이 알고 있었기 때문입니다. 날이 밝자 예수께서는 나가셔서 외딴곳으로 가셨습니다. 사람들은 예수를 찾다가 어디 계신지 알아내고는 자기들에게서 떠나가시지 못하게 붙들었습니다. 그러자 예수께서 말씀하셨습니다. "나는 다른 마을에서도 하나님 나라의 복음을 전해야 한다. 내가 이 일을 위해 보내심을 받았기 때문이다." 그런 뒤 예수께서는 유대의 여러 회당에서 말씀을 전하셨습니다.

5 예수께서 제자들을 첫 번째 부르시다

예수께서 하나님의 말씀을 들으려는 사람들에게 둘러싸여 게네사렛 호수 가에 서 계셨습니다. 예수께서 보시니 배 두 척이 호숫가에 대어 있고 어부들은 배에서 내려 그물을 씻고 있었습니다. 예수께서는 그들 중 시몬의 배에 올라타 그에게 배를 뭍에서 조금 떼어 놓으라고 말씀하셨습니다. 그러고는 배 위에 앉아 사람들을 가르치셨습니다. 말씀을 마치신 후 예수께서 시몬에게 명령하셨습니다. "물이 깊은 곳으로 나가 그물을 내리고 고기를 잡아라." 시몬이 대답했습니다. "선생님, 저희가 밤새도록 애썼지만 아무것도 잡지 못했습니다. 그러나 선생님의 말씀대로 제가 그물을 내려 보겠습니다." 어부들이 그 말씀대로 했더니 그물이 찢어질 정도로 많은 고기들이 잡혔습니다. 그래서 그들은 다른 배에 있는 동료들에게 와서 도와 달라고 손짓했습니다. 그들이 와서 두 배에 고기를 가득 채우자 배가 가라앉을 지경이 되었습니다. 시몬 베드로가 이 광경을 보고 예수의 무릎 앞에 엎드려 말했습니다. "주여, 제게서 떠나십시오. 저는 죄인입니다!" 베드로와 그 모든 동료는 자기들이 잡은 고기를 보고 놀랐던 것입니다. 세베대의 아들들이며 시몬의 동료인 야고보와 요한도 놀랐습니다. 그때 예수께서 시몬에게 말씀하셨습니다. "두려워하지 마라. 이제부터 너는 사람을 낚을 것이다." 그리하여 그들은 자신들의 배를 뭍에 대고 모든 것을 버려둔 채 예수를 따라갔습니다.

예수께서 나병 환자를 고치시다

예수께서 한 마을에 계실 때에 온몸에 나병이 걸린 사람이 찾아왔습니다. 그는 예수를 보자 얼굴을 땅에 대고 절하며 간청했습니다. "주여, 원하신다면 저를 깨끗하게 해 주실 수 있습니다." 예수께서는 손을 내밀어 그 사람에게 대며 말씀하셨습니다. "내가 원하노니 깨끗해져라!" 그러자 곧 나병이 그에게서 떠나갔습니다. 그때 예수께서 그에게 명령하셨습니다. "누구에게도 말하지 마라. 다만 가서 제사장에게 네 몸을 보이고 몸이 깨끗해진 것에 대해 모세가 명령한 대로 예물을 드려라. 그것이 그들에게 증거가 될 것이다." 그러나 예수에 대한 소문은 더욱더 퍼져 나가 많은 사람들이 그분의 말씀도 듣고 병도 고치려고 모여들었습니다. 하지만 예수께서는 외딴곳으로 물러가 기도하셨습니다.

예수께서 중풍 환자를 용서하시고 고치시다

어느 날 예수께서 가르치고 계실 때 바리새파 사람들과 율법학자들이 갈릴리의 모든 마을과 유대와 예루살렘에서 와 앉아 있었습니다. 그리고 예수께서는 주의 능력이 함께하므로 병을 고치셨습니다. 그때 몇몇 사람들이 중풍병에 걸린 사람을 자리에 눕힌 채 들고 왔습니다. 그들은 환자를 집 안으로 데리고 들어가 예수 앞에 눕히려 했지만 사람들이 너무 많아 안으로 들여놓을 길이 없었습니다. 그들은 지붕으로 올라가 기와를 벗겨 내고 그를 자리에 눕힌 채 사람들 한가운데로 달아 내려 예수 바로 앞에 놓았습니다. 예수께서는 그들의 믿음을 보고 "이 사람아, 네가 죄를 용서받았다"라고 말씀하셨습니다. 그러자 바리새파 사람들과 율법학자들은 의아하게 생각하기 시작했습니다. '이 사람이 대체 누구인데 하나님을 모독하는가? 하나님 한 분 외에 누가 죄를 용서할 수 있단 말인가?' 예수께서는 그들의 생각을 다 알고 말씀하셨습니다. "너희는 왜 그런 생각을 마음에 품느냐? '네가 죄를 용서받았다' 하는 말과 '일어나 걸어라' 하는 말 중 어느 것이 더 쉽겠느냐? 너희들은 인자가 땅에서 죄를 용서하는 권세를 가지고 있음을 알아야 한다." 예수께서 중풍 환자에게 말씀하셨습니다. "내가 네게 말한다. 일어나 네 침상을 가지고 집으로 가거라." 그러자 곧 그는 사람들 앞에서 일어나 자기가 누웠던 침상을 들고 하나님을 찬양하며 자기 집으로 돌아갔습니다. 사람들은 모두 놀라며 하나님을 찬양했고 두려움으로 가득 차 말했습니다. "오늘 우리가 놀라운 일을 보았다!"

예수께서 레위를 부르시고 죄인들과 함께 식사하시다

이 일 후에 예수께서는 밖으로 나가 레위라는 세리가 세관에 앉아 있는 것을 보고 말씀하셨습니다. "나를 따라라!" 그러자 레위는 그 자리에서 벌떡 일어나 모든 것을 버려두고 예수를 따랐습니다. 레위는 예수를 위해 자기 집에서 큰 잔치를 열었습니다. 많은 세리들과 다른 사람들이 그들과 함께 음식을 먹고 있었습니다. 그러자 바리새파 사람들과 그들의 율법학자들이 예수의 제자들을 비방했습니다. "당신들은 어찌해서 세리들과 죄인들과 함께 어울려 먹고 마시는 거요?" 예수께서 그들에게 대답하셨습니다. "건강한 사람에게는 의사가 필요 없고 병든 사람에게만 의사가 필요하다. 나는 의인을 부르러 온 것이 아니라 죄인을 불러 회개시키러 왔다."

예수께서 금식에 관하여 말씀하시다

그들이 예수께 말했습니다. "요한의 제자들은 자주 금식하고 기도하며 바리새파 사람들의 제자들도 그렇습니다. 그러나 당신의 제자들은 항상 먹고 마십니다." 예수께서 대답하셨습니다. "너희 같으면 신랑이 함께 있는 동안 초대받은 사람들을 금식하도록 하겠느냐? 그러나 신랑을 빼앗길 날이 올 것이다. 그때가 되면 그들도 금식할 것이다." 예수께서는 그들에게 이런 비유를 들려주셨습니다. "낡은 옷을 기우려고 새 옷을 자르는 사람은 없다. 그렇게 하면 새 옷이 찢어져 못 쓰게 되고 새 옷의 조각도 낡은 옷에 어울리지 않기 때문이다. 또 새 포도주를 낡은 가죽 부대에 넣는 사람도 없다. 그렇게 하면 새 포도주가 그 부대를 터뜨려서 포도주는 쏟아지고 부대도 못 쓰게 될 것이다. 새 포도주는 새 부대에 담아야 한다. 묵은 포도주를 마시고 나서 새 포도주를 원하는 사람은 없다. '묵은 것이 좋다'고 여기기 때문이다."

6 예수께서 안식일의 주인이시다

안식일에 예수께서 밀밭을 지나가시는데 제자들이 밀 이삭을 잘라 손으로 비벼서 먹었습니다. 그러자 몇몇 바리새파 사람들이 말했습니다. "당신들은 왜 안식일에 해서는 안 될 일을 하는 것이오?" 예수께서 그들에게 대답하셨습니다. "다윗과 그 일행이 굶주렸을 때 다윗이 한 일을 읽어 보지 못했느냐? 다윗이 하나님의 집에 들어가 제사장만 먹게 돼 있는 진설병을 자신이 먹고 또 자기 일행에게도 나눠 주지 않았느냐?" 그러고 나서 예수께서 바리새파 사람들에게 말씀하셨습니다. "인자는 안식일의 주인이다." 또 다른 안식일에 예수께서 회당에 들어가 가르치셨는데 거기에 오른손이 오그라든 사람이 있었습니다. 바리새파 사람들과 율법학자들은 예수를 고소할 구실을 찾으려고 안식일에 예수께서 병을 고치시는지 안 고치시는지 엿보고 있었습니다. 그러나 예수께서는 그들의 속마음을 꿰뚫어 보시고 손이 오그라든 사람에게 말씀하셨습니다. "일어나 앞으로 나오너라!" 그러자 그가 일어나 앞으로 나왔습니다. 그리고 예수께서 그들에게 말씀하셨습니다. "내가 너희에게 묻겠다. 안식일에 선한 일을 하는 것과 악한 일을 하는 것 중 어느 것이 옳으냐? 사람을 살리는 것과 죽이는 것 중 어느 것이 옳으냐?" 예수께서는 그들 모두를 둘러보고는 그 사람에게 말씀하셨습니다. "네 손을 펴 보아라!" 그가 손을 펴자 그의 손이 회복됐습니다. 그러나 그들은 화가 나서 예수를 어떻게 해야 할지 서로 의논했습니다.

예수께서 열두 제자를 세우시다

그 무렵 예수께서 기도하시기 위해 산으로 올라가 밤을 새워 하나님께 기도하셨습니다. 날이 밝자 예수께서는 제자들을 불러 그중 12명을 뽑아 사도로 부르셨습니다. 예수께서 '베드로'라 이름 지으신 시몬과 그 동생 안드레, 그리고 야고보, 요한, 빌립, 바돌로매, 마태, 도마, 알패오의 아들 야고보, 열심당원으로 불린 시몬, 야고보의 아들 유다, 배반자가 된 가룟 유다였습니다.

예수께서 복과 화를 선포하시다

예수께서 제자들과 함께 산에서 내려와 평지에 서 계셨습니다. 거기에는 제자들의 큰 무리가 있었고 또 온 유대와 예루살렘과 두로와 시돈의 해안 지방에서 모여든 많은 백성이 큰 무리를 이루고 있었습니다. 그들은 예수의 말씀도 듣고 자기들의 병도 고치고자 몰려온 사람들이었습니다. 더러운 영들에게 시달리던 사람들도 있었는데 그들은 낫게 됐습니다. 그러자 사람들은 모두 예수를 만져 보려고 애썼습니다. 예수에게서 능력이 나와 그들을 모두 고쳐 주었기 때문입니다. 예수께서 눈을 들어 제자들을 보시며 말씀하셨습니다. "너희, 가난한 사람들은 복이 있으니 하나님 나라가 너희의 것이다. 너희, 지금 굶주리는 사람들은 복이 있으니 너희가 배부르게 될 것이다. 너희, 지금 울고 있는 사람들은 복이 있으니 너희가 웃게 될 것이다. 인자 때문에 너희를 미워하고 배척하고 욕하고 너희 이름을 악하다고 밀쳐 내도 너희에게 복이 있을 것이다. 그날에는 너희가 기뻐하고 즐거워하라. 하늘에서 너희 상이 크기 때문이다. 그들의 조상들도 예언자들에게 이렇게 대했다. 그러나 너희, 지금 부요한 사람들은 화가 있다. 너희가 이미 너희의 위로를 다 받았기 때문이다. 너희, 지금 배부른 사람들은 화가 있다. 너희가 굶주리게 될 것이기 때문이다. 너희, 지금 웃고 있는 사람들은 화가 있다. 너희가 슬퍼하며 울게 될 것이기 때문이다. 모든 사람에게 칭찬받는 사람들은 화가 있다. 그들의 조상들도 거짓 예언자들에게 이렇게 대했다.

원수를 사랑하라

그러나 내 말을 듣는 너희에게 내가 말한다. 너희 원수를 사랑하라. 너희를 미워하는 사람들에게 잘해 주라. 너희를 저주하는 사람들을 축복하고 너희에게 함부로 대하는 사람들을 위해 기도하라. 누가 네 뺨을 때리거든 다른 뺨도 돌려 대라. 누가 네 겉옷을 빼앗아 가고 속옷까지 가져간다 해도 거절하지 말라. 누구든지 달라고 하면 주고 네 것을 가져가면 돌려받겠다고 하지 말라. 너희가 남에게 대접을 받고자 하는 대로 남을 대접하라. 자기를 사랑해 주는 사람들만 사랑하면 무슨 칭찬이 있겠느냐? 죄인들도 자기를 사랑해 주는 사람들을 사랑한다. 잘해 주는 사람들에게만 잘해 준다면 무슨 칭찬이 있겠느냐? 죄인들도 그만큼은 한다. 돌려받을 생각으로 남에게 꾸어 주면 무슨 칭찬이 있겠느냐? 죄인들도 고스란히 돌려받을 생각으로 다른 죄인들에게 빌려 준다. 그러나 너희는 원수를 사랑하고 잘해 주며 돌려받을 생각 말고 빌려 주라. 그러면 너희 상이 클 것이고 너희가 지극히 높으신 분의 아들이 될 것이다. 하나님께서는 은혜를 모르는 사람들과 악한 사람들에게도 인자하시기 때문이다. 너희 아버지께서 자비로우신 것처럼 너희도 자비로운 사람이 되라.

판단하지 말라

남을 판단하지 말라. 그러면 너희도 판단받지 않을 것이다. 남을 정죄하지 말라. 그러면 너희도 정죄받지 않을 것이다. 용서하라. 그러면 너희도 용서받을 것이다. 남에게 주라. 그러면 너희가 받을 것이다. 그것도 많이 꾹꾹 눌러 흔들어서 넘치도록 너희 품에 안겨 줄 것이다. 너희가 남을 저울질하는 만큼 너희도 저울질당할 것이다." 예수께서 또한 그들에게 이런 비유를 들려주셨습니다. "눈먼 사람이 눈먼 사람을 인도할 수 있느냐? 그러면 둘 다 구덩이에 빠지지 않겠느냐? 학생이 스승보다 나을 수 없다. 그러나 누구든지 다 배우고 나면 자기 스승과 같이 될 것이다. 어째서 너는 네 형제의 눈에 있는 티는 보면서 네 눈에 있는 들보는 깨닫지 못하느냐? 네 눈에 있는 들보는 보지 못하면서 어떻게 형제에게 '형제여, 네 눈에 있는 티를 빼자'라고 하겠느냐? 위선자여, 먼저 네 눈에서 들보를 빼내라. 그런 후에야 네가 정확히 보고 형제의 눈 속에 있는 티를 빼낼 수 있을 것이다.

나무와 열매

좋은 나무는 나쁜 열매를 맺지 않고 나쁜 나무는 좋은 열매를 맺을 수 없다. 나무마다 그 열매를 보면 안다. 가시나무에서 무화과를 딸 수 없고 찔레나무에서 포도를 딸 수 없는 법이다. 선한 사람은 마음속에 선한 것을 두었다가 선한 것을 내놓고 악한 사람은 마음속에 악한 것을 두었다가 악한 것을 내놓는다. 사람은 마음에 가득 찬 것을 입으로 말하는 법이다.

지혜로운 건축자와 어리석은 건축자

어째서 너희는 나를 '주여, 주여' 하고 부르면서 내가 말하는 것은 행하지 않느냐? 내게 와서 내 말을 듣고 그대로 실천에 옮기는 사람이 어떤 사람과 같은지 너희에게 보여 주겠다. 그는 땅을 깊이 파고 바위 위에 단단히 기초를 세운 건축자와 같다. 홍수가 나서 폭우가 덮쳐도 그 집은 흔들리지 않았다. 그 집이 잘 지어졌기 때문이다. 그러나 내 말을 듣고도 실천에 옮기지 않는 사람은 기초 없이 맨땅에 집을 지은 사람과 같다. 그 집은 폭우가 덮치는 즉시 무너져 폭삭 주저앉았다."

7 백부장의 믿음

예수께서 듣고 있던 사람들에게 이 모든 말씀을 마치고 가버나움으로 들어가셨습니다. 그곳에는 백부장 한 사람이 있었는데 그가 신임하는 종 하나가 병이 들어 거의 죽어 가고 있었습니다. 백부장은 예수의 소문을 듣고 유대 장로들을 예수께 보내 자기 종을 낫게 해 달라고 부탁했습니다. 장로들이 예수께 와서 간곡히 부탁했습니다. "이 사람은 선생님이 그렇게 해 주실 만한 사람입니다.

그는 우리 민족을 사랑하고 우리 회당도 지어 주었습니다." 예수께서는 그들과 함께 가셨습니다. 예수께서 그 집에서 멀지 않은 곳에 이르렀을 때 백부장은 친구들을 보내 예수께 이렇게 아뢰도록 했습니다. "주여, 더 수고하실 필요가 없습니다. 저는 주를 제 집에 모실 자격이 없습니다. 그래서 제가 직접 주께 나아갈 엄두도 못 냈습니다. 그저 말씀만 하십시오. 그러면 제 하인이 나을 것입니다. 저도 상관 아래 있으면서, 제 아래에도 부하들이 있는 사람입니다. 제가 부하에게 '가라' 하면 가고 '오라' 하면 오고 하인에게 '이것을 하라' 하면 합니다." 예수께서는 이 말을 듣고 백부장을 놀랍게 여겨 돌아서서 따라오던 사람들에게 말씀하셨습니다. "내가 너희에게 말한다. 이스라엘에서도 이렇게 큰 믿음을 본 적이 없다." 백부장이 보냈던 사람들이 집으로 돌아가 보니 그 종이 벌써 나아 있었습니다.

예수께서 과부의 아들을 살리시다

그 후에 예수께서는 곧 나인이라는 마을로 가셨습니다. 제자들과 많은 무리가 예수를 따라갔습니다. 예수께서 성문 가까이에 이르셨을 때 사람들이 죽은 사람 한 명을 메고 나오고 있었습니다. 죽은 사람은 한 과부의 외아들이었습니다. 그리고 많은 마을 사람들이 그 여인과 함께 상여를 따라오고 있었습니다. 주께서 그 여인을 보고 불쌍히 여기며 말씀하셨습니다. "울지 마라." 그러고는 다가가 관을 만지셨습니다. 관을 메고 가던 사람들이 멈춰 서자 예수께서 말씀하셨습니다. "청년아, 내가 네게 말한다. 일어나거라!" 그러자 죽은 사람이 일어나 앉아 말하기 시작했습니다. 예수께서는 그를 그의 어머니에게 돌려보내셨습니다. 그들은 모두 두려움에 가득 차 하나님을 찬양하며 말했습니다. "위대한 예언자가 우리 가운데 나타나셨다! 하나님께서 자기 백성을 돌봐 주셨다." 예수에 대한 이 이야기가 온 유대와 그 주변 지역에 널리 퍼져 나갔습니다.

예수와 세례자 요한

요한의 제자들이 모든 소식을 요한에게 알렸습니다. 요한은 제자들 중 두 사람을 불러 주께 보내며 "선생님께서 오실 그분이십니까? 아니면 저희가 다른 사람을 기다려야 합니까?"라고 물어보게 했습니다. 그 사람들이 예수께 와서 말했습니다. "세례자 요한이 저희를 보내 물어보라고 했습니다. 선생님께서 오실 그분이십니까? 아니면 저희가 다른 사람을 기다려야 합니까?" 바로 그때 예수께서 질병과 고통과 악한 영들에게 시달리는 사람들을 많이 고쳐 주시고 보지 못하는 많은 사람들도 볼 수 있게 해 주셨습니다. 예수께서 요한이 보낸 사람들에게 대답하셨습니다. "돌아가서 너희가 여기서 보고 들은 것을 요한에게 전하라. 보지 못하는 사람이 다시 보고 다리를 저는 사람이 걷고 나병 환자가 깨끗해지며 듣지 못하는 사람이 듣고 죽은 사람이 살아나고 가난한 사람들에게 복음이 전파된다고 하라. 나로 인해 걸려 넘어지지 않는 사람은 복이 있다." 요한이 보낸 사람들이 떠나자 예수께서는 사람들에게 요한에 대해 말씀을 시작하셨습니다. "너희가 무엇을 보려고 광야에 나갔느냐? 바람에 흔들리는 갈대냐? 그렇지 않으면 무엇을 보려고 나갔느냐? 좋은 옷을 입은 사람이냐? 아니다. 화려한 옷을 입고 사치에 빠져 사는 사람은 왕궁에 있다. 그러면 무엇을 보려고 나갔느냐? 예언자냐? 그렇다. 내가 너희에게 말한다. 요한은 예언자보다 더 위대한 인물이다. 이 사람에 대해 성경에 이렇게 기록됐다. '보라. 내가 네 앞에 내 사자를 보낸다. 그가 네 길을 네 앞서 준비할 것이다.' 내가 너희에게 말한다. 여인에게서 난 사람 중에 요한보다 더 큰 사람은 없다. 그러나 하나님 나라에서는 가장 작은 사람이라도 요한보다 더 크다." (요한의 설교를 들은 사람들과 심지어는 세리들도 요한의 세례를 받았고 하나님이 의로우신 분임을 드러냈습니다. 그러나 바리새파 사람들과 율법학자들은 요한에게 세례를 받지 않았고 자기들을 향한 하나님의 계획을 물리쳤습니다.) "그러니 이 세대 사람들을 무엇에 비교할 수 있을까? 그들은 무엇과 같을까? 그들은 시장에 앉아서 서로 부르며 이렇게 말하는 아이들과 같다. '우리가 너희를 위해 피리를 불어도 너희는 춤추지 않았고 우리가 애곡해도 너희는 울지 않았다.' 세례자 요한이 와서 빵도 먹지 않고 포도주도 마시지 않자 너희는 '저 사람이 귀신 들렸다'라고 하며 인자가 와서 먹고 마시니 너희가 말하기를 '보라. 저 사람은 먹보에다 술꾼으로 세리와 죄인의 친구다'라고 말한다. 그러나 지혜의 자녀들이 결국 지혜가 옳다는 것을 인증하는 법이다."

죄 지은 여인이 예수께 향유를 붓다

한 바리새파 사람이 예수를 저녁 식사에 초대했습니다. 그래서 예수께서는 그 바리새파 사람의 집으로 들어가 식탁에 기대어 앉으셨습니다. 그 마을에 죄인인 한 여자가 있었는데 예수께서 그 바리새파 사람의 집에 계시다는 것을 알고는 향유가 든 옥합을 가지고 와 예수의 뒤로 그 발 곁에 서서 울며 눈물로 그분의 발을 적셨습니다. 그리고 자신의 머리카락으로 발을 닦고 그 발에 자신의 입을 맞추며 향유를 부었습니다. 예수를 초대한 바리새파 사람이 이 광경을 보고 속으로 말했습니다. '만약 이 사람이 예언자라면 자기를 만지는 저 여자가 누구며 어떤 여자인지 알았을 텐데. 저 여자는 죄인이 아닌가!' 예수께서 그에게 말씀하셨습니다. "시몬아, 네게 할 말이 있다." 그가 대답했습니다. "선생님, 말씀하십시오." "어떤 채권자에게 빚을 진 두 사람이 있었다. 한 사람은 500데나리온을, 또 한 사람은 50데나리온을 빚졌다. 두 사람 다 빚 갚을 돈이 없어 채권자가 두 사람의 빚을 모두 없애 주었다. 그러면 두 사람 중 누가 그 채권자를 더 사랑하겠느냐?" 시몬이 대답했습니다. "더 많은 빚을 면제받은 사람이라고 생각합니다." 예수께서 말씀하셨습니다. "네 판단이 옳다." 그러고 나서 예수께서는 그 여인을 돌아보고 시몬에게 말씀하셨습니다. "이 여인이 보이느냐? 내가 네 집에 들어왔을 때 너는 내게 발 씻을 물도 주지 않았다. 그러나 이 여인은 자신의 눈물로 내 발을 적시고 자신의 머리카락으로 닦아 주었다. 너는 내게 입 맞추지 않았지만 이 여인은 내가 들어왔을 때부터 계속 내 발에 입 맞추고 있다. 너는 내 머리에 기름을 부어 주지 않았지만 이 여인은 내 발에 향유를 부어 주었다. 그러므로 내가 네게 말한다. 이 여인은 많은 죄를 용서받았다. 그것은 이 여인이 나를 많이 사랑했기 때문이다. 그러나 적게 용서받은 사람은 적게 사랑한다." 그러고 나서 예수께서 여인에게 말씀하셨습니다. "네 죄들이 용서받았다." 식탁에 함께 앉아 있던 사람들이 수군거리기 시작했습니다. "이 사람이 도대체 누군데 죄까지도 용서한다는 것인가?" 예수께서 여인에게 말씀하셨습니다. "네 믿음이 너를 구원했다. 평안히 가거라."

8 씨 뿌리는 사람의 비유

그 후에 예수께서는 여러 마을과 고을을 두루 다니시며 하나님 나라의 복음을 선포하셨습니다. 열두 제자들도 예수와 함께 동행했습니다. 악한 영과 질병으로부터 고침받은 여자들도 예수와 함께했습니다. 이들은 일곱 귀신이 떠나간 막달라 마리아였고 헤롯의 청지기인 구사의 아내 요안나 또 수산나와 그 밖의 많은 여인들이었습니다. 이들은 자신들의 재산으로 예수의 일행을 섬겼습니다. 많은 무리가 모여들고 각 마을에서 사람들이 예수께로 나아오니 예수께서 그들에게 비유를 통해 말씀하셨습니다. "씨 뿌리는 사람이 씨를 뿌리러 나갔다. 그가 씨를 뿌리자 그중 어떤 씨는 길가에 떨어져 사람들에게 밟히고 하늘의 새들에게 다 먹혀 버렸다. 어떤 씨는 바위 위에 떨어졌는데 싹이 돋았지만 물기가 없어서 곧 시들어 버리고 말았다. 어떤 씨는 가시덤불 속에 떨어졌는데 가시덤불이 함께 자라서 그 기운을 막아 버렸다. 또 다른 씨는 좋은 땅에 떨어져 자라나 100배나 많은 열매를 맺었다." 예수께서 말씀을 마치고 큰 소리로 외치셨습니다. "들을 귀 있는 사람은 들으라!" 제자들은 예수께 이 비유가 무엇을 뜻하는지 물었습니다. 예수께서 말씀하셨습니다. "너희에게는 하나님 나라의 비밀을 알게 해 주었다. 그러나 내가 다른 사람들에게는 비유로 말했다. 이것은 '그들이 보아도 보지 못하고 들어도 깨닫지 못하게' 하려는 것이다. 비유의 뜻은 이와 같다. 씨는 하나님의 말씀이다. 길가에 떨어진 것은 하나님의 말씀을 들었으나 마귀가 와서 그 마음에서 말씀을 빼앗아 가는 바람에 믿지 못하고 구원받지 못하는 사람들이다. 바위 위에 떨어진 것은 하나님의 말씀을 듣고 기쁘게 받아들이지만 뿌리가 없어 잠시 동안 믿다가 시련이 닥치면 곧 넘어지는 사람들이다. 가시밭에 떨어진 것은 하나님의 말씀을 들었으나 이 세상의 걱정과 부와 쾌락에 사로잡혀서 자라지 못하고 온전한 열매를 맺지 못하는 사람들이다. 그러나 좋은 땅에 떨어진 것은 착하고 좋은 마음으로 하나님의 말씀을 들은 뒤 그 말씀을 굳게 간직하고 인내해 좋은 열매를 맺는 사람들이다.

등잔대 위의 등불
등불을 켜서 그릇으로 덮거나 침대 밑에 두는 사람은 아무도 없다. 오히려 등불은 들어오는 사람들이 볼 수 있도록 등잔대 위에 두는 것이다. 숨겨 둔 것은 드러나고 감춰 둔 것은 알려지게 마련이다. 그러므로 너희는 내 말을 조심해서 들으라. 가진 사람은 더 받고 가지지 못한 사람은 가진 줄로 생각하는 것조차 빼앗길 것이다."

예수의 어머니와 동생들

예수의 어머니와 형제들이 예수께로 왔으나 많은 사람들 때문에 예수께 가까이 갈 수가 없었습니다. 그래서 사람들이 예수께 말했습니다. "선생님의 어머니와 형제들이 선생님을 만나려고 밖에 서 있습니다." 예수께서 대답하셨습니다. "하나님의 말씀을 듣고 실천하는 사람이 바로 내 어머니요, 내 형제들이다."

예수께서 풍랑을 잔잔하게 하시다

하루는 예수께서 제자들에게 말씀하셨습니다. "호수 저편으로 가자." 그래서 그들은 배에 올라타고 떠났습니다. 그들이 배를 저어가는 동안 예수께서는 잠이 드셨습니다. 그때 호수에 사나운 바람이 불어오더니 배에 물이 들이쳐 매우 위험한 상황이 됐습니다. 제자들이 가서 예수를 깨우며 말했습니다. "선생님! 선생님! 우리가 모두 빠져 죽게 생겼습니다!" 그러자 예수께서 일어나 바람과 파도를 꾸짖으시니 폭풍이 멈추고 호수가 다시 잔잔해졌습니다. 예수께서 제자들에게 말씀하셨습니다. "너희의 믿음이 어디에 있느냐?" 제자들은 두려움과 놀라움 속에서 서로 말했습니다. "이분이 도대체 누구시기에 바람과 물을 호령하시니 바람과 물조차도 이분께 복종하는가?"

예수께서 귀신 들린 사람을 회복시키시다

예수의 일행은 갈릴리 호수 건너편 거라사 지방으로 배를 저어 갔습니다. 예수께서 배에서 내리시자 그 마을에 사는 귀신 들린 사람과 마주치셨습니다. 그는 옷도 입지 않은 채 집이 아닌 무덤에서 산 지 벌써 오래된 사람이었습니다. 그가 예수를 보자 소리를 지르며 예수의 발 앞에 엎드려 "지극히 높으신 하나님의 아들 예수여, 내 가 당신과 무슨 상관이 있습니까? 제발 저를 괴롭히지 마십시오!" 라고 찢어질 듯 큰 소리로 외쳤습니다. 이는 예수께서 그 사람에게 서 나가라고 더러운 영에게 명령하셨기 때문입니다. (그 사람은 수 시로 귀신에게 붙들렸는데 손발을 쇠사슬에 묶어 둬도 다 끊어 버 리고 귀신에 이끌려 광야로 뛰쳐나가곤 했습니다.) 예수께서 그에 게 물으셨습니다. "네 이름이 무엇이냐?" 그가 대답했습니다. "'군 대'입니다." 그 사람 속에 귀신들이 많이 들어 있었기 때문입니다. 귀신들은 자기들을 지옥으로 보내지 말아 달라고 예수께 간청했습 니다. 마침 많은 돼지 떼가 언덕에서 먹이를 먹고 있었습니다. 귀신 들이 예수께 돼지들 속으로 들어가게 해 달라고 애원하자 예수께 서 허락하셨습니다. 귀신들은 그 사람에게서 나와 돼지들에게 들 어갔습니다. 그러자 돼지 떼는 비탈진 둑으로 내리달아 호수에 빠 져 죽게 됐습니다. 돼지를 치던 사람들이 그 광경을 보고 달아나 마을과 그 일대에 이 일을 알렸습니다. 그래서 사람들도 이 광경 을 보려고 나왔습니다. 그들이 예수께 가 보니 정말 그 귀신 들렸 던 사람이 제정신이 들어 옷을 입고 예수의 발 앞에 앉아 있는 것 이었습니다. 그러자 그들은 두려웠습니다. 처음부터 이 광경을 지 켜본 사람들은 그 귀신 들렸던 사람이 어떻게 낫게 됐는지 그들에 게 말했습니다. 그러자 거라사 주변의 모든 사람들은 두려움에 가 득 차 예수께 떠나 달라고 간청했습니다. 그리하여 예수께서는 배를 타고 그곳을 떠나셨습니다. 귀신 들렸던 그 사람은 자신도 함께 가겠다고 예수께 애원했습니다. 그러나 예수께서는 그를 보내며 말씀하셨습니다. "집으로 돌아가서 하나님께서 네게 하신 일을 다 말하여라." 그러자 그 사람은 온 마을을 다니며 예수께서 얼마나 큰 일을 행하셨는지 전했습니다.

예수께서 혈루병 앓는 여인을 고치시고 죽은 소녀를 살리시다

예수께서 돌아오시자 많은 사람들이 그분을 반겼습니다. 그들 모두가 예수를 기다리고 있었습니다. 그때 야이로라는 회당장이 와서 예수의 발 앞에 엎드리며 자기 집에 와 달라고 간절히 애원했습니다. 열두 살 된 자기 외동딸이 죽어 가고 있었기 때문입니다. 예수께서 그리로 내려가시는데 많은 사람들이 밀어 댔습니다. 그중에는 12년 동안 혈루병을 앓아 온 여인이 있었는데 의사들에게 재산을 모두 썼지만 어느 누구도 그 여인의 병을 고쳐 줄 수 없었습니다. 그 여인은 예수의 뒤로 비집고 다가가 그분의 옷자락에 손을 댔습니다. 그러자 즉시 출혈이 멈췄습니다. 그때 예수께서 "누가 내게 손을 댔느냐?"라고 물으셨습니다. 사람들이 모두 만지지 않았다고 하자 베드로가 말했습니다. "선생님, 많은 사람들이 선생님을 밀어 대고 있습니다." 그러자 예수께서 말씀하셨습니다. "누군가가 내게 손을 댔다. 내게서 능력이 나간 것을 알고 있다." 그러자 여인은 더 이상 숨길 수 없음을 알고 떨면서 앞으로 나와 예수의 발 앞에 엎드렸습니다. 여인은 모든 사람 앞에서 왜 예수께 손을 댔는지, 그리고 어떻게 병이 즉시 나았는지 말했습니다. 그러자 예수께서 여인에게 말씀하셨습니다. "딸아, 네 믿음이 너를 구원했다. 평안히 가거라." 예수께서 말씀을 채 마치시기도 전에 야이로 회당장의 집에서 사람이 와서 말했습니다. "따님이 죽었습니다. 선생님께 더 폐를 끼치지 않는 것이 좋겠습니다." 이 말을 듣고 예수께서 그에게 말씀하셨습니다. "두려워하지 마라. 믿기만 하면 아이가 나을 것이다." 예수께서는 야이로의 집에 이르러 베드로와 요한과 야고보와 아이의 부모 외에는 아무도 들어오지 못하게 하셨습니다. 사람들은 모두 그 아이에 대해 애도하며 크게 울고 있었습니다. 예수께서 말씀하셨습니다. "울지 마라. 이 아이는 죽은 것이 아니라 자고 있다." 그들은 아이가 죽은 것을 알기에 예수를 비웃었습니다. 그러나 예수께서 그 아이의 손을 잡고 말씀하셨습니다. "아이야, 일어나라!" 그때 그 아이의 영이 돌아와 아이가 곧 일어났습니다. 그러자 예수께서 아이에게 먹을 것을 갖다 주라고 말씀하셨습니다. 그 아이의 부모는 무척 놀랐습니다. 그러나 예수께서는 이 일을 아무에게도 말하지 말라고 그들에게 명령하셨습니다.

9 예수께서 열두 제자를 파송하시다

예수께서는 열두 제자를 한자리에 불러 모으시고 모든 귀신들을 쫓고 병을 고치는 능력과 권세를 주셨습니다. 그리고 그들을 내보내시며 하나님 나라를 전파하고 병든 사람들을 고쳐 주라고 하셨습니다. 예수께서 말씀하셨습니다. "길을 떠날 때 아무것도 가져가지 말라. 지팡이도 가방도 빵도 돈도 여벌 옷도 가지고 가지 말라.

어느 집에 들어가든 그 마을을 떠날 때까지 그 집에 머물러 있으라. 만약 너희를 맞아 주지 않으면 그 마을을 떠날 때 그들을 거스르는 증거물로 발에 붙은 먼지를 떨어 버리라." 제자들은 나가서 여러 마을들을 두루 다니며 곳곳에서 복음을 전파하며 사람들을 고쳐 주었습니다. 분봉 왕 헤롯은 이 모든 일을 듣고 당황했습니다. 왜냐하면 어떤 사람들이 요한이 죽은 자 가운데에서 살아났다고 말했기 때문입니다. 또 어떤 사람들은 엘리야가 나타났다고 했고 다른 사람들은 옛 예언자 중 하나가 되살아났다고 말했습니다. 그러자 헤롯은 "내가 요한의 목을 베었는데 이런 소문이 들리는 그 사람은 누구인가?" 하고 예수를 만나고자 했습니다.

예수께서 오천 명을 먹이시다

사도들이 돌아와 예수께 자기들이 한 일을 보고했습니다. 그러자 예수께서는 그들을 따로 데리고 벳새다라는 마을로 가셨습니다. 그러나 사람들은 이 사실을 알아채고 예수를 따라왔습니다. 예수께서는 그들을 맞이하고 하나님 나라에 대해 말씀하시며 사람들을 고쳐 주셨습니다. 날이 저물자 열두 제자가 예수께 다가와 말했습니다. "우리가 외딴곳에 와 있으니 사람들을 보내 주변 마을과 농가로 가서 잠잘 곳을 찾고 먹을 것을 얻게 하십시오." 예수께서 대답하셨습니다. "너희가 그들에게 먹을 것을 주라." 제자들이 말했습니다. "저희가 가진 것이라고는 빵 다섯 개와 물고기 두 마리뿐입니다. 이 많은 사람들을 다 먹이려면 가서 먹을 것을 사 와야 합니다." 그곳에는 남자만 5,000명 정도가 있었기 때문입니다. 그러나 예수께서 제자들에게 말씀하셨습니다. "사람들을 50명씩 둘러앉게 하라." 제자들은 그대로 사람들을 모두 앉혔습니다. 예수께서는 빵 다섯 개와 물고기 두 마리를 손에 들고 하늘을 우러러 감사 기도를 하셨습니다. 그러고는 그것을 떼어 제자들에게 주면서 사람들 앞에 갖다 놓게 했습니다. 사람들이 모두 배불리 먹었습니다. 그리고 제자들이 남은 조각들을 거두어 보니 12바구니에 가득 찼습니다.

베드로가 예수를 그리스도로 고백하다

한번은 예수께서 혼자 기도하고 계셨습니다. 제자들도 함께 있었는데 예수께서 물으셨습니다. "사람들이 나를 누구라고 하느냐?" 제자들이 대답했습니다. "세례자 요한이라고도 하고 엘리야라고도 합니다. 옛 예언자 중 한 사람이 되살아났다고 하는 사람도 있습니다." 그러자 예수께서 물으셨습니다. "그러면 너희는 나를 누구라고 하느냐?" 베드로가 대답했습니다. "하나님의 그리스도이십니다."

예수께서 자신의 죽음을 예고하시다

예수께서는 "이 말을 아무에게도 하지 말라" 하고 단단히 경고하며 말씀하셨습니다. "인자가 많은 고난을 받고 장로들과 대제사장들과 율법학자들에게 배척받아 끝내 죽임당하고 3일 만에 살아나야 할 것이다." 그러고는 그들 모두에게 말씀하셨습니다. "누구든지 나를 따르려면 자기를 부인하고 날마다 자기 십자가를 지고 따라야 한다. 누구든지 자기 생명을 구하려는 사람은 잃을 것이요, 누구든지 나를 위해 자기 생명을 잃는 사람은 구하게 될 것이다. 사람이 온 세상을 다 얻고도 자기를 잃거나 빼앗긴다면 무슨 소용이 있겠느냐? 누구든지 나와 내 말을 부끄러워하면 인자도 자기 영광과 아버지와 거룩한 천사들의 영광 가운데 올 때 그를 부끄러워할 것이다. 내가 진실로 너희에게 말한다. 여기 서 있는 사람들 가운데 죽기 전에 하나님 나라를 볼 사람이 있을 것이다."

예수께서 변모되시다

이런 말씀을 하신 뒤 8일쯤 지나 예수께서는 베드로와 요한과 야고보를 데리고 기도하러 산에 올라가셨습니다. 예수께서는 기도하는 동안 얼굴 모습이 변하셨고 옷이 하얗게 빛났습니다. 그런데 갑자기 두 사람이 나타나 예수와 더불어 말을 하고 있었습니다. 이들은 모세와 엘리야였습니다. 그들은 영광에 싸여 나타나 예수께서 예루살렘에서 이루실 일, 곧 그분의 떠나가심에 대해 말하고 있었습니다. 베드로와 그 일행이 잠을 이기지 못해 졸다가 완전히 깨서 예수의 영광과 그분 곁에 두 사람이 서 있는 것을 보았습니다. 두 사람이 예수를 떠나려고 하자 베드로가 예수께 말했습니다. "선생님, 우리가 여기 있으니 참 좋습니다. 우리가 초막 세 개를 만들되 하나는 선생님을 위해, 하나는 모세를 위해, 하나는 엘리야를 위해 짓겠습니다." 그러나 베드로는 자기가 무슨 말을 하는지도 알지 못했습니다. 베드로가 이런 말을 하고 있을 때 구름이 나와서 그들을 뒤덮었습니다. 구름 속으로 들어가게 되자 그들은 두려워했습니다. 그때 구름 속에서 소리가 들려왔습니다. "이는 내 아들이요, 내가 택한 자다. 그의 말을 들어라!" 그 소리가 사라지고 그들이 보니 예수만 홀로 서 계셨습니다. 제자들은 입을 다물고 자기들이 본 것을 그때는 아무에게도 말하지 않았습니다.

예수께서 귀신 들린 아이를 고치시다

이튿날 그들이 산에서 내려오자 많은 사람들이 예수를 맞았습니다. 그 무리 중 한 사람이 소리쳤습니다. "선생님, 부탁입니다. 제 아들 좀 봐 주십시오. 제게는 하나밖에 없는 자식입니다. 그런데 귀신이 이 아이를 사로잡아 갑자기 소리를 지르게 하고 아이에게 발작을 일으켜 입에 거품을 물게도 합니다. 그리고 이 아이를 상하게 하면서 좀처럼 떠나지 않습니다. 선생님의 제자들에게 귀신을 쫓아 달라고 간청했지만 그들은 해내지 못했습니다." 예수께서 대답하셨습니다. "아, 믿음이 없고 비뚤어진 세대여! 내가 언제까지 너희와 함께 있으면서 참아야 하겠느냐? 네 아들을 이리로 데려오너라." 그 아이가 오는 중에도 귀신은 아이의 몸을 바닥에 내던지며 발작하게 만들었습니다. 그러나 예수께서는 더러운 영을 꾸짖으시며 그 아이를 고쳐 아버지에게 돌려보내셨습니다. 하나님의 위대하심에 모두 놀랐습니다.

예수께서 자신의 죽음을 두 번째 예고하시다

예수께서 행하신 그 모든 일에 다들 놀라서 감탄하고 있을 때 그분이 제자들에게 말씀하셨습니다. "지금 내가 하는 말을 유의해 들으라. 인자가 배반을 당해 사람들의 손에 넘겨질 것이다." 그러나 제자들은 이 말씀을 깨닫지 못했습니다. 그들이 그 말씀을 이해하지 못하도록 그 뜻이 감추어져 있었기 때문입니다. 그들은 두려워서 예수께 물어볼 수도 없었습니다. 예수의 제자들 사이에서 누가 제일 큰 사람인가를 두고 다툼이 일어났습니다. 예수께서는 그들의 속마음을 다 아시고 한 어린아이를 데려와 곁에 세우며 말씀하셨습니다. "누구든지 이 어린아이를 내 이름으로 영접하는 사람은 나를 영접하는 것이다. 또 누구든지 나를 영접하는 사람은 나를 보내신 그분을 영접하는 것이다. 너희 가운데에서 가장 작은 사람이 가장 큰 사람이다." 요한이 물었습니다. "선생님, 저희가 선생님의 이름으로 귀신을 쫓는 사람을 보고 우리와 함께 따르는 사람이 아니라서 못하게 막았습니다." 예수께서 말씀하셨습니다. "그를 막지 마라. 누구든지 너희를 반대하지 않는 사람은 너희를 위하는 사람이다."

사마리아 사람들의 배척

예수께서 승천하실 때가 가까이 오자 예루살렘으로 가실 것을 굳게 결심하셨습니다. 그리고 예수께서는 사람들을 미리 앞서 보내셨습니다. 그들은 가서 예수를 모실 준비를 하려고 사마리아의 한 마을에 들어갔습니다. 그러나 그곳 사람들은 예수를 반기지 않았습니다. 예수께서 예루살렘으로 가시는 길이었기 때문입니다. 제자인 야고보와 요한이 이것을 보고 "주여, 우리가 하늘에서 불을 불러 이 사람들을 멸망시켜 달라고 할까요?"라고 물었습니다. 그러자 예수께서 뒤돌아 그들을 꾸짖으셨습니다. 그러고 나서 그들은 다른 마을로 갔습니다.

예수를 따르는 사람의 대가

그들이 길을 가고 있는데 한 사람이 예수께 말했습니다. "선생님이 가시는 곳이라면 어디든 따라가겠습니다." 예수께서 대답하셨습니다. "여우도 굴이 있고 하늘의 새들도 보금자리가 있지만 인자는 머리 둘 곳조차 없구나." 예수께서 다른 사람에게 말씀하셨습니다. "나를 따라라." 그러자 그 사람이 대답했습니다. "주여, 제가 먼저 가서 아버지의 장례를 치르게 해 주십시오." 예수께서 그에게 말씀하셨습니다. "죽은 사람들에게 죽은 자를 묻게 하고 너는 가서 하나님 나라를 전파하여라." 또 다른 사람이 말했습니다. "주여, 저는 주를 따르겠습니다. 하지만 제가 먼저 가서 가족들에게 작별 인사를 하게 해 주십시오." 예수께서 그에게 대답하셨습니다. "누구든지 쟁기를 잡고 뒤를 돌아보는 사람은 하나님 나라에 적합하지 못하다."

10

예수께서 70명을 파송하시다

그 후 주께서 다른 70명도 세우시고 예수께서 친히 가려고 하신 각 마을과 장소에 둘씩 짝지어 먼저 보내셨습니다. 예수께서 그들에게 말씀하셨습니다. "추수할 것은 많은데 일꾼이 적구나. 그러므로 추수하는 주인께 추수할 밭으로 일꾼들을 보내 달라고 청하라. 이제 가라! 내가 너희를 보내는 것이 마치 양들을 이리 떼에게로 보내는 것 같구나. 지갑도 가방도 신발도 가져가지 말고 가는 길에 아무에게도 인사하지 말라. 어느 집에라도 들어가면 먼저 '이 집에 평화가 있기를 빕니다' 하고 말하라. 그곳에 평화의 사람이 있으면 네 평화가 그 사람에게 머물 것이요, 만약 그렇지 않으면 너희에게 돌아올 것이다. 그 집에 머물면서 그들이 주는 것을 먹고 마시라. 일꾼은 자기 삯을 받는 것이 마땅하다. 이 집 저 집 옮겨 다니지 말라. 어느 마을에 들어가서 너희를 받아들이면 너희 앞에 차려진 음식을 먹으라. 그리고 그곳에 사는 병자들을 고쳐 주고 '하나님 나라가 가까이 왔다'라고 말하라. 그러나 어떤 마을에 들어가든지 사람들이 너희를 환영하지 않으면 거리로 나가 이렇게 말하라. '우리 발에 붙은 너희 마을 먼지도 너희에게 떨어 버리고 간다. 그러나 하나님 나라가 가까이 왔다는 것을 알아야 한다!' 내가 너희에게 말한다. 그날에 소돔이 그 마을보다 견디기 더 쉬울 것이다. 고라신아! 네게 화가 있을 것이다. 벳새다야! 네게 화가 있을 것이다. 너희에게 베푼 기적들이 두로와 시돈에서 나타났다면 그들은 벌써 오래전에 베옷을 입고 재를 뒤집어쓰고 앉아 회개했을 것이다. 그러나 심판 날이 되면 두로와 시돈이 너희보다 견디기 더 쉬울 것이다. 그리고 너 가버나움아! 네가 하늘까지 높아지겠느냐? 아니다. 너는 저 음부에까지 내려갈 것이다! 너희 말을 듣는 사람은 내 말을 듣는 것이요 너희를 배척하는 사람은 나를 배척하는 것이다. 또 나를 배척하는 사람은 나를 보내신 그분을 배척하는 것이다." 70명이 기쁨에 넘쳐 돌아와 말했습니다. "주여, 주의 이름을 대니 귀신들도 우리에게 복종합니다!" 예수께서 말씀하셨습니다. "사탄이 하늘에서 번개처럼 떨어지는 것을 내가 보았다. 보라. 내가 너희에게 뱀과 전갈을 밟고 원수의 모든 능력을 이길 권세를 주었으니 그 어떤 것도 너희를 해치지 못할 것이다. 그러나 귀신들이 복종하는 것을 기뻐하지 말고 너희의 이름들이 하늘에 기록된 것을 기뻐하라." 그때 예수께서 성령으로 기쁨에 넘쳐 말씀하셨습니다. "하늘과 땅의 주인이신 아버지여, 내가 아버지를 찬양합니다. 이 모든 것을 지혜롭고 학식 있는 사람들에게는 감추시고 어린아이들에게는 드러내셨으니 말입니다. 그렇습니다. 아버지여, 이것이 바로 아버지의 은혜로우신 뜻입니다. 내 아버지께서 모든 것을 내게 맡기셨습니다. 아버지 외에는 아들이 누구인지 아는 사람이 없습니다. 아들과 또 아버지를 계시하려고 아들이 택한 사람 외에는 아버지가 누구인지 아는 사람이 없습니다." 그러고 나서 예수께서는 뒤돌아 제자들에게 따로 말씀하셨습니다. "너희가 보는 것을 보는 눈은 복이 있다. 내가 너희에게 말한다. 많은 예언자들과 왕들이 지금 너희가 보는 것을 보고자 했으나 보지 못했고 너희가 지금 듣는 것을 듣고자 했으나 듣지 못했다."

선한 사마리아 사람의 비유

한 율법학자가 일어나 예수를 시험하려고 물었습니다. "선생님, 제가 무엇을 해야 영생을 얻을 수 있습니까?" 예수께서 말씀하셨습니다. "율법에 무엇이라 기록돼 있느냐? 너는 그것을 어떻게 읽고 있느냐?" 율법학자가 대답했습니다. "'네 마음을 다하고 네 목숨을 다하고 네 힘을 다하고 네 뜻을 다해 주 네 하나님을 사랑하라'고 했고, 또 '네 이웃을 네 몸같이 사랑하라'고 했습니다." 예수께서 대답하셨습니다. "네 대답이 옳다. 그대로 행하면 네가 살 것이다." 그런데 이 율법학자는 자신이 옳다는 것을 보이려고 예수께 물었습니다. "그러면 누가 제 이웃입니까?" 예수께서 대답하셨습니다. "한 사람이 예루살렘에서 여리고로 가다가 강도들을 만나게 됐다. 강도들은 그의 옷을 벗기고 때려 거의 죽게 된 채로 내버려 두고 갔다. 마침 한 제사장이 그 길을 내려가는데 그 사람을 보더니 반대쪽으로 지나갔다. 이와 같이 한 레위 사람도 그곳에 이르러 그 사람을 보더니 반대쪽으로 지나갔다. 그러나 어떤 사마리아 사람은 길을 가다가 그 사람이 있는 곳에 이르러 그를 보고 불쌍한 마음이 들어 가까이 다가가 상처에 기름과 포도주를 바르고 싸맸다. 그러고는 그 사람을 자기 짐승에 태워서 여관에 데려가 잘 보살펴 주었다. 이튿날 사마리아 사람은 여관 주인에게 2데나리온을 주며 '저 사람을 잘 돌봐 주시오. 돈이 더 들면 내가 돌아와서 갚겠소'라고 말했다. 너는 이 세 사람 중 누가 강도 만난 사람의 이웃이라고 생각하느냐?" 율법학자가 대답했습니다. "자비를 베푼 사람입니다." 예수께서 그에게 말씀하셨습니다. "너도 가서 이와 같이 하여라."

마르다와 마리아의 집에서

예수께서 제자들과 함께 길을 가다가 한 마을에 이르시니 마르다라는 여인이 예수를 집으로 모셨습니다. 마르다에게는 마리아라는 동생이 있었습니다. 그 동생은 주의 발 앞에 앉아 예수께서 하시는 말씀을 듣고 있었습니다. 그러나 마르다는 여러 가지 접대하는 일로 정신이 없었습니다. 그래서 마르다가 예수께 다가와 말했습니다. "주여, 제 동생이 저한테만 일을 떠맡겼는데 왜 신경도 안 쓰십니까? 저를 좀 거들어 주라고 말씀해 주십시오!" 주께서 대답하셨습니다. "마르다야, 마르다야, 너는 많은 일로 염려하며 정신이 없구나. 그러나 꼭 필요한 것은 한 가지뿐이다. 마리아는 좋은 것을 선택했으니 결코 빼앗기지 않을 것이다."

11 예수께서 기도를 가르치시다

예수께서 어느 한 곳에서 기도하고 계셨는데 기도를 마치시자 제자 중 하나가 말했습니다. "주여, 요한이 자기 제자들에게 기도하는 것을 가르쳐 준 것처럼 주께서도 저희에게 가르쳐 주십시오." 예수께서 제자들에게 말씀하셨습니다. "너희는 이렇게 기도하라. '아버지여, 주의 이름이 거룩히 여김을 받으시며 주의 나라가 임하게 하소서. 날마다 우리에게 필요한 양식을 내려 주시고 우리가 우리에게 빚진 모든 사람을 용서한 것같이 우리 죄도 용서해 주소서. 그리고 우리를 시험에 들지 않게 하소서.'" 그리고 나서 예수께서 말씀하셨습니다. "너희 중 누가 친구가 있는데 한밤중에 그가 찾아와 '친구여, 내게 빵 세 덩이만 빌려 주게. 내 친구가 여행길에 나를 만나러 왔는데 내놓을 게 없어서 그렇다네'라고 할 때 그 사람이 안에서 '귀찮게 하지 말게. 문은 다 잠겼고 나는 아이들과 함께 벌써 잠자리에 들었네. 내가 지금 일어나서 뭘 줄 수가 없네'라고 거절할 수 있겠느냐? 내가 너희에게 말한다. 친구라는 이유만으로는 그가 일어나 빵을 갖다 주지 않을지라도, 끈질기게 졸라 대는 것 때문에는 일어나 필요한 만큼 줄 것이다. 그러므로 내가 너희에게 말한다.

구하라. 그러면 너희에게 주실 것이다. 찾으라. 그리하면 너희가 찾을 것이다. 문을 두드리라. 그러면 너희에게 열릴 것이다. 누구든지 구하는 사람마다 받을 것이요, 찾는 사람마다 찾을 것이요, 두드리는 사람에게 문이 열릴 것이다. 너희 가운데 어떤 아버지가 아들이 생선을 달라는데 뱀을 줄 사람이 있겠느냐? 또 자녀가 달걀을 달라는데 전갈을 줄 아버지가 있겠느냐? 너희가 악할지라도 너희 자녀에게 좋은 것을 줄 줄 알거든 하물며 하늘에 계신 너희 아버지께서 구하는 사람에게 성령을 주시지 않겠느냐?"

예수와 바알세불

예수께서 말 못하는 귀신을 쫓아내고 계셨습니다. 그 귀신이 나오자 말 못하던 사람이 말하게 됐고 사람들은 놀랐습니다. 그러나 그중 어떤 사람이 말했습니다. "예수는 귀신의 왕 바알세불의 힘을 빌려 귀신을 쫓아내는 것이다!" 또 어떤 사람들은 예수를 시험할 속셈으로 하늘의 표적을 보이라고 요구하기도 했습니다. 그러나 예수께서는 그들의 생각을 알고 말씀하셨습니다. "어떤 나라든지 서로 갈라져 싸우면 망하게 되고 가정도 서로 갈라져 싸우면 무너진다. 사탄도 역시 서로 갈라져 싸우면 사탄의 나라가 어떻게 설 수 있겠느냐? 너희는 내가 바알세불의 힘을 빌려 귀신을 내쫓는다고 하니 내가 바알세불의 힘을 빌려 귀신들을 내쫓는다면 너희 아들들은 누구의 힘을 빌려 귀신들을 쫓아내느냐? 그러므로 그들이야말로 너희의 재판관이 될 것이다. 그러나 내가 하나님의 손가락을 힘입어 귀신들을 내쫓는다면 하나님 나라가 이미 너희에게 온 것이다.

힘센 사람이 완전 무장을 하고 집을 지키고 있다면 그 재산은 안전할 것이다. 그러나 힘이 더 센 사람이 공격해 그를 이기면 그가 의지하는 무장을 모두 해제시키고 자기가 노략한 것을 나눠 줄 것이다. 나와 함께하지 않는 사람은 나를 반대하는 사람이고 나와 함께 모으지 않는 사람은 흩어 버리는 사람이다. 한 더러운 영이 어떤 사람에게서 나와 쉴 곳을 찾으려고 물 없는 곳을 돌아다니다가 끝내 찾지 못하고 '내가 전에 나왔던 집으로 다시 돌아가야겠다'고 말했다. 그런데 그곳에 이르러 보니 집이 깨끗하게 청소돼 있고 말끔히 정돈돼 있었다. 그래서 더러운 영은 나가서 자기보다 더 사악한 다른 영들을 일곱이나 데리고 와 그곳에 들어가 산다. 그러면 그 사람의 마지막 상황은 처음보다 훨씬 더 나빠진다." 예수께서 이런 말씀을 하고 계실 때 사람들 사이에서 한 여인이 소리쳤습니다. "선생님을 낳아 젖 먹이며 기르신 어머니는 정말 복 있는 분입니다!" 예수께서 대답하셨습니다. "정말 복 있는 사람들은 하나님의 말씀을 듣고 지키는 사람들이다."

요나의 표적

사람들이 점점 불어나자 예수께서 말씀하시기 시작하셨습니다. "이 세대는 악한 세대다. 그들은 표적을 구하지만 요나의 표적 외에는 어떤 표적도 받지 못할 것이다. 요나가 니느웨 사람들에게 표적이 된 것과 같이 인자도 이 세대에게 표적이 될 것이다. 심판 때에 남쪽 나라의 여왕이 이 세대 사람들과 함께 일어나 그들을 정죄할 것이다. 그 여왕은 솔로몬의 지혜를 듣기 위해 땅끝에서 왔기 때문이다. 그러나 보라. 솔로몬보다 더 큰 이가 여기 있다. 심판 때에 니느웨 사람들은 이 세대 사람들과 함께 일어나 이 세대들을 정죄할 것이다. 그들은 요나의 선포를 듣고 회개했기 때문이다. 그러나 요나보다 더 큰 이가 여기 있다.

몸의 등불

등불을 켜서 은밀한 장소에 두거나 그릇으로 덮어 두는 사람은 없다. 오직 등불은 들어오는 사람들이 볼 수 있도록 등잔대 위에 얹어 두는 법이다. 네 눈은 네 몸의 등불이다. 눈이 좋으면 너희 온몸도 밝을 것이다. 그러나 눈이 나쁘면 몸도 어두울 것이다. 그러므로 네 안에 있는 빛이 어둡지 않은가 보라. 만약 너희 온몸이 빛으로 가득하고 어두운 부분이 하나도 없으면 마치 등불이 너희를 환하게 비출 때처럼 너희 몸도 온전히 빛날 것이다."

바리새파 사람들과 율법학자들에게 화가 있도다

예수께서 말씀하실 때 바리새파 한 사람이 자기 집에서 잡수시기를 청하자 예수께서 안으로 들어가 식탁에 기대어 앉으셨습니다. 그런데 그 바리새파 사람은 예수께서 음식을 들기 전에 손을 씻지 않으시는 것을 보고 놀랐습니다. 그러자 주께서 그에게 말씀하셨습니다. "너희 바리새파 사람들은 잔과 접시의 겉은 깨끗이 닦지만 너희 속에는 욕심과 사악함이 가득 차 있다. 너희 어리석은 사람들아! 겉을 만든 분이 속도 만들지 않으셨느냐? 그 속에 있는 것으로 자비를 베풀라. 그러면 모든 것이 너희에게 깨끗해질 것이다. 너희 바리새파 사람들에게 화가 있을 것이다! 너희는 박하와 운향과 온갖 채소들의 십일조를 하나님께 바치면서 정작 공의와 하나님의 사랑은 무시해 버리는구나. 그런 것들도 행해야 하지만 이런 것들도 소홀히 해서는 안 된다. 너희 바리새파 사람들에게 화가 있을 것이다! 너희는 회당에서 높은 자리에 앉기 좋아하고 시장에서 인사받기 좋아하는구나. 너희에게 화가 있을 것이다! 너희는 드러나지 않는 무덤 같아서 사람들이 밟고 다니나 무덤인 줄 모른다." 한 율법학자가 예수께 말했습니다. "선생님, 선생님께서 이렇게 말씀하시면 저희까지 모욕하는 것입니다." 예수께서 대답하셨습니다. "너희 율법학자들에게도 화가 있을 것이다! 너희는 백성들에게 지기 힘든 어려운 짐을 지우면서 너희 자신은 손가락 하나도 까딱하려 하지 않는구나. 너희에게 화가 있을 것이다! 너희가 예언자들의 무덤을 만들고 있다. 바로 너희 조상들이 그 예언자들을 죽인 사람들이었다. 그래서 너희는 너희 조상들이 저지른 일을 인정하고 찬동하는 것이다. 그들은 예언자들을 죽였고 너희는 그 예언자들의 무덤을 만들기 때문이다. 그러므로 하나님의 지혜도 말씀하셨다. '내가 그들에게 예언자들과 사도들을 보낼 것이다. 사람들이 그들 중 일부는 죽이고 일부는 핍박할 것이다.' 그러므로 이 세대는 세상이 시작된 이래로 흘린 모든 예언자의 피에 대해 책임져야 할 것이다. 아벨의 피부터 제단과 성소 사이에서 죽임을 당한 사가랴의 피까지 말이다. 그렇다. 나는 너희에게 말한다. 이 세대가 책임져야 할 것이다. 너희 율법학자들에게 화가 있을 것이다! 너희는 지식의 열쇠를 가로채 너희 자신들도 들어가려고 하지 않고 들어가려고 하는 다른 사람들도 막았다." 예수께서 그곳에서 나오실 때 바리새파 사람들과 율법 학자들은 예수를 격렬하게 적대시하며 여러 가지 질문으로 몰아붙이기 시작했습니다. 그들은 예수께서 말씀하시는 것에 트집을 잡으려고 애썼습니다.

12 경고와 격려

그러는 동안 수천 명의 사람들이 모여들어 서로 밟힐 지경이 됐습니다. 예수께서 먼저 제자들에게 말씀을 시작하셨습니다. "바리새파 사람들의 누룩을 조심하라. 그들의 행위는 위선이다. 감추어진 것이 드러나지 않을 것이 없고 숨겨진 것이 알려지지 않을 것이 없다. 너희가 어둠 속에서 말한 것이 대낮에 들릴 것이고 골방에서 속삭인 것이 지붕 위에서 선포될 것이다. 내 친구들아, 너희에게 내가 말한다. 너희 몸은 죽일 수 있어도 그 후 더 이상 어떻게 할 수 없는 사람들을 두려워하지 말라. 너희가 두려워해야 할 분을 내가 보여 주겠다. 몸을 죽인 후에 지옥에 던질 권세를 가진 그분을 두려워하라. 그렇다. 내가 너희에게 말한다. 그분을 두려워하라. 참새 다섯 마리가 2앗사리온에 팔리지 않느냐? 그러나 하나님께서는 그중 참새 한 마리까지도 잊지 않으신다. 하나님께서는 진정 너희 머리카락까지도 다 세시는 분이다. 두려워하지 말라. 너희는 많은 참새들보다 더 귀하다. 내가 너희에게 말한다. 누구든지 사람들 앞에서 나를 시인하면 인자도 하나님의 천사들 앞에서 그를 시인할 것이다. 그러나 사람들 앞에서 나를 부인하는 사람은 나도 하나님의 천사들 앞에서 그를 부인할 것이다. 누구든지 인자를 욕하는 사람은 용서받겠지만 성령을 모독하는 말을 한 사람은 용서받지 못한다. 회당이나 지도자들이나 권세 있는 자들 앞에 끌려가게 되더라도 스스로 어떻게 대답할까, 무슨 말을 할까 염려하지 말라. 성령께서 그때 네가 무슨 말을 해야 할지 가르쳐 주실 것이다."

어리석은 부자의 비유

사람들 중에서 어떤 사람이 예수께 말했습니다. "선생님, 제 형제에게 유산을 저와 나누라고 말씀해 주십시오." 예수께서 대답하셨습니다. "이 사람아, 누가 나를 너희 재판관이나 분배인으로 세웠느냐?" 그러고는 사람들에게 말씀하셨습니다. "너희는 조심해서 모든 탐욕을 삼가라! 사람의 생명이 그 재산의 넉넉함에 있는 것이 아니다." 그러고 나서 그들에게 한 비유를 말씀하셨습니다. "한 부자가 수확이 잘되는 땅을 가지고 있었는데 그가 혼자서 '어떻게 할까? 내 곡식을 쌓아 둘 곳이 없구나' 하고 생각했다. 그리고 말했다. '이렇게 해야겠다. 지금 있는 창고를 부수고 더 크게 지어 내 모든 곡식과 물건을 거기에 쌓아 두어야겠다. 그러고 나서 내 영혼에게 말하겠다. 영혼아, 여러 해 동안 쓸 물건을 많이 쌓아 두었으니 편히 쉬고 먹고 마시고 즐겨라.' 그러나 하나님께서 그에게 말씀하셨다. '이 어리석은 사람아! 오늘 밤 네 영혼을 네게서 찾을 것이다. 그러면 네가 너를 위해 장만한 것들을 다 누가 갖게 되겠느냐?' 자기를 위해 재물을 쌓아 두면서도 하나님께 대해 부요하지 못한 사람은 이와 같다."

걱정하지 말라

예수께서 제자들에게 말씀하셨습니다. "그러므로 내가 너희에게 말한다. 네 목숨을 위해 무엇을 먹을까, 네 몸을 위해 무엇을 입을까 걱정하지 말라. 목숨이 음식보다 중요하고 몸이 옷보다 중요한 것이다. 까마귀들을 생각해 보라. 심지도 거두지도 않고 창고도 곳간도 없지만 하나님께서 그것들을 먹이신다. 그런데 너희는 새들보다 얼마나 더 귀하냐? 너희 중 누가 걱정한다고 해서 자기 목숨을 조금이라도 더 연장할 수 있겠느냐? 너희가 이렇게 작은 일도 제대로 못하면서 왜 다른 일들을 걱정하느냐? 백합꽃이 어떻게 자라는지 생각해 보라. 일하거나 옷감을 짜지도 않는다. 그러나 내가 너희에게 말한다. 그 모든 영화를 누렸던 솔로몬도 이 꽃 하나만큼 차려입지 못했다. 오늘은 여기 있지만 내일은 불 속에 던져질 들풀들도 하나님이 그렇게 입히시는데 하물며 너희는 얼마나 더 잘 입히시겠느냐? 믿음이 적은 사람들아! 그러니 무엇을 먹을까, 무엇을 마실까 찾지도 말고 걱정하지도 말라. 이런 것들은 다 세상 사람들이 추구하는 것이다. 아버지께서는 너희에게 이것들이 필요하다는 것을 아신다. 그러므로 너희는 오직 그분의 나라를 구하라. 그리하면 이런 것들을 너희에게 더해 주실 것이다. 두려워하지 말라, 적은 무리여, 너희 아버지께서 그 나라를 너희에게 주기를 기뻐하신다. 너희 소유를 팔아 자선을 베풀라. 너희는 자신을 위해 닳지 않는 지갑을 만들어 없어지지 않는 재물을 하늘에 쌓아 두라. 그곳에는 도둑이 들거나 좀먹는 일이 없을 것이다. 너희 재물이 있는 곳에 마음도 가는 법이다.

깨어 준비하고 있으라

항상 허리에 띠를 두르고 등불을 켜 놓고 있어야 한다. 마치 주인이 결혼 잔치에서 돌아와 문을 두드릴 때 곧 열어 주려고 대기하고 있는 사람들과 같이 되라. 주인이 돌아와서 종들이 깨어 있는 것을 보면 그 종들은 복이 있을 것이다. 내가 진실로 너희에게 말한다. 그 주인은 허리에 띠를 두르고 그 종들을 식탁에 앉힌 다음 곁에 와서 시중을 들 것이다. 만약 주인이 한밤중이나 새벽에 오더라도 깨어 있는 종들을 본다면 그 종들은 복이 있을 것이다. 너희는 이것을 알라. 만약 집에 도둑이 언제 들지 알았더라면 집주인은 도둑이 집에 들어오지 못하게 할 것이다. 그러므로 너희도 준비하고 있어야 한다. 인자가 생각지도 않을 때 올 것이기 때문이다." 베드로가 물었습니다. "주여, 이 비유를 저희에게 하신 것입니까, 아니면 모든 사람에게 하신 것입니까?" 주께서 대답하셨습니다. "누가 신실하고 지혜로운 종이겠느냐? 주인이 자기 종들을 맡기고 제때 양식을 나눠 줄 일꾼이 누구겠느냐? 주인이 돌아와 종이 시킨 대로 일하는 것을 본다면 그 종은 복이 있을 것이다. 내가 진실로 너희에게 말한다. 주인은 그 종에게 자신의 모든 재산을 맡길 것이다. 그러나 그 종이 '주인님이 오시려면 한참 멀었다'라는 생각에 남녀종들을 때리며 먹고 마시고 취해 버린다고 하자. 그 종의 주인은 종이 생각지도 못한 날, 그가 알지 못하는 시각에 돌아와서 그를 몹시 때린 뒤 믿지 않는 자들과 함께 둘 것이다. 주인의 뜻을 알고도 준비하지 않거나 그 뜻대로 하지 않은 종은 매를 많이 맞을 것이다. 그러나 알지 못하고 매 맞을 일을 한 종은 적게 매를 맞을 것이다. 많이 받은 사람에게는 많은 것을 요구하시고 많은 일을 맡은 사람에게는 많은 것을 물으실 것이다.

평화가 아니라 분열을 일으키러 왔다

내가 세상에 불을 지르러 왔는데 이미 그 불이 붙었으면 내가 무엇을 더 바라겠느냐? 그러나 나는 받아야 할 세례가 있다. 이 일이 이루어질 때까지 내가 얼마나 괴로움을 당할는지 모른다. 내가 세상에 평화를 주러 왔다고 생각하느냐? 내가 너희에게 말한다. 아니다. 오히려 분열을 일으키러 왔다. 이제부터 한 집안에서 다섯 식구가 서로 갈라져 셋이 둘과 싸우고 둘이 셋과 싸울 것이다. 그들은 갈라져 부자간에, 모녀간에, 고부간에 서로 대립할 것이다."

시대를 분간하라

예수께서 사람들에게 말씀하셨습니다. "너희는 구름이 서쪽에서 일어나는 것을 보면 즉시 '폭풍우가 오겠구나'라고 말한다. 그리고 그렇게 된다. 바람이 남쪽에서 불면 '날씨가 덥겠구나'라고 한다. 그리고 그렇게 된다. 위선자들아! 너희가 땅과 하늘의 기상은 분간할 줄 알면서 어떻게 지금 이 시대는 분간할 줄 모르느냐? 어찌해서 너희는 무엇이 옳은지 스스로 판단하지 못하느냐? 너를 고소하는 사람과 함께 관원에게 가게 되거든 너는 도중에 그 사람과 화해하도록 최선을 다하여라. 그러지 않으면 그가 너를 재판관에게 끌어가고, 재판관은 너를 형무소 관리에게 넘기고, 형무소 관리는 너를 감옥에 가둘지 모른다. 내가 너희에게 말한다. 너희가 마지막 1렙돈

까지 다 갚기 전에는 그곳에서 나올 수 없을 것이다."

13 회개하지 아니하면 멸망하리라

바로 그때 몇몇 사람들이 와서 빌라도가 갈릴리 사람들의 피를 그의 희생제물과 섞었다는 소식을 예수께 전했습니다. 예수께서 대답하셨습니다. "그 갈릴리 사람들이 다른 모든 갈릴리 사람들보다 더 악한 죄인이어서 이런 변을 당했다고 생각하느냐? 그렇지 않다. 내가 너희에게 말한다. 너희도 회개하지 않으면 모두 멸망할 것이다. 또 실로암에서 탑이 무너져 죽은 18명은 어떠하냐? 다른 모든 예루살렘 사람들보다 그들이 죄를 더 많이 지었다고 생각하느냐? 그렇지 않다. 내가 너희에게 말한다. 너희도 회개하지 않으면 모두 멸망할 것이다." 예수께서 이런 비유를 말씀하셨습니다. "어떤 사람이 포도원에 무화과나무를 한 그루 심었다. 그는 열매가 열렸을까 해서 가 보았지만 하나도 보이지 않았다. 그래서 그는 포도원지기에게 말했다. '이 무화과나무에 열매가 있는지 보려고 3년 동안이나 와 보았건만 하나도 없으니 나무를 베어 버려라. 무엇 때문에 땅만 버리겠느냐?' 그러자 그 종이 대답했다. '주인님, 한 해만 그냥 두십시오. 그러면 제가 그 둘레를 파고 거름을 주겠습니다. 혹 내년에 열매가 열릴지도 모릅니다. 그렇지 않으면 그때 베어 버리십시오.'"

안식일에 허리가 굽은 여인을 고치시다

예수께서 안식일에 한 회당에서 가르치고 계셨습니다. 거기에는 18년 동안 병을 일으키는 영에게 시달리고 있는 여인이 있었습니다. 그 여인은 허리가 굽어 똑바로 설 수가 없었습니다. 예수께서 그 여인을 보고 앞으로 불러내 말씀하셨습니다. "여인아, 네가 병에서 해방됐다!" 그리고 예수께서 여인에게 손을 얹으셨습니다. 그러자 여인은 허리를 쭉 펴고 일어서서 하나님께 영광을 돌렸습니다. 예수께서 안식일에 병을 고치신 것에 화가 난 회당장이 사람들에게 말했습니다. "일할 날은 엿새나 있소. 그러니 그날에 와서 병을 고치고 안식일에는 하지 마시오." 주께서 그에게 대답했습니다. "이 위선자들아! 너희가 각각 안식일에 황소나 나귀를 외양간에서 풀어 내끌고 나가 물을 먹이지 않느냐? 그렇다면 아브라함의 딸인 이 여인이 18년 동안이나 사탄에게 매여 있었으니 안식일에 이 매임에서 풀어 주는 것이 당연하지 않느냐?" 예수께서 이렇게 말씀하시자 그를 반대하던 사람들이 모두 부끄러워했습니다. 반면에 다른 사람들은 모두 예수께서 행하신 모든 영광스러운 일을 보고 기뻐했습니다.

겨자씨와 누룩의 비유

예수께서 말씀하셨습니다. "하나님 나라는 무엇과 같은가? 그것을 무엇에 비교할 수 있을까? 그것은 누군가 가져다 자기 밭에 심은 겨자씨와 같다. 그 씨가 자라서 나무가 되면 공중의 새들이 날아와 그 가지에 둥지를 튼다." 예수께서 다시 말씀하셨습니다. "하나님 나라를 무엇에 비교할 수 있을까? 그것은 누룩과 같다. 어떤 여자가 가져다 가루 3사톤에 섞었더니 결국 온통 부풀어 올랐다."

좁은 문

예수께서는 예루살렘으로 가는 길에 여러 마을과 동네를 거치며 말씀을 가르치셨습니다. 어떤 사람이 예수께 물었습니다. "주여, 구원받을 사람이 적습니까?" 예수께서 그들에게 말씀하셨습니다. "너희는 좁은 문으로 들어가기 위해 힘쓰라. 내가 너희에게 말한다. 많은 사람들이 그곳에 들어가려 하겠지만 들어가지 못할 것이다. 집주인이 일어나 문을 닫아 버리면 너희는 밖에 서서 문을 두드리면서 '주인님, 문을 열어 주십시오'라고 말할 것이다. 그러나 주인은 '너희가 어디서 왔는지 나는 모른다'라고 대답할 것이다. 그러면 너희는 '저희가 주인님 앞에서 먹고 마셨고, 또 주인님은 우리 동네 거리에서 가르치셨습니다'라고 할 것이다. 그러나 주인은 '너희가 어디서 왔는지 나는 모른다. 불의를 행하는 모든 자들아, 내게서 물러가라'라고 할 것이다. 아브라함과 이삭과 야곱과 모든 예언자들이 하나님 나라에 있고 너희 자신은 정작 밖으로 내쳐진 것을 볼 때 너희는 거기서 슬피 울며 이를 갈 것이다. 사람들이 동서남북 사방에서 와서 하나님 나라의 잔치 자리에 앉을 것이다. 보라. 나중에 시작했으나 먼저 될 사람이 있고 먼저 시작했으나 나중 될 사람이 있다."

예수께서 예루살렘으로 인하여 슬퍼하시다

그때 몇몇 바리새파 사람들이 예수께 와서 말했습니다. "여기서 떠나 다른 곳으로 가십시오. 헤롯이 당신을 죽이려 합니다!" 예수께서 말씀하셨습니다. "그 여우에게 가서 말하라. '오늘과 내일은 내가 귀신을 쫓아내고 사람들을 고쳐 줄 것이다. 그리고 셋째 날이 되면 내 뜻을 이루리라.' 그러나 오늘과 내일 그리고 그다음 날에도 나는 마땅히 내 갈 길을 가야 한다. 예언자는 예루살렘 밖에서 죽을 수 없는 법이다. 오 예루살렘아! 예루살렘아! 네가 예언자들을 죽이고 네게 보낸 사람들을 돌로 치는구나. 암탉이 제 새끼를 날개 아래에 품듯이 내가 얼마나 너희 자녀들을 모으려고 했더냐? 그러나 너희가 원하지 않았다! 보라! 이제 너희의 집은 황폐한 채로 남을 것이다. 내가 너희에게 말한다. 너희가 '주의 이름으로 오시는 그분은 복이 있다'라고 말할 때까지 너희가 다시는 나를 보지 못할 것이다."

14 바리새파 지도자의 집에서의 예수

안식일에 예수께서는 음식을 잡수시러 한 바리새파 지도자의 집으로 들어가셨습니다. 그때 사람들은 예수를 가까이에서 지켜보고 있었습니다. 예수 앞에는 수종병 환자가 있었습니다. 예수께서 바리새파 사람들과 율법학자들에게 물으셨습니다. "안식일에 병을 고치는 것이 옳으냐, 옳지 않으냐?" 그러나 사람들은 입을 다물고 있었습니다. 그러자 예수께서 그 사람을 데려다가 병을 고쳐 주고는 돌려보내셨습니다. 그러고 나서 예수께서 그들에게 물으셨습니다. "너희 중 누구든지 자기 아들이나 소가 우물에 빠지면 안식일이라도 당장 끌어내지 않겠느냐?" 사람들은 아무 대답도 할 수 없었습니다. 예수께서 초대받은 손님들이 윗자리를 고르는 것을 보시고 초대받은 사람들에게 이런 비유를 들려주셨습니다. "결혼 잔치에 초대받으면 윗자리에 앉지 마라. 혹시 너보다 더 높은 사람이 초대받았을지 모른다. 만약 그렇다면 너와 그 사람을 모두 초대한 그 주인이 다가와 '이분에게 자리를 내 드리십시오'라고 할 것이다. 그러면 너는 부끄러워하면서 끝자리로 내려가 앉게 될 것이다. 그러므로 초대받으면 끝자리에 가서 앉아라. 그러면 주인이 와서 '친구여, 이리 올라와 더 나은 자리에 앉으시오'라고 할 것이다. 그렇게 되면 다른 모든 손님들 앞에서 네가 높아질 것이다. 자기를 높이는 사람은 낮아지고 자기를 낮추는 사람은 높아질 것이다." 그때 예수께서는 초대한 주인에게 말씀하셨습니다. "점심이나 저녁을 베풀 때 친구나 형제나 친척이나 부유한 이웃을 초대하지 마라. 그렇게 하면 그들이 너희를 다시 초대해 갚을 수 있기 때문이다. 오히려 잔치를 베풀 때는 가난한 사람들과 지체에 장애가 있는 사람들과 다리 저는 사람들과 보지 못하는 사람들을 초대하여라. 그리하면 네가 복받을 것이다. 그들이 네게 갚을 것이 없기 때문이다. 의인들이 부활할 때 네가 갚음을 받을 것이다."

큰 잔치의 비유

예수와 함께 식탁에 앉은 사람들 중 하나가 이 말씀을 듣고 예수께 말했습니다. "하나님 나라에서 먹는 사람은 복이 있습니다." 예수께서 대답하셨습니다. "어떤 사람이 큰 잔치를 준비하고 손님들을 많이 초대했다. 잔치가 시작되자 그는 종을 보내 자기가 초대한 사람들에게 '이제 준비가 다 됐으니 오십시오'라고 했다. 그러나 그들은 한결같이 핑계를 대기 시작했다. 어떤 사람은 '내가 이제 막 밭을 샀는데 좀 가 봐야겠습니다. 부디 양해해 주십시오'라고 했고 다른 사람은 '내가 황소 다섯 쌍을 샀는데 어떤지 가 보는 길입니다. 부디 양해해 주십시오'라고 했다. 또 다른 사람도 '내가 결혼을 해서 갈 수가 없습니다'라고 했다. 그 종이 돌아와 주인에게 그대로 전했다. 그러자 그 집주인은 화가 나 종에게 명령했다. '당장 길거리와 골목으로 나가 가난한 사람들과 지체에 장애가 있는 사람들과 보지 못하는 사람들과 걷지 못하는 사람들을 데려오너라.' 종이 말했다. '주인님, 분부대로 했습니다만 아직도 자리가 남아 있습니다.' 그러자 주인이 종에게 말했다. '큰길과 산울타리로 나가서 사람들을 데려다 내 집을 채워라.' 내가 너희에게 말한다. 처음에 초대받은 사람들은 한 명도 내 잔치를 맛보지 못할 것이다."

제자가 되는 사람의 대가

큰 무리가 예수와 함께 길을 가고 있었는데 예수께서 뒤돌아서서 그들에게 말씀하셨습니다. "누구든지 내게 오면서 자기 부모와 아내와 자식과 형제 혹은 자매와 자기 생명일지라도 나보다 더 사랑하면 내 제자가 될 수 없다. 누구든지 자기 십자가를 지지 않고 나를 따르는 사람은 내 제자가 될 수 없다. 너희 중 어떤 사람이 탑을 세우려 한다고 하자. 그러면 먼저 자리에 앉아 완공할 때까지 어느 정도 비용이 드는지 계산해 보지 않겠느냐? 만약 기초만 잘 닦아 놓고 일을 마칠 수 없다면 보는 사람마다 비웃으며 말할 것이다.

'이 사람이 짓기를 시작만 하고 끝내지는 못했구나.' 또 어떤 왕이 다른 나라 왕과 전쟁하러 나간다고 하자. 그가 먼저 자리에 앉아 1만 명의 군사로 2만 명의 군사를 이끌고 오는 왕을 대항할 수 있을지 생각해 보지 않겠느냐? 만약 승산이 없다면 그가 아직 멀리 있을 때 사신을 보내 화친을 청할 것이다. 이와 같이 너희 가운데 누구든지 자기 소유를 다 포기하지 않으면 내 제자가 될 수 없다. 소금은 좋은 것이다. 그러나 소금이 짠맛을 잃으면 무엇으로 다시 짜게 하겠느냐? 그것은 땅에도 거름에도 쓸모가 없어 밖에 내버려진다. 귀 있는 사람은 들으라."

15 잃은 양의 비유

세리들과 죄인들이 모두 예수의 말씀을 듣기 위해 모여들었습니다. 그러자 바리새파 사람들과 율법학자들이 크게 웅성거리기 시작했습니다. "이 사람이 죄인들을 맞아들여 그들과 함께 음식을 먹는다." 그러자 예수께서 그들에게 이런 비유를 들려주셨습니다. "너희 중 누가 100마리의 양을 가지고 있었는데 그중 한 마리를 잃어버렸다고 하자. 그러면 99마리의 양을 들판에 두고 그 잃어버린 양 한 마리를 찾을 때까지 찾아다니지 않겠느냐? 그리고 양을 찾게 되면 기뻐하며 양을 어깨에 메고 집에 와서 친구들과 이웃을 불러 모아 '나와 함께 기뻐해 주십시오. 잃어버린 내 양을 찾았습니다'라고 할 것이다. 내가 너희에게 말한다. 이와 같이 하늘에서는 회개할 필요 없는 의인 99명보다 회개하는 죄인 한 명을 두고 더 기뻐할 것이다.

잃은 드라크마의 비유

어떤 여자가 열 개의 드라크마 동전을 가지고 있다가 그중 하나를 잃어버렸다고 하자. 여인이 등불을 켜고 집 안을 쓸며 동전을 찾을 때까지 샅샅이 뒤지지 않겠느냐? 그리고 동전을 찾게 되면 친구들과 이웃을 불러 모아 '나와 함께 기뻐해 주십시오. 내가 잃어버린 동전을 찾았습니다'라고 할 것이다. 내가 너희에게 말한다. 이와 같이 회개하는 죄인 한 사람을 두고 하나님의 천사들이 기뻐할 것이다."

잃은 아들의 비유

예수께서 말씀하셨습니다. "어떤 사람에게 두 아들이 있었다. 작은 아들이 아버지에게 말했다. '아버지, 재산 중에서 제가 받을 몫을 주십시오.' 그래서 아버지는 두 아들에게 살림을 나눠 주었다. 며칠 뒤 작은아들은 자기가 가진 것을 모두 챙겨서 멀리 다른 나라로 떠났다. 그러고는 거기서 방탕하게 살면서 그 재산을 낭비했다. 그가 모든 것을 탕진했을 때 그 나라 전역에 심한 흉년이 들어 형편이 어려워지기 시작했다. 그래서 그는 그 나라 사람에게 일자리를 얻었는데 그 사람은 그를 들판으로 내보내 돼지를 치게 했다. 그는 돼지가 먹는 쥐엄나무 열매로라도 배를 채우고 싶었지만 그것마저 주는 사람이 없었다. 그제야 제정신이 들어서 말했다. '내 아버지 집에는 양식이 풍부해서 일꾼들이 먹고도 남는데 나는 여기서 굶어 죽는구나! 내가 일어나 아버지에게 돌아가 말해야겠다. 아버지, 제가 하늘과 아버지께 죄를 지었습니다. 저는 더 이상 아버지의 아들이라 불릴 자격이 없으니 그저 하나의 일꾼으로나 삼아 주십시오.' 그러고서 아들은 일어나 아버지에게로 갔다. 아들이 아직 멀리 있는데 그 아버지는 아들을 보고 불쌍히 여겨 아들에게 달려가 그의 목을 껴안고 입을 맞췄다. 아들이 아버지에게 말했다. '아버지, 제가 하늘과 아버지께 죄를 지었습니다. 이제 아들이라고 불릴 자격도 없습니다.' 그러나 아버지는 종들에게 말했다. '어서 가장 좋은 옷을 가져와 이 아이에게 입혀라. 손가락에 반지를 끼우고 발에 신을 신겨라. 살진 송아지를 끌어다 잡아라. 잔치를 벌이고 즐기자. 내 아들이 죽었다가 다시 살아났다. 이 아들을 잃었다가 이제 찾았다.' 이렇게 그들은 잔치를 벌이기 시작했다. 그런데 큰아들은 들에 나가 있었다. 그가 집 가까이에 이르렀을 때 음악과 춤추는 소리가 들렸다. 그래서 하인 하나를 불러 무슨 일인지 물어 보았다. 하인이 대답했다. '동생이 왔습니다. 동생이 건강하게 무사히 돌아와서 주인 어른께서 살진 송아지를 잡으셨습니다.' 큰아들은 화가 나서 들어가려 하지 않았다. 그러자 아버지가 나와 그를 달랬다. 그러자 큰아들이 아버지에게 이렇게 말했다. '보십시오! 저는 여러 해 동안 아버지를 위해 종노릇하고 무슨 말씀이든 어긴 적이 없습니다. 그런데 제게는 친구들과 함께 즐기라며 염소 새끼 한 마리도 주시지 않았습니다. 그런데 창녀와 함께 아버지의 재산을 탕진한 아들이 집에 돌아오니까 아버지는 그를 위해 살진 송아지를 잡으셨습니다.' 아버지가 말했다. '얘야, 너는 항상 나와 함께 있지 않느냐? 또 내가 가진 모든 것이 다 네 것이다. 그러나 네 동생은 죽었다가 다시 살아났고 내가 그를 잃었다가 찾았으니 우리가 잔치를 벌이며 기뻐하는 것이 당연하다.'"

16 불의한 청지기의 비유

예수께서 제자들에게 말씀하셨습니다. "어떤 부자가 있었는데 그 집 청지기가 주인의 재산을 낭비하고 있다는 소문이 들렸다. 그래서 주인이 청지기를 불러들여 물었다. '자네에 대해 들리는 말이 있는데 이게 어찌된 일인가? 장부를 정리하게. 이제부터 자네는 내 청지기가 될 수 없네.' 청지기는 속으로 생각했다. '주인이 내게서 일자리를 빼앗으려 하는데 내가 무얼 할 수 있을까? 땅을 파자니 힘에 부치고 빌어먹자니 창피하구나. 내가 무얼 할 수 있는지 알겠다. 내가 청지기 자리를 잃을 때 사람들이 나를 자기 집으로 맞아들이도록 해야겠다.' 그래서 그는 자기 주인에게 빚진 사람들을 하나씩 불러들였다. 그가 첫 번째 사람에게 물었다. '당신이 우리 주인에게 진 빚이 얼마요?' 그 사람은 '올리브기름 100바투스를 꾸었습니다'라고 대답했다. 청지기가 말했다. '당신의 빚 증서요. 어서 앉아서 50바투스라 적으시오.' 그리고 나서 청지기는 다른 사람에게 물었다. '당신의 빚은 얼마요?' 그 사람은 '밀 100코루스입니다'라고 대답했다. 청지기가 말했다. '당신의 빚 문서를 받아서 80코루스라 적으시오.' 주인은 불의한 청지기의 약삭빠른 행동을 보고 오히려 칭찬했다. 이 세상의 자녀들이 자기들끼리 거래하는 데는 빛의 자녀들보다 더 약삭빠르다. 내가 너희에게 말한다. 불의한 재물로 너희를 위해 친구를 사귀라. 그래서 재물이 다 없어질 때 그들이 너희를 영원한 장막으로 환영하게 하라. 누구든지 적은 일에 충성하는 사람은 많은 일에도 충성할 것이요, 누구든지 적은 일에 불의한 사람은 많은 일에도 불의할 것이다. 그러니 불의한 재물을 다루는 데 충실하지 못했다면 누가 참된 재물을 너희에게 맡기겠느냐? 또 너희가 남의 재산을 다루는 데 충실하지 못했다면 누가 너희에게 너희 몫의 재산을 주겠느냐? 한 종이 두 주인을 섬기지 못한다. 이 주인은 미워하고 저 주인을 사랑하든가, 저 주인에게 헌신하고 이 주인은 무시하든가 할 것이다. 너희가 하나님과 재물을 동시에 섬길 수 없다." 돈을 좋아하는 바리새파 사람들이 이 모든 것을 듣고 예수를 비웃었습니다. 예수께서 그들에게 말씀하셨습니다. "너희가 사람의 눈앞에서 스스로 의롭다고 하지만 하나님은 너희 마음을 다 아신다. 사람들 중에 높임을 받는 것은 하나님 앞에 미움을 받는 것이다.

부가적인 가르침들

율법과 예언자들의 시대는 요한의 때까지다. 그 후부터는 하나님 나라의 복음이 전파되며 모든 사람이 그 나라 안으로 침략해 들어가고 있다. 하늘과 땅이 사라지는 것이 율법에서 한 획이 떨어져 나가는 것보다 쉽다. 누구든지 남자가 자기 아내와 이혼하고 다른 여자와 결혼하면 간음하는 것이다. 그리고 이혼한 여자와 결혼하는 남자도 간음하는 것이다.

부자와 나사로

어떤 부자가 있었는데 그는 항상 자색 옷과 고운 베옷을 입고 날마다 즐기며 사치스럽게 살았다. 그 집 대문 앞에는 나사로라는 거지가 상처투성이 몸으로 있었다. 그는 부자의 상에서 떨어지는 부스러기로 배를 채우려고 했다. 그런데 심지어는 개들마저 와서 그 상처를 핥았다. 나중에 그 거지가 죽자 천사들이 그를 아브라함의 품으로 데려갔다. 그 부자도 죽어서 땅에 묻혔다. 부자는 지옥에서 고통을 당하고 있었는데 고개를 들어 보니 저 멀리 아브라함과 그의 품에 있는 나사로가 보였다. 그가 아브라함에게 외쳤다. '조상 아브라함이여, 저를 불쌍히 여겨 주십시오. 나사로를 보내 그 손가락 끝에 물 한 방울 찍어서 제 혀를 시원하게 해 주십시오. 제가 지금 이 불 속에서 고통을 당하고 있습니다.' 그러자 아브라함이 대답했다. '얘야, 네가 살아 있을 때를 기억해 보아라. 네가 온갖 좋은 것을 다 받는 동안 나사로는 온갖 나쁜 것만 다 겪었다. 그러나 지금은 그가 여기서 위로를 받고 너는 고통을 받는다. 이뿐 아니라 너희와 우리 사이에는 커다란 틈이 있어 여기서 너희 쪽으로 건너가고 싶어도 갈 수가 없고 거기서도 우리 쪽으로 건너올 수가 없다.' 부자가 대답했다. '그렇다면 제발 부탁입니다. 나사로를 저희 아버지 집으로 보내 주십시오. 제게 다섯 형제가 있으니 그들이 이 고통스러운 곳으로 오지 않도록 나사로가 가서 경고하게 해 주십시오.' 아브라함이 대답했다. '그들에게는 모세와 예언자들이 있으니 그들의 말을 들으면 될 것이다.' 부자가 말했다. '아닙니다. 조상 아브라함이여, 누군가 죽었던 사람이 가야만 그들이 회개할 것입니다.' 아브라함이 그에게 말했다. '그들이 모세와 예언자들의 말을 듣지 않는다면 비록 죽은 사람들 가운데 누가 살아난다 해도 그들은 믿지 않을 것이다.'"

17 죄, 믿음, 의무

예수께서 제자들에게 말씀하셨습니다. "죄짓게 하는 일이 언제나 있게 마련이지만 죄짓게 하는 그 사람에게는 재앙이 있을 것이다. 누구든지 이 작은 사람들 가운데 하나를 죄짓게 하면 차라리 자기 목에 맷돌을 매달고 바다에 빠지는 것이 더 나을 것이다. 너희는 스스로 조심하라! 네 형제가 죄를 지으면 꾸짖으라. 그리고 그가 회개하면 용서해 주라. 만약 그가 네게 하루에 일곱 번 죄를 짓고 그때마다 네게 와서 '회개한다'고 말하면 용서해 주라." 사도들이 주께 말했습니다. "우리에게 믿음을 더해 주십시오!" 예수께서 말씀하셨습니다. "너희 믿음이 이 겨자씨 한 알 만큼만 있어도 이 뽕나무에게 '뿌리째 뽑혀 바다에 심겨라!'라고 하면 그 나무가 너희에게 순종할 것이다. 너희 중 한 명에게 밭을 갈거나 양을 치는 종이 있다고 하자. 그 종이 들에서 일하고 돌아오면 그에게 '들어와 앉아 먹어라'라고 하겠느냐? 오히려 '내 저녁을 준비하고 허리에 띠를 두르고 내가 다 먹고 마실 동안 내 시중을 들어라. 그러고 나서 너도 먹고 마셔라'라고 하지 않겠느냐? 자기가 말한 대로 종이 했다고 해서 주인이 그에게 고맙다고 하겠느냐? 이와 같이 너희도 명령받은 대로 다 마치고 나서 '우리는 쓸모없는 종입니다. 그저 할 일을 했을 뿐입니다'라고 말해야 한다."

예수께서 나병 환자 열 명을 고치시다

예수께서 예루살렘으로 가시는 길에 사마리아와 갈릴리 사이로 지나가시게 됐습니다. 예수께서 한 마을에 들어가시다가 열 명의 나병 환자를 만나셨습니다. 그들이 멀찍이 서서 큰 소리로 외쳤습니다. "예수 선생님! 저희를 불쌍히 여겨 주십시오." 예수께서 그들을 보고 말씀하셨습니다. "제사장들에게 가서 너희 몸을 보이라." 그러자 그들은 가는 도중에 몸이 깨끗해졌습니다. 그들 중 한 사람은 자기 병이 나은 것을 보고 큰 소리로 하나님께 영광을 돌리며 돌아왔습니다. 그는 예수의 발 앞에 엎드려 감사했습니다. 그는 사마리아 사람이었습니다. 예수께서 물으셨습니다. "열 명이 깨끗해지지 않았느냐? 그런데 아홉 명은 어디에 있느냐? 이 이방 사람 말고는 하나님께 영광을 돌리려고 되돌아온 사람이 없단 말이냐?" 그리고 예수께서 그에게 말씀하셨습니다. "일어나 가거라. 네 믿음이 너를 구원했다."

하나님 나라의 도래

바리새파 사람들이 하나님 나라가 언제 올 것인지 물어보자 예수께서 대답하셨습니다. "하나님 나라는 눈으로 볼 수 있는 모습으로 오지 않는다. 또한 '보라. 여기에 있다', '보라. 저기에 있다' 하고 말할 수도 없다. 하나님 나라는 너희 안에 있기 때문이다." 그리고 제자들에게 말씀하셨습니다. "너희가 인자의 날들 중 단 하루라도 보고 싶어 할 때가 오겠으나 보지 못할 것이다. 사람들이 너희에게 '보라. 저기에 있다', '보라. 여기에 있다' 해도 너희는 그들을 따라 나서

지 말고 찾아다니지도 말라. 마치 번개가 하늘 이 끝에서 저 끝까지 번쩍거리며 비치는 것처럼 인자도 자기의 날에 그러할 것이다. 그러나 인자는 먼저 많은 고난을 당하고 이 세대에게 버림받아야 한다. 인자의 때는 노아의 때와 같을 것이다. 노아가 방주 안으로 들어가던 날까지 사람들은 먹고 마시고 장가가고 시집가고 했다. 그리고 홍수가 일어나 그들을 모두 쓸어 가 버렸다. 롯의 날에도 마찬가지였다. 사람들은 먹고 마시고 사고팔고 나무를 심고 집을 지었다. 그러나 롯이 소돔을 떠나던 날에 하늘에서 불과 유황이 비처럼 쏟아져 그들 모두를 멸망시켰다. 인자가 나타날 그날도 이와 같을 것이다. 그날에 지붕 위에 있는 사람은 자기 물건이 집 안에 있더라도 가지러 내려가서는 안 된다. 이와 같이 들에 있는 사람도 무언가 가지러 집으로 돌아가서는 안 된다. 롯의 아내를 기억해 보라! 누구든지 자기 생명을 구하려는 사람은 잃을 것이요, 누구든지 자기 생명을 잃는 사람은 보존할 것이다. 내가 너희에게 말한다. 그날 밤에는 두 사람이 한 침대에서 자다가 하나는 취해질 것이고 하나는 남겨질 것이다. 두 여인이 함께 곡식을 갈다가도 하나는 취해질 것이고 하나는 남겨질 것이다." 제자들이 물었습니다. "주여, 이런 일이 어디서 있겠습니까?" 예수께서 대답하셨습니다. "시체가 있는 곳에 독수리가 모여들 것이다."

18 끈질긴 과부의 비유

예수께서는 제자들이 항상 기도하며 포기하지 않도록 하

시려고 비유를 말씀하셨습니다. "어느 마을에 하나님을 두려워하지도 않고 사람을 무시하는 재판관이 있었다. 그리고 그 마을에 한 과부가 있었는데 그 여인은 수시로 재판관을 찾아와 '내 원수에게 원한을 갚아 주십시오'라고 간청하는 것이었다. 한동안 재판관은 들은 척도 하지 않다가 마침내 이런 생각이 들었다. '내가 하나님을 두려워하지 않고 사람을 무시하지만 이 과부가 자꾸 와서 나를 귀찮게 하니 이 여인의 간청을 들어주어야겠다. 그러지 않으면 계속 나를 찾아와 괴롭힐 것이다.'" 주께서 말씀하셨습니다. "너희는 이 불의한 재판관이 말한 것을 들으라. 하나님께서 밤낮으로 부르짖는, 그 택하신 백성들의 원한을 갚지 않으시고 오랫동안 모른 체하며 내버려 두시겠느냐? 내가 너희에게 말한다. 하나님은 속히 그들의 원한을 풀어 주실 것이다. 그러나 인자가 올 때 이 세상에서 믿음을 찾아볼 수 있겠느냐?"

바리새파 사람과 세리의 비유

자기가 의롭다고 생각하며 다른 사람들을 업신여기는 몇몇 사람들에게 예수께서 이런 비유를 들려주셨습니다. "두 사람이 기도하러 성전에 올라갔다. 한 사람은 바리새파 사람이었고 또 다른 사람은 세리였다. 바리새파 사람은 서서 자신에 대해 이렇게 기도했다. '하나님, 저는 다른 사람들, 곧 남의 것을 빼앗는 사람이나 불의한 사람이나 간음하는 사람과 같지 않고 이 세리와도 같지 않음을 감사합니다. 저는 1주일에 두 번씩 금식하고 얻은 모든 것의 십일조를 냅니다.' 그러나 세리는 멀찍이 서서 하늘을 쳐다볼 엄두도 내지 못하고는 가슴을 치며 말했다. '하나님, 이 죄인에게 자비를 베풀어 주십시오.' 내가 너희에게 말한다. 이 사람이 저 바리새파 사람보다 오히려 의롭다는 인정을 받고 집으로 돌아갔다. 누구든지 자기를 높이는 사람은 낮아질 것이요, 자기를 낮추는 사람은 높아질 것이다."

어린 아이들과 예수

사람들이 아기들을 예수께 데려와 만져 주시기를 원했습니다. 제자들은 이 광경을 보고 그들을 꾸짖었습니다. 그러나 예수께서는 그 아이들을 불러 말씀하셨습니다. "어린아이들이 내게로 오는 것을 허락하고 막지 말라. 하나님 나라는 이런 어린아이들의 것이다. 내가 진실로 너희에게 말한다. 누구든지 어린아이와 같이 하나님 나라를 받아들이지 않는 사람은 거기에 들어가지 못할 것이다."

부자와 하나님의 나라

어떤 지도자가 예수께 물었습니다. "선하신 선생님, 영생을 얻으려면 제가 어떻게 해야 합니까?" 예수께서 대답하셨습니다. "네가 왜 나를 선하다고 하느냐? 오직 하나님 외에는 선한 분이 없다. '간음하지 말라, 살인하지 말라, 도둑질하지 말라, 거짓 증언하지 말라, 네 부모를 공경하라'라는 계명을 네가 알고 있다." 그가 말했습니다. "그런 모든 것은 제가 어려서부터 다 지켰습니다." 이 말을 듣고 예수께서 말씀하셨습니다. "네게 아직 부족한 것이 한 가지 있다. 네가 가진 것을 모두 팔아 가난한 사람들에게 나눠 주어라. 그러면 하늘에서 보물을 가질 것이다. 그 후에 와서 나를 따라라." 그 사람은 이 말씀을 듣고 슬픔에 깊이 잠겼습니다. 그가 큰 부자였기 때문입니다. 예수께서 그를 쳐다보고 말씀하셨습니다. "부자들이 하나님 나라에 들어가기가 얼마나 어려운지 모른다. 부자가 하나님 나라에 들어가는 것보다 낙타가 바늘구멍으로 지나가는 것이 더 쉽다." 이 말씀을 듣고 있던 사람들이 물었습니다. "그러면 누가 구원받을 수 있겠습니까?" 예수께서 대답하셨습니다. "사람이 할 수 없는 일을 하나님께서는 하실 수 있다." 베드로가 예수께 말했습니다. "보십시오. 저희는 가진 것을 모두 버리고 주를 따랐습니다!" 예수께서 그들에게 말씀하셨습니다. "내가 진실로 너희에게 말한다. 하나님 나라를 위해 집이나 아내나 형제나 부모나 자식을 버린 사람은 이 세상에서 여러 배로 받을 것이요, 또한 오는 세상에서 영생을 받을 것이다."

예수께서 자신의 죽음을 세 번째 예고하시다

예수께서는 열두 제자를 곁에 불러 놓고 말씀하셨습니다. "보라. 우리는 예루살렘으로 올라간다. 예언자들이 인자에 대해 기록한 모든 것이 이뤄질 것이다. 인자가 이방 사람들에게 넘겨져 조롱과 모욕과 침 뱉음을 당할 것이다. 그들은 채찍질한 후에 그를 죽일 것이다. 그러나 그는 3일째 되는 날 살아날 것이다." 그러나 제자들은 이 말씀을 조금도 깨닫지 못했습니다. 이 말씀의 뜻이 그들에게 숨겨져 있기에 제자들은 예수께서 하시는 말씀을 이해하지 못했습니다.

보지 못하는 거지가 눈을 뜨다

예수께서 여리고에 가까이 이르셨을 때 길거리에 보지 못하는 한 사람이 앉아 구걸하고 있었습니다. 그는 많은 사람들이 지나가는 소리를 듣고 무슨 일인지 물었습니다. 사람들이 "나사렛 예수가 지나가신다" 하고 말해 주었습니다. 그러자 그가 크게 외쳤습니다. "다윗의 자손 예수여, 저를 불쌍히 여겨 주십시오!" 앞서가던 사람들이 그를 꾸짖으며 조용히 하라고 했습니다. 그러자 그는 더욱더 큰 소리로 "다윗의 자손이여, 저를 불쌍히 여겨 주십시오!"라고 외쳤습니다. 예수께서 가던 길을 멈추고 "그 사람을 데려오라" 하고 명령하셨습니다. 그가 가까이 다가오자 예수께서 물으셨습니다. "내가 네게 무엇을 해 주기를 원하느냐?" 그가 대답했습니다. "주여, 다시 보고 싶습니다." 예수께서 그에게 말씀하셨습니다. "눈을 떠라. 네 믿음이 너를 구원했다." 그러자 그는 곧 보게 됐고 하나님께 영광을 돌리며 예수를 따라갔습니다. 이 광경을 본 사람들도 모두 하나님을 찬양했습니다.

19 세리장 삭개오

예수께서 여리고에 들어가 거리를 지나가고 계셨는데 여리고에는 삭개오라는 사람이 있었습니다. 그는 세리장이고 부자였습니다. 삭개오는 예수께서 어떤 분인지 보려고 했으나 많은 사람들 때문에 볼 수가 없었습니다. 그는 키가 작았기 때문입니다. 그는 예수를 잘 보기 위해 먼저 달려가 뽕나무 위로 올라갔습니다. 예수께서 그 길로 지나가실 것이기 때문이었습니다. 예수께서 그곳에 이르셨을 때 위를 올려다보며 삭개오에게 말씀하셨습니다. "삭개오야, 어서 내려오너라! 내가 오늘 네 집에서 묵어야겠다." 삭개오는 얼른 내려와 기뻐하면서 예수를 맞이했습니다. 그런데 사람들은 이 광경을 보고 모두 수군거렸습니다. "그가 죄인의 집에 묵으려고 들어갔다." 삭개오는 서서 주께 말했습니다. "주여, 보십시오! 제 소유물의 반을 떼어 가난한 사람들에게 주겠습니다. 누군가를 속여 얻은 것이 있다면 네 배로 갚겠습니다." 예수께서 삭개오에게 말씀하셨습니다. "오늘 구원이 이 집에 이르렀다. 이 사람도 아브라함의 자손이다. 인자는 잃어버린 사람을 찾아 구원하러 왔다."

열 므나의 비유

그들이 이 말씀을 듣고 있을 때, 예수께서 연이어 비유를 들려주셨습니다. 예수께서 예루살렘에 가까이 이르셨고 또 사람들이 하나님 나라가 당장이라도 나타날 것이라고 생각했기 때문입니다. 예수께서 말씀하셨습니다. "어떤 귀족이 왕위를 받아 오려고 먼 나라로 떠나게 됐다. 그래서 열 명의 종을 불러 10므나를 주면서 말했다. '내가 돌아올 때까지 이 돈으로 장사를 하라.' 그런데 백성들은 그를 미워하기에 사절을 뒤따라 보내며 '우리는 이 사람이 왕이 되는 것을 원하지 않습니다'라고 전하게 했다. 그러나 그 귀족은 왕이 돼 집으로 돌아왔다. 그는 자기가 돈을 준 종들을 불러 그들이 얼마나 장사를 했는지 알아보았다. 첫 번째 종이 와서 말했다. '주인님, 주인님이 주신 1므나로 10므나를 벌었습니다.' 그 주인이 대답했다. '잘

했다! 내 착한 종아! 네가 작은 일에 충성했으니 열 개의 마을을 다스리는 권세를 주겠다.' 두 번째 종이 와서 말했다. '주인님, 주인님이 주신 1므나로 5므나를 벌었습니다.' 그 주인이 대답했다. '네게는 다섯 개의 마을을 다스리는 권세를 주겠다.' 그러자 다른 종이 와서 말했다. '주인님, 주인님이 주신 1므나가 여기 있습니다. 제가 이것을 천에 싸서 잘 보관해 두었습니다. 주인님은 엄하신 분이라서 맡기지 않은 것을 찾아가시고 심지 않은 것을 거두어 가시기에 제가 두려웠습니다.' 그 주인이 대답했다. '이 악한 종아, 네 입에서 나온 말로 내가 너를 판단하겠다. 내가 엄한 사람이어서 맡기지 않은 것을 찾아가고 심지 않은 것을 거두어 가는 줄 알고 있었느냐? 그러면 왜 내 돈을 은행에 저축하지 않았느냐? 그랬더라면 내가 돌아왔을 때 이자까지 함께 찾을 수 있지 않았겠느냐?' 그러고 나서 옆에 서 있는 사람들에게 말했다. '이 1므나를 빼앗아 10므나 가진 종에게 주어라.' 그들이 말했다. '하지만 주인님, 그는 벌써 10므나나 갖고 있습니다.' 그가 대답했다. '내가 너희에게 말한다. 가진 사람마다 더 많이 받을 것이고 아무것도 가지지 않은 사람은 그 있는 것마저 빼앗길 것이다. 그리고 내가 자기들의 왕이 되는 것을 원치 않은 이 원수들을 이리로 끌어다가 내 앞에서 죽여라.'"

예수께서 왕으로 예루살렘에 입성하시다

예수께서 이 말씀을 마치고 예루살렘을 향해 앞장서서 올라가셨습니다. 예수께서 올리브 산 근처 벳바게와 베다니에 가까이 이르셨을 때 두 제자를 보내시며 말씀하셨습니다. "반대쪽 마을로 가거라.

그 마을에 들어서면 아직 아무도 탄 적이 없는 새끼 나귀 한 마리가 매여 있을 것이다. 그것을 풀어서 끌고 오라. 누가 '왜 풀어 가느냐'고 물으면 '주께서 필요로 하신다'고 하라." 보냄받은 사람들이 먼저 마을로 들어가 보니 과연 예수께서 말씀하신 대로 나귀가 있었습니다. 그들이 나귀를 풀고 있는데 나귀 주인들이 그들에게 물었습니다. "무슨 일로 새끼 나귀를 푸는 거요?" 그들이 대답했습니다. "주께서 필요로 하십니다." 그들은 예수께로 나귀를 끌고 와서 자기들의 겉옷을 던져 나귀 등에 얹고 예수께서 타시도록 했습니다. 사람들은 예수께서 가시는 길 위에 자기들의 겉옷을 깔아 드렸습니다. 예수께서 올리브 산의 내리막길에 가까이 이르시자 온 무리의 제자들이 기뻐하며 자기들이 본 모든 기적에 대해 큰 소리로 하나님을 찬양하기 시작했습니다. "복되도다. 주의 이름으로 오시는 왕이여!" "하늘에는 평화, 지극히 높은 곳에서는 영광!" 무리 중에 있던 몇몇 바리새파 사람들이 예수께 말했습니다. "선생님, 제자들을 꾸짖으십시오." 예수께서 대답하셨습니다. "내가 너희에게 말한다. 그들이 가만히 있으면 저 돌들이라도 외칠 것이다." 예루살렘에 가까이 이르신 예수께서 그 마을을 보고 눈물을 흘리시며 말씀하셨습니다. "오늘 네가 평화에 이르게 하는 일들을 알았더라면 좋았을 텐데. 그러나 네 눈에는 이것이 지금 가려져 있구나. 네 원수들이 네 주위에 토성을 쌓고 너를 에워싸고 사방에서 너를 포위하는 날이 올 것이다. 그들은 너를 짓밟고 너와 함께한 네 자식들도 짓밟을 것이다. 돌 위에 다른 돌 하나라도 남겨 두지 않을 것이다. 이것은 하나님께서 너를 찾아오신 때를 네가 깨닫지 못했기 때문이다."

성전에서의 예수

예수께서 성전에 들어가셔서 장사하는 사람들을 내쫓기 시작하셨습니다. 예수께서 그들에게 말씀하셨습니다. "성경에 '내 집은 기도하는 집이 될 것이다'라고 기록돼 있다. 그런데 너희가 이곳을 '강도들의 소굴'로 만들었구나." 예수께서는 날마다 성전에서 가르치셨습니다. 그리고 대제사장들과 율법학자들과 백성의 지도자들은 예수를 죽이려 했습니다. 그러나 어떻게 할 방도가 없었습니다. 모든 백성들이 예수의 말씀을 열심히 듣고 있었기 때문입니다.

20 예수의 권세를 두고 말하다

예수께서 성전에서 사람들을 가르치며 복음을 전하고 계실 때에 대제사장들과 율법학자들이 장로들과 함께 예수께 다가와 말했습니다. "당신이 무슨 권세로 이런 일을 하는 것인지 말해 보시오. 누가 이런 권세를 주었소?" 예수께서 대답하셨습니다. "나도 한 가지 물어보겠으니 내게 말하라. 요한의 세례가 하늘로부터 왔느냐? 아니면 사람으로부터 왔느냐?" 그들은 서로 의논하며 말했습니다. "만약 우리가 '하늘로부터 왔다'고 하면 예수가 '그러면 왜 그를 믿지 않았느냐'고 할 것이고 '사람으로부터 왔다'고 하면 요한을 예언자라고 믿는 모든 백성들이 우리에게 돌을 던질 것이다." 그래서 그들은 대답했습니다. "어디로부터 왔는지 우리는 모르겠소." 예수께서 대답하셨습니다. "그렇다면 나도 무슨 권세로 이런 일을 하는지 너희에게 말하지 않겠다."

소작인의 비유

예수께서는 사람들에게 이런 비유를 들려주셨습니다. "어떤 사람이 포도원을 만들어 농부들에게 세를 주고 오랫동안 떠나 있었다. 포도를 수확할 때가 되자 그는 종을 농부들에게 보내 열매 소출의 얼마를 받아 오라고 했다. 그러나 농부들은 그를 때리고 빈손으로 보내 버렸다. 주인은 다른 종을 보냈다. 그러나 그들은 그 종도 때리고 모욕하고 빈손으로 돌려보냈다. 주인은 세 번째 종을 보냈지만 농부들은 그 종마저 상처를 입혀 쫓아 보냈다. 그러자 포도원 주인이 말했다. '이제 어떻게 할까? 사랑하는 내 아들을 보내야겠다. 아마도 내 아들은 존중하겠지.' 그러나 농부들은 그를 보자 서로 의논하며 말했다. '이 사람은 상속자니 그를 죽이자. 그러면 그 유산이 우리 것이 될 것이다.' 이렇게 해서 그들은 아들을 포도원 밖으로 끌어내 죽였다. 그렇다면 이 포도원 주인은 그들에게 어떻게 하겠느냐? 주인이 와서 그 농부들을 죽이고 포도원을 다른 농부들에게 줄 것이다." 사람들은 이 이야기를 듣고 말했습니다. "이런 일은 절대 없었으면 좋겠습니다." 예수께서는 그들을 똑바로 쳐다보고 말씀하셨습니다. "그렇다면 '건축자들이 버린 돌이 모퉁이의 머릿돌이 됐다'라고 기록된 말씀이 무슨 뜻이겠느냐? 누구든지 이 돌 위에 떨어지는 사람마다 부서질 것이며 이 돌이 어느 사람 위에 떨어지든지 맞는 사람은 가루가 되고 말 것이다." 율법학자들과 대제사장들은 이 비유가 자기들을 가리켜 하시는 말씀인 것을 알고 당장 예수를 체포할 방도를 모색했습니다. 그러나 그들은 백성들을 두려워했습니다.

가이사에게 세금을 바치는 것

기회를 엿보던 그들은 첩자들을 보내어 의로운 사람들인 체 행동하도록 했습니다. 그리고 예수의 말씀에 트집을 잡아 결국 권력 있는 총독에게 넘겨주려는 속셈이었습니다. 첩자들이 예수께 물었습니다. "선생님, 선생님의 말씀과 가르침이 옳은 줄 저희가 압니다. 또 사람을 겉모습으로 판단하지 않고 언제나 진리에 따라 하나님의 길을 가르치시는 것도 압니다. 저희가 가이사에게 세금을 내는 것이 옳습니까, 옳지 않습니까?" 예수께서 그들의 겉과 속이 다름을 꿰뚫어 보고 말씀하셨습니다. "데나리온을 나에게 보여 다오. 동전에 있는 얼굴과 새겨진 글자가 누구의 것이냐?" 그들은 "가이사의 것입니다"라고 대답했습니다. 예수께서 그들에게 말씀하셨습니다. "그렇다면 가이사의 것은 가이사에게 바치고 하나님의 것은 하나님께 바치라." 그들은 사람들 앞에서 예수의 말씀에 트집을 잡을 수 없었습니다. 오히려 예수의 대답에 놀라 말문이 막혀 버렸습니다.

부활 때 혼인 관계

부활이란 없다고 말하는 어떤 사두개파 사람들이 찾아와 예수께 질문했습니다. 그들이 말했습니다. "선생님, 모세의 기록에 따르면 '형이 자식 없이 아내를 두고 죽으면 그 동생이 과부가 된 형수와 결혼해 형 대신 자식을 낳아야 한다'라고 했습니다. 그런데 일곱 형제가 있었습니다. 첫째가 아내를 얻어서 살다가 자식 없이 죽었습니다. 그리고 둘째가 형수를 아내로 얻어 살다 역시 자식 없이 죽었습니다. 그다음에 셋째가 그 형수와 결혼했고 이런 식으로 해서 일곱째까지 다 자식 없이 죽었습니다. 그리고 마침내 그 여인도 죽었습니다. 그렇다면 일곱 형제가 모두 이 여인과 결혼했으니 부활때 이 여인은 누구의 아내가 되는 것입니까?" 예수께서 대답하셨습니다. "이 세상 사람들은 시집가고 장가간다. 그러나 저 세상과 죽은 사람 가운데 부활에 합당하다고 여겨지는 사람들은 시집도 가지 않고 장가도 가지 않을 것이다. 그들은 천사들과 같아 다시는 죽는 일도 없다. 그들은 부활의 자녀이므로 하나님의 자녀인 것이다. 모세도 가시떨기나무를 언급하는 곳에서 죽은 사람들이 살아나는 것을 보여 주었다. 그는 주를 '아브라함의 하나님, 이삭의 하나님, 야곱의 하나님'이라고 부르고 있다. 하나님께서는 죽은 사람들의 하나님이 아니라 살아 있는 사람들의 하나님이시기 때문이다. 모든 사람이 하나님께는 살아 있다." 몇몇 율법학자들이 말했습니다. "선생님, 옳은 말씀입니다." 그들은 감히 예수께 더 이상 질문할 엄두를 내지 못했습니다.

그리스도가 누구의 자손인가?

예수께서 그들에게 말씀하셨습니다. "사람들이 왜 그리스도를 다윗의 자손이라 말하느냐? 다윗이 시편을 통해 직접 말했다. '주님께서 내 주께 말씀하셨다. 내가 네 원수들을 네 발아래 굴복시킬 때까지 너는 내 오른편에 앉아 있어라.' 다윗이 그리스도를 '주'라 부르는데 어떻게 그리스도가 다윗의 자손이 되겠느냐?"

율법학자들에 대한 경고

모든 사람이 듣고 있을 때 예수께서 제자들에게 말씀하셨습니다. "율법학자들을 주의하라. 그들은 긴 옷을 입고 다니기를 좋아한다. 또 시장에서 인사받는 것과 회당과 잔치의 윗자리 차지하기를 좋아한다. 그들은 과부의 가산을 통째로 삼키고 남에게 보이려고 길게 기도한다. 이들이 더 엄한 심판을 받을 것이다."

21 가난한 과부의 헌금

예수께서 부자들이 성전 헌금함에 예물을 넣고 있는 것을 보셨습니다. 또 어떤 가난한 과부가 렙돈 두 개를 넣는 것도 보셨습니다. 예수께서 말씀하셨습니다. "내가 진실로 너희에게 말한다. 이 가난한 과부가 다른 모든 사람들보다 더 많은 헌금을 했다. 이 모든 사람들은 다 넉넉한 가운데서 예물을 드렸지만 이 여인은 매우 가난한 가운데서 가지고 있는 생활비 전부를 바쳤다."

성전의 파괴와 마지막 때의 징조

몇몇 사람들이 아름다운 돌과 하나님께 바쳐진 봉헌물로 성전이 얼마나 아름답게 꾸며져 있는지 이야기하고 있었습니다. 그러나 예수께서는 이렇게 말씀하셨습니다. "너희가 지금 보고 있는 이것들이 돌 하나도 돌 위에 남지 않고 다 무너질 날이 올 것이다." 그들이 물었습니다. "선생님, 이런 일이 언제 일어나겠습니까? 또 이런 일이 일어날 때 어떤 징조가 있겠습니까?" 예수께서 대답하셨습니다.

"너희는 속지 않도록 조심하라. 많은 사람들이 내 이름으로 와서 '내가 그다', '때가 됐다!'라고 말할 것이다. 그러나 그들을 따라가지 말라. 전쟁과 난리에 대한 소문을 들어도 무서워하지 말라. 이런 일이 먼저 일어나야 하지만 곧바로 종말이 오는 것은 아니다." 예수께서 그들에게 계속 말씀하셨습니다. "민족과 민족이, 나라와 나라가 서로 맞서 싸울 것이다. 곳곳에서 큰 지진과 기근과 전염병이 생길 것이며 하늘에서 무서운 재앙과 큰 징조가 나타날 것이다. 그러나 이 모든 일이 일어나기 전에 사람들이 너희를 붙잡고 핍박해 회당과 감옥에 넘겨줄 것이다. 너희는 내 이름 때문에 왕들과 총독들 앞에 끌려갈 것이다. 그러나 이 일은 도리어 너희에게 증거의 기회가 될 것이다. 그러므로 너희는 변호할 말을 미리 염려하지 않도록 결심하라. 너희의 모든 대적하는 자들이 맞서거나 반박할 수 없는 말과 지혜를 내가 너희에게 줄 것이다. 너희의 부모와 형제와 친척과 친구들까지도 너희를 넘겨줄 것이요, 너희 중 몇 사람을 죽일 것이다. 내 이름 때문에 너희는 모든 사람에게 미움을 받을 것이다. 그러나 너희는 머리카락 하나도 잃지 않을 것이다. 너희가 인내함으로 너희 영혼을 얻을 것이다. 너희가 예루살렘이 군대들에게 포위되는 것을 보면 곧 멸망이 가까이 온 줄로 알라. 그때가 되면 유대에 있는 사람들은 산으로 가고 안에 있는 사람들은 밖으로 나가고 그 주변에 있는 사람들은 안으로 들어가지 말라. 이때가 바로 기록된 모든 말씀이 이루어지는 징벌의 날이다. 그날에 임신한 여인들과 젖먹이는 여인들에게 재앙이 있을 것이다. 크나큰 재앙이 이 땅을 덮칠 것이며 이 백성들에게 진노가 있을 것이다. 그들은 칼날에 쓰러질 것이며 모든 민족에게 포로로 잡혀갈 것이다. 이방 사람들의 때가 차기까지 예루살렘은 이방 사람들에게 짓밟힐 것이다. 해와 달과 별들에 징조가 있을 것이다. 땅에서는 민족들이 바다와 파도의 성난 소리에 괴로워하며 혼란스러워할 것이다. 하늘의 세력들이 흔들릴 것이니 사람들이 세상에 닥쳐올 일들을 내다보고 너무나 두려워 기절할 것이다. 그때 사람들은 인자가 구름을 타고 능력과 큰 영광 가운데 오는 것을 보게 될 것이다. 이런 일들이 일어나기 시작하거든 너희는 일어나 머리를 높이 들라. 너희의 구원이 가까이 왔기 때문이다." 예수께서는 그들에게 비유를 말씀하셨습니다. "무화과나무와 다른 모든 나무들을 보라. 잎이 나면 그것을 보고 여름이 가까이 온 것을 안다. 이와 같이 너희가 이런 일들이 일어나는 것을 보면 하나님 나라가 가까이 온 줄 알라. 내가 진실로 너희에게 말한다. 이 세대가 지나가기 전에 이 모든 일이 일어날 것이다. 하늘과 땅은 없어져도 내 말은 결코 없어지지 않을 것이다. 너희는 스스로 주의해서, 방탕함과 술 취함과 생활의 염려로 너희 마음이 짓눌리지 않게 하라. 뜻밖에 그날이 갑자기 너희에게 덫과 같이 닥치지 않게 하라. 그날은 온 땅 위에 사는 모든 사람들에게 닥칠 것이다. 그러므로 너희는 앞으로 일어날 이 모든 일을 피하고 또 인자 앞에 설 수 있도록 기도하면서 항상 깨어 있으라." 예수께서 낮에는 성전에서 가르치시고 밤에는 성 밖으로 나가 올리브라고 하는 산에서 지내셨습니다. 모든 사람들은 예수의 말씀을 듣기 위해 아침 일찍부터 성전에 나아왔습니다.

22 유다가 예수를 넘겨주기로 합의하다

유월절이라고도 하는 무교절이 다가왔습니다. 대제사장들과 율법학자들은 예수를 없앨 방법을 모색하고 있었습니다. 그들은 백성들을 두려워했기 때문입니다. 사탄이 그 열둘 중 하나인 가룟이라는 유다에게 들어갔습니다. 유다는 대제사장들과 성전 경비대장들에게 가서 어떻게 예수를 그들에게 넘겨줄지를 의논했습니다. 그들은 기뻐하면서 유다에게 돈을 주기로 약속했습니다. 유다도 이에 동의하고 무리가 없을 때 예수를 그들에게 넘겨주려고 기회를 엿보고 있었습니다.

마지막 만찬

유월절 양을 희생제물로 잡는 무교절이 됐습니다. 예수께서는 베드로와 요한을 보내며 말씀하셨습니다. "가서 우리가 유월절 음식을 함께 먹을 수 있도록 준비하라." 그들이 물었습니다. "저희가 어디에서 준비하면 좋겠습니까?" 예수께서 대답하셨습니다. "성안으로 들어가면 물동이를 메고 가는 사람을 만나게 될 것이다. 그가 들어가는 집으로 따라 들어가 그 집주인에게 '선생님께서 내 제자들과 함께 유월절 음식을 먹을 방이 어디냐고 물으셨습니다'라고 말하라. 그러면 그가 잘 정돈된 큰 다락방을 보여 줄 것이다. 그곳에서 준비하라." 그들이 가서 보니 예수께서 말씀하신 그대로였습니다. 그래서 그들은 유월절 음식을 준비했습니다. 시간이 되자 예수께서는 사도들과 함께 상에 기대어 앉으셨습니다. 그러고는 그들에게 말씀하셨습니다. "내가 고난받기 전에 너희와 함께 유월절 음식 먹기를 간절히 원했다. 내가 너희에게 말한다. 유월절이 하나님 나라에서 온전히 이루어질 때까지 내가 다시는 그것을 먹지 않을 것이다." 그리고 예수께서는 잔을 들고 감사 기도를 드린 후 말씀하셨습니다. "이 잔을 받아 너희가 서로 나눠 마시라. 하나님 나라가 올 때까지 내가 포도 열매에서 난 것을 마시지 않을 것이다." 그리고 예수께서 빵을 들고 감사 기도를 드린 후 떼어 제자들에게 주면서 말씀하셨습니다. "이것은 내가 너희를 위해 주는 내 몸이다. 이것을 행해 나를 기념하라." 빵을 잡수신 후 예수께서 마찬가지로 잔을 들고 말씀하셨습니다. "이 잔은 너희를 위해 흘리는 내 피로 세우는 새 언약이다. 그러나 보라. 나를 배반할 자의 손이 지금 나와 함께 상 위에 있다. 인자는 정해진 대로 갈 것이지만 그를 배반하는 자에게는 화가 있을 것이다." 그들은 자기들 중 누가 이런 일을 하겠는가 하고 서로 묻기 시작했습니다. 제자들 사이에서 누구를 가장 높은 사람으로 볼 것인지를 놓고 다툼이 벌어졌습니다. 예수께서 그들에게 말씀하셨습니다. "이방 사람의 왕들은 자기 백성들을 다스리며 권세 부리는 자들은 자칭 '백성들의 은인'이라고 한다. 그러나 너희가 그래서는 안 된다. 오히려 너희 중 가장 큰 사람은 가장 어린 사람과 같이 돼야 하고 다스리는 사람은 섬기는 사람과 같이 돼야 한다. 누가 더 높은 사람이냐? 밥상 앞에 앉아 있는 사람이냐, 그를 시중드는 사람이냐? 밥상 앞에 앉아 있는 사람이 더 높지 않으냐? 그러나 나는 섬기는 사람으로 너희 가운데 있다. 너희는 내가 시련을 겪는 동안 나와 함께한 사람들이다. 그러니 내 아버지께서 내게 나라를 맡겨 주신 것처럼 나도 너희에게 나라를 맡긴다. 너희는 내 나라

안에 들어와 내 밥상에 앉아 먹고 마시며 보좌에 앉아 이스라엘의 열두 지파를 심판하게 될 것이다. 시몬아, 시몬아, 보아라. 사탄이 너희를 밀처럼 체질하겠다고 요구했다. 그러나 나는 네가 믿음을 잃지 않도록 너를 위해 기도했다. 네가 돌이키고 나면 네 형제들을 굳세게 하여라." 베드로가 대답했습니다. "주여, 저는 주와 함께라면 감옥이든 죽음이든 각오가 돼 있습니다." 그러나 예수께서 대답하셨습니다. "베드로야, 내가 네게 말한다. 오늘 닭이 울기 전에 네가 세 번 나를 모른다고 할 것이다." 그리고 예수께서 제자들에게 말씀하셨습니다. "지갑이나 가방이나 신발도 없이 내가 너희를 보냈을 때 너희에게 부족한 것이 있었느냐?" 그들이 대답했습니다. "전혀 없었습니다." 예수께서 그들에게 말씀하셨습니다. "그러나 지금은 지갑이 있으면 그것을 지니고 가방도 챙겨라. 그리고 만약 칼이 없으면 옷을 팔아서라도 하나를 사라. 내가 너희에게 말한다. '그는 무법자들과 한패로 여겨졌다'라고 기록된 말씀이 마땅히 내게 이루어져야 한다. 과연 나에 대해 기록된 말씀이 이제 이루어지고 있다." 제자들이 말했습니다. "주여, 보십시오. 여기 칼 두 자루가 있습니다." 예수께서 대답하셨습니다. "그것으로 충분하다."

예수께서 올리브 산에서 기도하시다

예수께서 예루살렘 밖으로 나가 여느 때처럼 올리브 산으로 가시자 제자들도 따라갔습니다. 그곳에 도착하자 예수께서 그들에게 말씀하셨습니다. "너희가 시험에 빠지지 않도록 기도하라." 예수께서는 제자들로부터 떨어져 돌 던지면 닿을 만한 곳으로 가서 무릎을 꿇고 기도하셨습니다. "아버지여, 만일 아버지의 뜻이면 내게서 이 잔을 거두어 주십시오. 그러나 내 뜻대로 하지 마시고 아버지의 뜻대로 되게 하십시오." 그때 하늘로부터 천사가 나타나 예수께 힘을 북돋아 드렸습니다. 예수께서는 고뇌 속에서 더욱 간절하게 기도하셨습니다. 그러자 땀이 핏방울같이 돼 땅 위에 떨어졌습니다. 예수께서 기도를 마치고 일어나 제자들에게 가 보시니 그들은 슬픔에 지쳐 잠들어 있었습니다. 예수께서 그들에게 말씀하셨습니다. "왜 자고 있느냐? 일어나 시험에 들지 않도록 기도하라."

예수께서 잡히시다

예수께서 아직 말씀하고 계실 때 한 무리의 사람들이 나타났습니다. 열두 제자 중 하나이며 유다라 불리는 사람이 그들을 이끌고 온 것입니다. 그가 예수께 가까이 다가와 입을 맞추었습니다. 그러자 예수께서 그에게 물으셨습니다. "유다야, 네가 입맞춤으로 인자를 배반하려느냐?" 예수 곁에 있던 제자들이 돼 가는 일을 보고 예수께 "주여, 우리가 칼로 칠까요?"라고 물었습니다. 그러고는 그중 하나가 대제사장의 종의 오른쪽 귀를 잘라 버렸습니다. 그러자 예수께서 대답하셨습니다. "그만둬라!" 그리고 그 종의 귀를 만져 고쳐 주셨습니다. 그리고 예수께서 자신을 체포하러 온 대제사장들과 성전 경비대장들과 장로들에게 말씀하셨습니다. "너희가 강도를 잡듯이 칼과 몽둥이를 들고 나왔느냐? 내가 날마다 성전에서 너희와 함께 있었으나 너희는 내게 손도 대지 않았다. 그러나 지금은 너희 때요, 어둠이 기세를 부릴 때다."

베드로가 예수를 알지 못한다고 하다

그들은 예수를 잡아끌고 대제사장의 집으로 데려갔습니다. 그러나 베드로는 멀찌감치 떨어져 뒤따라갔습니다. 사람들이 마당 가운데 불을 지피고 함께 앉아 있는데 베드로도 그들 곁에 앉았습니다. 베드로가 불을 쬐고 앉아 있는 것을 본 한 하녀가 그를 빤히 노려보면서 말했습니다. "이 사람도 예수와 함께 있었습니다." 그러나 베드로는 부인하며 말했습니다. "여자여! 나는 그를 모르오." 조금 있으려니까 다른 어떤 사람이 베드로를 보고 말했습니다. "당신도 그들 중 하나였지?" 베드로가 말했습니다. "이 사람아! 난 아니란 말이오!" 한 시간쯤 지나 또 다른 사람이 "이 사람이 갈릴리 사람인 것을 보니 그와 함께 있었던 게 틀림없다"라며 장담했습니다. 그러나 베드로가 말했습니다. "이 사람아! 나는 당신이 대체 무슨 말을 하는지 모르겠소!" 바로 그때 베드로의 말이 채 끝나기도 전에 닭이 울었습니다. 주께서 돌아서서 베드로를 쳐다보셨습니다. 그러자 베드로는 "오늘 닭이 울기 전에 네가 나를 세 번 부인할 것이다"라고 하신 주의 말씀이 기억났습니다. 베드로는 밖으로 나가 한없이 울었습니다.

지키는 사람들이 예수를 희롱하다

예수를 지키는 사람들이 예수를 조롱하고 때리기 시작했습니다. 그들은 예수의 눈을 가리고 물었습니다. "누가 때리는지 알아맞혀 보아라!" 사람들은 온갖 말로 예수께 모욕을 해 댔습니다.

예수께서 빌라도와 헤롯 앞에 서시다

날이 밝자 백성들의 장로들 곧 대제사장들과 율법학자들이 공회를
소집했고 예수께서 그들 앞에 끌려가셨습니다. 그들이 말했습니다.
"네가 그리스도라면 그렇다고 우리에게 말해 보아라." 예수께서 대
답하셨습니다. "내가 너희에게 말해도 너희는 믿지 않을 것이다. 또
내가 너희에게 물어보아도 너희는 대답하지 않을 것이다. 그러나 이
제부터는 인자가 전능하신 하나님의 오른편에 앉게 될 것이다." 그
러자 그들이 모두 물었습니다. "그러면 네가 하나님의 아들이란 말
이냐?" 예수께서 대답하셨습니다. "내가 그라고 너희가 말하고 있
다." 그러자 그들이 말했습니다. "더 이상 무슨 증언이 필요하겠소?
우리가 직접 이 사람의 입에서 나오는 말을 들었으니 말이오."

23 온 무리가 모두 일어나 예수를 빌라도에게 끌고 갔습니다.
그리고 예수에 대한 고소가 시작됐습니다. "이 사람이 우
리 민족을 어지럽게 하는 것을 보았습니다. 그는 가이사께 세금을
바치는 것을 반대하며 자칭 그리스도 곧 왕이라고 주장하고 있습
니다." 그러자 빌라도가 예수께 물었습니다. "네가 유대 사람의 왕
이냐?" 예수께서 대답하셨습니다. "네가 말하고 있다." 그러자 빌라
도는 대제사장들과 무리에게 말했습니다. "나는 이 사람에게서 아
무런 죄목도 찾지 못하겠다." 그러나 그들은 주장했습니다. "저 사
람이 갈릴리에서 시작해 여기 예루살렘까지 유대 온 땅에서 가르
치며 백성들을 선동하고 있습니다." 이 말을 들은 빌라도는 이 사람

이 갈릴리 사람이냐고 물었습니다. 빌라도는 예수께서 헤롯의 관할에 속한 것을 알고 때마침 예루살렘에 와 있던 헤롯에게 예수를 보냈습니다. 헤롯은 예수를 보고 매우 기뻐했습니다. 그는 오래전부터 예수를 만나고 싶었습니다. 헤롯은 예수에 대한 소문을 듣고 있었고 예수께서 어떤 기적 행하는 것을 보고 싶었기 때문입니다. 헤롯이 많은 질문으로 물었지만 예수께서는 아무 대답도 하지 않으셨습니다. 대제사장들과 율법학자들은 곁에 서서 예수를 격렬하게 고소했습니다. 그러자 헤롯과 그의 군인들은 예수를 조롱하고 모욕했습니다. 그러고는 예수께 화려한 옷을 입혀 빌라도에게로 돌려보냈습니다. 헤롯과 빌라도가 전에는 원수처럼 지냈으나 바로 그날에 서로 친구가 됐습니다. 빌라도는 대제사장들과 지도자들과 백성들을 불러 모으고 말했습니다. "이 사람이 백성들을 선동한다 해서 내게로 데려왔다. 하지만 너희 앞에서 신문한 결과 너희가 고소한 것 같은 죄목을 찾지 못하겠다. 헤롯도 역시 죄목을 찾을 수 없어 그를 다시 우리에게 돌려보냈다. 이 사람은 사형당할 만한 죄를 저지르지 않았다. 그러니 나는 이 사람을 매질이나 한 후에 풀어 주겠다." 그러자 사람들은 일제히 "그 사람을 없애시오! 그리고 우리에게 바라바를 풀어 주시오!" 하며 큰 소리로 외쳤습니다. 바라바는 성안에서 일어난 폭동과 살인으로 감옥에 갇혀 있는 사람이었습니다. 빌라도는 예수를 풀어 주고 싶어서 그들에게 다시 호소했습니다. 그러나 그들은 계속해서 소리 질렀습니다. "그 사람을 십자가에 못 박으시오! 십자가에 못 박으시오!" 빌라도가 세 번째로 말했습니다. "도대체 그가 무슨 나쁜 일을 했다고 그러느냐? 나는 이 사람에게서 사형에 처할 아무런 죄를 찾지 못했다. 그래서 나는 그를 매질이나 해서 풀어 줄 것이다." 그러나 그들은 더욱 큰 소리로 예수를 십자가에 못 박으라고 요구했습니다. 그리고 그들의 소리가 이기고 말았습니다. 마침내 빌라도는 그들의 요구대로 하기로 결정했습니다. 빌라도는 그들의 요구대로 폭동과 살인으로 감옥에 갇혀 있던 바라바를 풀어 주고 예수는 그들의 뜻대로 하게 넘겨주었습니다.

예수께서 십자가에 못 박히시다

그들이 예수를 끌고 가다가 시골에서 올라오고 있던 구레네 사람 시몬을 붙잡아 십자가를 대신 지게 하고 예수를 뒤따라가게 했습니다. 많은 사람들과 여자들이 큰 무리를 이루어 예수를 따라갔습니다. 여자들은 예수에 대해 슬퍼하며 통곡했습니다. 예수께서는 뒤돌아서 여자들에게 말씀하셨습니다. "예루살렘의 딸들아, 나로 인해 울지 말고 너희 자신과 너희 자녀들을 위해 울라. 보라. 너희가 '임신하지 못하는 여인과 한 번도 아기를 갖지 못한 태와 한 번도 젖을 먹이지 못한 가슴은 복이 있다'라고 말할 때가 곧 올 것이다. 그때 사람들이 산에다 대고 '우리 위에 무너져 내려라!'라고 하며 언덕에다 대고 '우리를 덮어 버려라!'라고 할 것이다. 나무가 푸를 때도 사람들이 이렇게 하는데 하물며 나무가 마를 때에는 무슨 일이 일어나겠느냐?" 죄수들인 다른 두 사람도 사형을 받기 위해 예수와 함께 끌려갔습니다. '해골'이라고 하는 곳에 이르자 그들은 예수를 십자가에 못 박고 두 죄수도 하나는 그 오른쪽에, 하나는 그 왼쪽에 못 박았습니다. 예수께서 말씀하셨습니다. "아버지, 저들을 용서해 주소서. 저들은 자기들이 하고 있는 일을 알지 못합니다." 그때 군인들은 제비를 뽑아 예수의 옷을 나눠 가졌습니다. 백성들은 서서 지켜보고 있었고 지도자들은 심지어 예수를 조롱하며 말했습니다. "이 사람이 다른 사람들은 구원했다지. 자기가 택하심을 입은 하나님의 그리스도라면 자기도 구원하라지." 군인들도 와서 예수를 조롱했습니다. 그들은 예수께 신 포도주를 들이대며 "네가 유대 사람의 왕이라면 어디 너 자신이나 구원해 보시지!"라고 말했습니다. 예수의 머리 위에는 '이는 유대 사람의 왕'이라고 적힌 패가 붙어 있었습니다. 십자가에 달린 죄수 중 하나가 예수를 모독하며 말했습니다. "네가 그리스도가 아니냐? 그러면 너와 우리를 구원해 보아라!" 그러나 다른 죄수는 그를 꾸짖으며 말했습니다. "너도 똑같은 십자가 처형을 받고 있으면서 하나님이 두렵지도 않느냐? 우리는 우리가 저지른 짓이 있으니 마땅히 받을 벌을 받는 것이지만 이분은 잘못한 일이 아무것도 없다!" 그리고 말했습니다. "예수여, 당신의 나라에 들어가실 때 저를 기억해 주십시오." 예수께서 그에게 대답하셨습니다. "내가 진실로 네게 말한다. 오늘 네가 나와 함께 낙원에 있을 것이다."

예수께서 숨을 거두시다

정오쯤 돼 어둠이 온 땅을 뒤덮으니, 오후 3시까지 계속됐습니다. 해가 빛을 잃었고 성전의 휘장 한가운데가 찢어졌습니다. 예수께서 큰 소리로 부르짖으셨습니다. "아버지여, 제 영혼을 아버지의 손에 맡깁니다." 이 말씀을 하시고 나서 숨을 거두셨습니다. 백부장은 그 일어난 일을 지켜보고 하나님께 영광을 돌리며 말했습니다. "이분은 참으로 의로운 분이셨다." 구경하려고 몰려든 사람들도 모두 이 사건을 보고 가슴을 치며 돌아갔습니다. 그러나 예수를 알고 있던 모든 사람들과 갈릴리에서부터 예수를 따라왔던 여인들은 멀리 서서 이 일을 지켜보았습니다.

예수께서 장사되시다

요셉이라는 유대 공회 회원이 있었는데 그는 선하고 의로운 사람이었습니다. (그는 공회 회원들의 결정과 행동에 찬성하지 않았습니다.) 그는 유대의 아리마대 마을 출신으로 하나님 나라가 오기를 기다리는 사람이었습니다. 그는 빌라도에게 가서 예수의 시신을 달라고 했습니다. 그는 십자가에서 시신을 내려 고운 삼베로 잘 싼 다음 바위로 만든 무덤에 모셨습니다. 이 무덤에는 아직 아무도 묻힌 적이 없었습니다. 그날은 안식을 준비하는 날이었고, 이제 곧 있으면 안식일이었습니다. 갈릴리에서부터 예수와 함께 왔던 여인들이 요셉을 따라가 무덤과 그 안에 예수의 시신이 어떻게 안장됐는지를 보았습니다. 그리고 그들은 집으로 돌아가 향품과 향유를 준비했습니다. 그러고 나서 계명을 따라 안식일에 쉬었습니다.

24 예수께서 살아나시다

그 주의 첫날 이른 새벽에 여인들은 준비한 향품을 가지고 무덤으로 갔습니다. 그런데 무덤 입구를 막은 돌덩이가 굴려져 있는 것을 발견했습니다. 그래서 그들이 안으로 들어가 보니 주 예수의 시신이 없었습니다. 그들이 이 일에 대해 어찌해야 할지 몰라 당황하고 있는데 빛나는 옷을 입은 두 사람이 갑자기 그들 곁에 섰습니다. 여인들은 너무 무서워 얼굴을 땅에 대고 엎드렸습니다. 그러자 그 사람들이 말했습니다. "살아 계신 분을 왜 죽은 사람들 사이에서 찾고 있느냐? 그분은 여기 계시지 않고 살아나셨다! 예수께서 갈릴리에서 너희와 함께 계실 때 하신 말씀을 기억해 보라. '인자가 마땅히 죄인의 손에 넘겨져 십자가에 못 박히고 3일째 되는 날에 다시 살아나야 한다'라고 하시지 않았느냐?" 여인들은 예수의 말씀을 기억했습니다. 여인들은 무덤에서 돌아와 열한 제자들과 다른 모든 사람들에게 이 사실을 모두 알렸습니다. (그들은 막달라 마리아, 요안나, 야고보의 어머니 마리아였습니다. 그들과 함께 있었던 다른 몇몇 여인들도 이 일을 사도들에게 말했습니다.) 그러나 사도들은 여인들의 말이 어처구니없게 들렸으므로 그 말을 믿지 않았습니다. 하지만 베드로는 일어나 무덤으로 달려갔습니다. 몸을 굽혀 안을 들여다보니 고운 삼베 천만 놓여 있었습니다. 그는 이상하게 생각하며 돌아갔습니다.

엠마오 도상에서

바로 그날 그들 중 두 사람이 예루살렘에서 약 60스타디온 남짓 떨어져 있는 엠마오라는 마을로 가는 중이었습니다. 그들은 일어난 이 모든 일에 대해 서로 이야기하고 있었습니다. 그들이 이야기하며 토론하고 있는데 예수께서 가까이 가서 그들과 함께 걸어가셨습니다. 그러나 그들은 눈이 가려져서 예수를 알아보지 못했습니다. 그분께서 그들에게 물으셨습니다. "당신들이 걸어가면서 서로 주고받는 이 말이 무슨 이야기요?" 그들은 슬픈 기색으로 가던 길을 멈추어 섰습니다. 그중 글로바라는 사람이 그분께 물었습니다. "예루살렘에 있으면서 최근 일어난 일을 혼자만 모르신단 말씀입니까?" 그분이 물으셨습니다. "무슨 일이오?" 그들이 대답했습니다. "나사렛 예수에 관한 일 말입니다. 그분은 하나님과 모든 백성들 앞에서 행동과 말씀에 능력이 있는 예언자셨습니다. 그런데 우리 대제사장들과 지도자들이 그분을 넘겨주어 사형 선고를 받게 했고 십자가에 못 박았습니다. 그러나 우리는 이스라엘을 구속해 주실 분이 바로 그분이라고 바라고 있었습니다. 그뿐 아니라 그런 일이 있은 지 벌써 3일째 됐는데 우리 중 몇몇 여인들이 우리를 놀라게 했습니다. 그들이 아침 일찍 무덤에 갔다가 그분의 시신을 찾지 못하고 돌아와서 천사들의 환상을 보았다고 했습니다. 그리고 그 천사들이 예수께서 살아 계신다고 말했다는 것입니다. 그래서 우리 동료 몇 사람이 무덤으로 가 보았더니 그 여인들이 말한 대로 그분을 볼 수 없었다는 것입니다." 예수께서 그들에게 말씀하셨습니다. "어리석고 예언자들이 말한 모든 것을 마음에 더디게 믿는 사람들이여! 그리스도께서 마땅히 이런 고난을 겪고서 자기 영광에 들어가야 할 것이 아니냐?" 그리고 예수께서는 모세와 모든 예언자들로부터 시작해 성경 전체에서 자기에 관해 언급된 것을 그들에게 자세히 설명해 주셨습니다. 그들이 가려던 엠마오 마을에 다다르자 예수께서는 더 가시려고 했습니다. 그러자 그들이 예수를 한사코 말렸습니다.

"저녁이 다 됐으니 여기서 우리와 함께 계시지요. 날이 다 저물었습니다." 그래서 예수께서 그들과 함께 묵으려고 집에 들어가셨습니다. 예수께서 그들과 함께 상에 기대어 앉아 빵을 들고 감사 기도를 드린 후 떼어 그들에게 나눠 주셨습니다. 그제야 그들의 눈이 열려 예수를 알아보았습니다. 그러나 곧 예수께서 그들의 눈앞에서 사라지셨습니다. 그들이 서로 물었습니다. "길에서 그분이 우리에게 말씀하시고 성경을 풀어 주실 때 우리 마음이 뜨거워지지 않았느냐?" 그들이 즉시 일어나 예루살렘으로 돌아갔습니다. 가서 보니 거기에는 열한 제자가 다른 사람들과 함께 모여 있었습니다. 이들이 말했습니다. "주께서 참으로 살아나셨고 시몬에게 나타나셨다!" 그러자 그 두 사람도 길에서 있었던 일과 예수께서 빵을 떼어 주실 때 그들이 그분을 알아본 일을 이야기해 주었습니다.

예수께서 제자들에게 나타나시다

그들이 아직 이런 이야기를 하고 있을 때 예수께서 바로 그들 사이에 나타나셔서 말씀하셨습니다. "너희에게 평화가 있으라." 그들은 유령을 본 줄 알고 놀라며 무서워했습니다. 예수께서 그들에게 말씀하셨습니다. "어째서 두려워하며 마음에 의심이 일어나느냐? 내 손과 내 발을 보라. 바로 나다! 나를 만져 보고 쳐다보라. 유령은 살과 뼈가 없다. 그러나 너희가 보다시피 나는 있지 않으냐?" 예수께서는 이렇게 말씀하시고 그 손과 발을 보여 주셨습니다. 그들은 너무 기쁘고 놀라워 오히려 믿기지 않았습니다. 그때 예수께서 그들에게 물으셨습니다. "여기에 먹을 것이 좀 있느냐?" 그들은 구운 생선 한 토막을 갖다 드렸습니다. 그러자 예수께서는 그들 앞에서 생선을 가져다가 잡수셨습니다. 예수께서 그들에게 말씀하셨습니다. "내가 전에 너희와 함께 있을 때 모세의 율법과 예언서와 시편에서 나에 대해 기록된 모든 일이 마땅히 이루어져야 한다고 너희에게 말한 것이 바로 이것이다." 그리고 예수께서 그들의 마음을 열어 성경을 깨닫게 해 주셨습니다. 예수께서 그들에게 말씀하셨습니다. "이렇게 기록돼 있다. 그리스도께서 고난을 겪고 3일째 되는 날 죽은 사람들 가운데서 살아날 것이며 또 예루살렘으로부터 시작해 모든 민족에게 그의 이름으로 죄 용서를 받게 하는 회개가 전파될 것이다. 너희는 이 일들의 증인이다. 보라. 내가 내 아버지께서 약속하신 것을 너희에게 보낸다. 그러므로 너희는 위로부터 내려오는 능력을 입을 때까지 예루살렘에 머물러 있으라."

예수께서 하늘로 올려지시다

예수께서 제자들을 이끌고 베다니 앞에까지 가시더니 거기서 두 손을 들고 그들에게 복을 주셨습니다. 예수께서는 제자들에게 복을 주시는 중에 그들을 떠나 [하늘로 들려 올라가]셨습니다. 그러자 그들은 [예수께 경배하며] 기쁨에 넘쳐 예루살렘으로 돌아가 하나님을 찬양하면서 계속 성전에 있었습니다.

요한복음
John

1 말씀이 육신이 되시다

태초에 말씀이 계셨습니다. 그 말씀은 하나님과 함께 계셨고 그 말씀은 하나님이셨습니다. 그분은 태초에 하나님과 함께 계셨습니다. 모든 것이 그분을 통해 지음받았으며 그분 없이 된 것은 아무것도 없었습니다. 그분 안에는 생명이 있었습니다. 그 생명은 사람들의 빛이었습니다. 그 빛이 어둠 속에서 비추고 있지만 어둠은 그 빛을 깨닫지 못했습니다. 하나님께서 보내신 사람이 있었습니다. 그 이름은 요한이었습니다. 요한은 그 빛에 관해 증언하러 온 증인이었는데 이는 그를 통해 모든 사람이 믿게 하려는 것이었습니다. 요한 자신은 그 빛이 아니었습니다. 그는 다만 그 빛에 대해 증언하기 위해 온 것입니다. 참빛이 있었습니다. 그 빛이 세상에 와서 모든 사람을 비추었습니다. 그분이 세상에 계셨고 그분이 세상을 지으셨지만 세상은 그분을 알아보지 못했습니다. 그분이 자기 땅에 오셨지만 그분의 백성들이 그분을 받아들이지 않았습니다. 그러나 그분을 영접한 사람들, 곧 그분의 이름을 믿는 사람들에게는 하나님의 자녀가 될 권세를 주셨습니다. 이 사람들이 하나님의 자녀로 태어난 것은 혈통이나 육정이나 사람의 뜻으로 된 것이 아니라 하나님의 뜻으로 된 것입니다. 그 말씀이 육신이 돼 우리 가운데 계셨기에 우리는 그분의 영광을 보았습니다. 그것은 은혜와 진리가 충만한 아버지의 독생자의 영광이었습니다. 요한은 그분에 대해 증언해 외쳤습니다. "내가 전에 '내 뒤에 오시는 그분이 나보다 앞선 것은 나보다 먼저 계셨기 때문이다'라고 말했는데 그분이 바로 이분이시다." 그분의 충만함으로부터 우리 모두는 분에 넘치는 은혜를 받았습니다. 율법은 모세를 통해 주셨지만 은혜와 진리는 예수 그리스도를 통해 왔습니다. 지금까지 아무도 하나님을 본 사람이 없었습니다. 그러나 아버지 품에 계시는 독생자께서 하나님을 알려 주셨습니다.

세례자 요한이 자신에 대하여 그리스도가 아니라고 말하다

예루살렘의 유대 사람들이 제사장들과 레위 지파 사람들을 보내 "당신은 누구시오?"라고 요한의 정체를 물었을 때 요한이 한 증언은 이렇습니다. 그는 거절하지 않고 고백했습니다. "나는 그리스도가 아니오." 그들이 물었습니다. "그러면 당신은 누구요? 엘리야요?" 요한이 대답했습니다. "아니오." "그러면 그 예언자요?" 그가 대답했습니다. "아니오." 그러자 그들이 말했습니다. "그러면 도대체 당신은 누구요? 우리를 보낸 사람들에게 가서 대답할 말을 좀 해 주시오! 당신은 자신을 누구라고 생각하오?" 요한은 예언자 이사야의 말로 대답했습니다. "나는 주를 위해 길을 곧게 하라고 광야에서 외치는 사람의 소리요." 보냄을 받은 유대 사람들 중에는 바리새파 사람들이 보낸 이들이 있었습니다. 그들이 요한에게 질문했습니다. "당신이 그리스도도 아니고, 엘리야도 아니고, 그 예언자도 아니라면 어째서 세례를 주시오?" 요한이 대답했습니다. "나는 물로 세례를 주지만 여러분 가운데 여러분이 알지 못하는 한 분이 서 계시오. 그분은 내 뒤에 오시는 분인데 나는 그분의 신발 끈을 풀 자격도 없소." 이 일은 요한이 세례를 주던 곳, 요단 강 건너편 베다니에서 있었던 일입니다.

세례자 요한이 예수에 관하여 증언하다

다음 날 요한은 예수께서 자기에게 다가오시는 것을 보고 말했습니다. "보시오. 세상 죄를 지고 가시는 하나님의 어린양이십니다. 내가 전에 '내 뒤에 오시는 분이 나보다 앞선 것은 그분이 나보다 먼저 계셨기 때문이다'라고 말했던 분이 바로 이분이십니다. 나도 이분을 알지 못했습니다. 그러나 내가 와서 물로 세례를 주는 까닭은 바로 이분을 이스라엘에게 알리기 위해서입니다." 그리고 요한은 또 이렇게 증언했습니다. "나는 성령이 하늘에서 비둘기같이 내려와 그분 위에 머무는 것을 보았습니다. 나도 이분이 그분인 줄 알지 못했습니다. 그러나 물로 세례를 주라고 나를 보내신 분이 '어떤 사람에게 성령이 내려와 머무는 것을 네가 보게 되면 그가 바로 성령으로 세례를 줄 분임을 알라'고 일러 주셨습니다. 그런데 나는 그것을 보았습니다. 그래서 이분이 하나님의 아들이라고 증언하는 것입니다."

세례자 요한의 제자들이 예수를 따르다

다음 날 요한은 자기 두 제자와 함께 다시 그곳에 서 있다가 예수께서 지나가시는 것을 보고 말했습니다. "보라. 하나님의 어린양이시다." 그 말을 듣고 요한의 두 제자가 예수를 따라갔습니다. 예수께서 뒤를 돌아 그들이 따라오는 것을 보고 물으셨습니다. "무엇을 원하느냐?" 그들이 말했습니다. "랍비여, 어디에 머물고 계십니까?"('랍비'는 '선생'이라는 뜻입니다.) 예수께서 대답하셨습니다. "와서 보라." 그래서 두 제자는 가서 그분이 계시는 곳을 보고 그날 그분과 함께 지냈습니다. 때는 오후 4시쯤이었습니다. 요한의 말을 듣고 예수를 따라간 두 사람 중 한 사람은 시몬 베드로의 동생 안드레였습니다. 안드레는 가장 먼저 자기 형 시몬을 찾아가 말했습니다. "우리가 메시아를 만났다." (메시아는 '그리스도'라는 뜻입니다.) 그리고 그는 시몬을 예수께 데려왔습니다. 예수께서 시몬을 보고 말씀하셨습니다. "너는 요한의 아들 시몬이구나. 이제 너는 게바라고 불릴 것이다."('게바'는 '베드로'라는 뜻입니다.)

예수께서 빌립과 나다나엘을 부르시다

다음 날 예수께서 갈릴리로 떠나시려다 빌립을 만나 말씀하셨습니다. "나를 따라라." 빌립도 역시 안드레와 베드로처럼 벳새다 마을 출신이었습니다. 빌립은 나다나엘을 찾아가 말했습니다. "모세가 율법에 기록했고 예언자들도 기록했던 그분을 우리가 만났소. 그분은 요셉의 아들 나사렛 예수시오!" 나다나엘이 물었습니다. "나사렛에서 무슨 선한 것이 나오겠는가?" 빌립이 말했습니다. "와서 보시오!" 예수께서 나다나엘이 다가오는 것을 보시고 그에 관해 말씀하셨습니다. "여기 참이스라엘 사람이 있다. 이 사람에게는 거짓된 것이 없다." 나다나엘이 물었습니다. "어떻게 저를 아십니까?" 예수께서 대답하셨습니다. "빌립이 너를 부르기 전 네가 무화과나무 아래 있을 때에 내가 보았다." 그러자 나다나엘이 대답했습니다. "랍비여, 당신은 하나님의 아들이시며 이스라엘의 왕이십니다." 예수께서 그에게 말씀하셨습니다. "내가 무화과나무 아래 있던 너를 보았다고 해서 믿느냐? 이제 그보다 더 큰 일도 보게 될 것이다." 그리고 예수께서 덧붙여 말씀하셨습니다. "내가 진실로 진실로 너희에게 말한다. 너희는 하늘이 열리고 하나님의 천사들이 인자 위에서 오르락내리락하는 것을 보게 될 것이다."

2 예수께서 물을 포도주로 바꾸시다

3일째 되던 날, 갈릴리 가나에서 결혼식이 있었습니다. 예수의 어머니도 그곳에 계셨고 예수와 제자들도 그 결혼식에 초대받았습니다. 그런데 포도주가 다 떨어지자 예수의 어머니는 예수께 와서 "포도주가 다 떨어졌구나"라고 말해 주었습니다. 예수께서 대답하셨습니다. "어머니, 그것이 나와 당신에게 무슨 관계가 있다고 그러십니까? 아직 내 때가 이르지 않았습니다." 그러나 예수의 어머니는 하인들에게 말했습니다. "무엇이든 그가 시키는 대로 하라." 가까운 곳에 돌 항아리 여섯 개가 놓여 있었습니다. 그것은 유대 사람들의 정결 의식에 쓰이는 것으로서 각각 물 2-3메트레테스 들어가는 크기의 항아리였습니다. 예수께서 하인들에게 말씀하셨습니다. "저 항아리들에 물을 채우라." 그래서 그들은 항아리마다 물을 넘치도록 가득 채웠습니다. 그러자 예수께서 그들에게 말씀하셨습니다. "이제 물을 떠서 잔치 책임자에게 갖다 주라." 그들은 그렇게 했습니다. 잔치 책임자는 물이 변해 된 포도주를 맛보았습니다. 그는 그 포도주가 어디에서 났는지 알지 못했지만 물을 떠 온 하인들은 알고 있었습니다. 잔치 책임자는 신랑을 불렀습니다. 그러고는 이렇게 말했습니다. "누구든지 처음에는 맛 좋은 포도주를 내오다가 손님들이 취하면 덜 좋은 포도주를 내는 법인데 당신은 가장 좋은 포도주를 지금까지 남겨 두었군요." 예수께서 이 첫 번째 표적을 갈릴리 가나에서 행해 자기의 영광을 드러내셨습니다. 그러자 예수의 제자들이 그를 믿었습니다. 그 후 예수께서는 어머니와 동생들과 제자들과 함께 가버나움으로 내려가셔서 그곳에서 며칠 동안 머물러 계셨습니다.

예수께서 성전 뜰을 정화하시다

유대 사람들이 지키는 유월절이 다가오자 예수께서는 예루살렘으로 올라가셨습니다. 예수께서 성전 뜰에서 사람들이 소와 양과 비둘기를 팔고 또 탁자 앞에 앉아 돈을 바꿔 주는 것을 보셨습니다. 예수께서는 노끈으로 채찍을 만들어 양과 소들을 모두 성전 밖으로 내쫓고 돈을 바꿔 주던 사람들의 동전을 쏟고 탁자를 엎어 버리셨습니다. 그리고 비둘기를 팔던 사람들에게 말씀하셨습니다. "이것들을 여기에서 치워 버리라! 내 아버지의 집을 장사하는 집으로 만들지 말라!" 예수의 제자들은 "주의 집을 향한 열정이 나를 삼킬 것이다"라고 기록된 성경 말씀이 생각났습니다. 그때 유대 사람들이 예수께 물었습니다. "당신이 이런 일을 할 수 있다는 것을 증명할 만한 무슨 표적을 우리에게 보여 줄 수 있겠소?" 예수께서 그들에게 대답하셨습니다. "이 성전을 허물라. 그러면 내가 3일 만에 다시 세우겠다." 그러자 유대 사람들이 대답했습니다. "이 성전을 짓는 데에 46년이나 걸렸는데 당신이 그것을 3일 만에 다시 세우겠다는 말이오?" 그러나 예수께서 말씀하신 성전은 바로 자기 몸을 가리킨 것이었습니다. 나중에 예수께서 죽은 사람들 가운데서 살아나셨을 때에야 제자들은 이 말씀을 기억했고 성경과 예수께서 하신 말씀을 믿었습니다. 예수께서 유월절을 맞아 예루살렘에 계시는 동안 많은 사람들이 그분이 행하시는 표적을 보고 그 이름을 믿었습니다. 그러나 예수께서는 모든 사람을 알고 계셨기 때문에 자기 자신을 그들에게 맡기지 않으셨습니다. 또한 예수께서는 사람에 대해 그 누구의 증언도 필요하지 않으셨습니다. 사람의 마음속에 있는 것까지 다 알고 계셨기 때문입니다.

3 예수께서 니고데모를 가르치시다

바리새파 사람들 중에 니고데모라는 사람이 있었는데 그는 유대 공회 지도자였습니다. 그가 밤에 예수를 찾아와 물었습니다. "랍비여, 우리는 당신이 하나님께로부터 오신 선생님인 것을 알고 있습니다. 하나님께서 함께하시지 않는다면 선생님이 행하신 그런 표적들을 아무도 행할 수 없기 때문입니다." 예수께서 그에게 이렇게 말씀하셨습니다. "내가 진실로 진실로 네게 말한다. 누구든지 다시 태어나지 않으면 하나님 나라를 볼 수 없다." 니고데모가 예수께 물었습니다. "나이가 들어 늙은 사람이 어떻게 다시 태어나겠습니까? 태어나려고 어머니의 배 속으로 다시 들어갈 수 없지 않습니까?" 예수께서 대답하셨습니다. "내가 진실로 진실로 네게 말한다. 누구든지 물과 성령으로 태어나지 않으면 하나님 나라에 들어갈 수 없다. 육체에서 난 것은 육체이고 성령으로 난 것은 영이다. '다시 태어나야 한다'라고 말한 것을 너희는 이상히 여기지 말라. 바람은 불고 싶은 대로 분다. 너는 그 소리를 듣지만 바람이 어디서 오는지, 어디로 가는지 알지 못한다. 성령으로 태어난 사람도 모두 이와 같다." 니고데모가 예수께 물었습니다. "어떻게 이런 일이 있을 수 있습니까?" 예수께서 말씀하셨습니다. "너는 이스라엘의 선생이면서도 이런 일을 이해하지 못하느냐? 내가 진실로 진실로 네게 말한다. 우리는 아는 것을 말하고 본 것을 증언하는데 너희는 우리 증언을 받아들이지 않고 있다. 내가 땅의 것을 말해도 너희가 믿지 않는데 하물며 하늘의 것을 말하면 어떻게 믿겠느냐? 하늘에서 내려온 사람, 곧 인자 외에는 하늘로 올라간 사람이 없다. 모세가 광야에서 뱀을 들어 올린 것같이 인자도 들려야 한다. 그것은 그를 믿는 사람마다 영생을 얻게 하려는 것이다. 하나님께서 세상을 이처럼 사랑하셔서 독생자를 주셨으니 이는 그를 믿는 사람마다 멸망하지 않고 영생을 얻게 하려는 것이다. 하나님께서 자신의 아들을 세상에 보내신 것은 세상을 심판하시려는 것이 아니라 그 아들을 통해 세상을 구원하시려는 것이다. 아들을 믿는 사람은 심판을 받지 않는다. 그러나 믿지 않는 사람은 이미 심판을 받았다. 하나님의 독생자의 이름을 믿지 않았기 때문이다. 그 심판은 이것인데, 곧 빛이 세상에 왔지만 사람들은 자기 행위가 악하기 때문에 빛 대신 어둠을 사랑한 것이다. 악을 행하는 사람마다 빛을 미워하고 자기 행위가 드러날까 두려워해 빛으로 나아오지 않는다. 그러나 진리를 따라 사는 사람은 빛으로 나아온다. 그것은 자기의 행위가 하나님 안에서 이루어졌음을 나타내려는 것이다."

세례자 요한이 다시 예수에 관하여 증언하다

그 후 예수께서 제자들과 함께 유대 지방으로 가셔서 거기서 얼마 동안 제자들과 함께 머무르시며 세례를 주셨습니다. 요한도 살렘 가까이에 있는 애논에서 세례를 주고 있었습니다. 그곳에는 물이 많았기 때문입니다. 사람들이 나아와 세례를 받았습니다. 이 때는 요한이 아직 감옥에 갇히기 전이었습니다. 요한의 제자들 중 몇 사람과 어떤 유대 사람 사이에 정결 의식과 관련해 논쟁이 붙었습니다. 요한의 제자들이 요한에게 와서 말했습니다. "랍비여, 전에 요단 강 건너편에서 선생님과 함께 계시던 분, 선생님이 증언하셨던 그분이 지금 세례를 주고 있는데 사람들이 다 그분께로 가고 있습니다." 이 말에 요한이 대답했습니다. "하늘에서 주시지 않으면 사람은 아무것도 받을 수 없다. 내가 전에 '나는 그리스도가 아니고 그분보다 앞서 보냄을 받은 사람이다'라고 한 말을 증언할 사람들은 바로 너희다. 신부를 얻는 자는 신랑이다. 그러나 신랑의 친구는 신랑을 기다렸다가 신랑의 음성을 들으면 그 음성으로 인해 매우 기뻐한다. 나는 이런 기쁨으로 충만하다. 그분은 흥해야 하고 나는 쇠해야 한다. 위에서 오시는 그분은 모든 것 위에 계시는 분이시다.

땅에서 난 사람은 땅에 속해 땅의 것을 말한다. 그러나 하늘에서 오시는 그분은 모든 것 위에 계신다. 그분은 보고 들은 것을 증언하신다. 그러나 아무도 그 증언을 받아들이지 않는다. 그분의 증언을 받아들인 사람은 하나님이 참되신 분임을 인정하는 것이다. 하나님께서 보내신 그분은 하나님의 말씀을 전하신다. 그것은 하나님께서 그분에게 성령을 한없이 주셨기 때문이다. 아버지께서는 아들을 사랑하셔서 모든 것을 아들의 손안에 맡기셨다. 아들을 믿는 사람에게는 영생이 있다. 그러나 아들에게 순종하지 않는 사람은 생명을 보지 못하고 도리어 하나님의 진노를 받게 된다.”

4 예수께서 사마리아 여인과 대화하시다

예수께서 요한보다 더 많은 사람들을 제자로 삼아 세례를 주신다는 소문이 바리새파 사람들의 귀에 들어간 것을 예수께서 아셨습니다. (사실 예수께서 직접 세례를 주신 것이 아니라 그의 제자들이 준 것이었습니다.) 그래서 예수께서는 유대를 떠나 다시 갈릴리로 가셨습니다. 갈릴리로 들어가려면 사마리아 지방을 거쳐야만 했습니다. 그리하여 예수께서는 사마리아의 수가라는 마을로 들어가셨습니다. 그곳은 옛날 야곱이 자기 아들 요셉에게 준 땅과 가까웠으며 야곱의 우물이 거기에 있었습니다. 여행으로 피곤해진 예수께서는 그 우물 곁에 앉으셨습니다. 그때가 낮 12시쯤이었습니다. 한 사마리아 여인이 물을 길으러 나왔습니다. 예수께서 여인에게 말을 거셨습니다. “내게 물 좀 떠 주겠느냐?” 제자들은 먹을 것을 사러 마을에 들어가고 없었습니다. 사마리아 여인이 예수께 말했습니다. "당신은 유대 사람이고 저는 사마리아 여자인데 어떻게 제게 물을 달라고 하십니까?" 당시 유대 사람들은 사마리아 사람과는 상대도 하지 않았기 때문입니다. 예수께서 여인에게 대답하셨습니다. "네가 하나님의 선물을 알고 또 물을 달라고 하는 사람이 누구인지 알았다면 도리어 네가 그에게 부탁했을 것이고 그가 네게 생수를 주었을 것이다." 여인이 예수께 말했습니다. "선생님, 선생님께서는 두레박도 없고 이 우물은 깊은데 선생님께서는 어디에서 생수를 구한단 말입니까? 선생님이 우리 조상 야곱보다 더 크신 분이십니까? 야곱은 우리에게 이 우물을 주었고 그와 그의 아들들과 가축들도 다 여기에서 물을 마시지 않았습니까?" 예수께서 대답하셨습니다. "이 물을 마시는 사람마다 다시 목마를 것이다. 그러나 내가 주는 물을 마시는 사람은 영원히 목마르지 않을 것이다. 내가 주는 물은 그 사람 안에서 계속 솟아올라 영생에 이르게 하는 샘물이 될 것이다." 여인이 예수께 말했습니다. "선생님, 제게 그 물을 주십시오. 제가 목마르지도 않고 다시는 물 길으러 여기까지 나오지 않게 해 주십시오." 예수께서 여인에게 말씀하셨습니다. "가서 네 남편을 불러오너라." 여인이 예수께 대답했습니다. "저는 남편이 없습니다." 예수께서 여인에게 말씀하셨습니다. "네가 남편이 없다고 한 말이 맞다. 실은 전에 네게 남편이 다섯이나 있었고 지금 함께 사는 남자도 네 남편이 아니니 네가 지금 한 말이 맞구나." 여인이 예수께 말했습니다. "선생님, 제가 보니 당신은 예언자이십니다. 우리 조상들은 이 산에서 예배를 드렸는데 당신네 유대 사람들은 '예배는 예루살렘에

서만 드려야 한다'라고 말합니다." 예수께서 여인에게 말씀하셨습니다. "여인아, 나를 믿어라. 이제 이 산도 아니고 예루살렘도 아닌 곳에서 아버지께 예배드릴 때가 올 것이다. 너희 사마리아 사람들은 알지 못하는 것을 예배하지만 우리 유대 사람들은 알고 있는 것을 예배한다. 이는 구원이 유대 사람들로부터 나오기 때문이다. 이제 참되게 예배하는 사람들이 영과 진리로 아버지께 예배드릴 때가 오는데 지금이 바로 그때다. 아버지께서는 이렇게 예배드리는 사람들을 찾고 계신다. 하나님은 영이시니 하나님께 예배드리는 사람은 영과 진리로 예배드려야 한다." 여인이 예수께 말했습니다. "저도 그리스도라고 하는 메시아가 오실 것을 압니다. 메시아가 오시면 우리에게 모든 것을 알려 주실 것입니다." 그러자 예수께서 여인에게 말씀하셨습니다. "지금 네게 말하고 있는 내가 바로 그 메시아다."

제자들이 예수께 돌아오다

바로 그때 제자들이 돌아와 예수께서 한 여인과 말씀하시는 것을 보고 놀랐습니다. 그러나 아무도 "무엇을 요구하십니까?", "왜 저 여인과 말씀하고 계십니까?"라고 묻는 사람이 없었습니다. 여인은 물항아리를 내버려 둔 채 마을로 돌아가 사람들에게 말했습니다. "와서 내 과거를 모두 말해 준 사람을 보십시오. 이분이 그리스도가 아니겠습니까?" 사람들이 마을에서 나와 예수께로 나아갔습니다. 한편 제자들은 예수께 청했습니다. "랍비여, 뭘 좀 드십시오." 그러나 예수께서는 그들에게 말씀하셨습니다. "내게는 너희가 알지 못하는 양식이 있다." 그러자 제자들이 서로 수군거렸습니다. "누가 벌써 잡수실 것을 갖다 드렸는가?" 예수께서 말씀하셨습니다. "내 양식은 나를 보내신 분의 뜻을 행하고 그분의 일을 완성하는 것이다. 너희는 '넉 달이 더 지나야 추수할 때가 된다'고 말하지 않느냐? 그러나 나는 너희에게 말한다. 눈을 들어 들판을 보라. 이미 곡식이 익어 추수할 때가 됐다. 추수하는 사람은 이미 삯을 받았고 이제 영생의 곡식을 거두어들이고 있다. 그리하여 씨를 뿌린 사람과 추수하는 사람이 함께 기뻐할 것이다. 그러므로 '한 사람은 심고 한 사람은 거둔다'라는 말이 맞다. 나는 너희를 보내어 너희가 일하지도 않았는데 열매를 거두게 했다. 다른 사람들은 수고했고 너희는 그들이 수고한 결실을 거두게 된 것이다."

많은 사마리아 사람들이 예수를 믿다

그 마을에 사는 많은 사마리아 사람들은 여인이 '그분이 내 과거를 모두 말해 준 사람이다'라고 증언했기 때문에 예수를 믿었습니다. 그래서 사마리아 사람들은 예수께 나아와 그들과 함께 머물 것을 청했습니다. 예수께서는 그곳에 이틀 동안 머무르셨습니다. 그래서 더 많은 사람들이 예수의 말씀을 듣고서 믿게 됐습니다. 사람들이 여인에게 말했습니다. "이제 우리가 믿는 것은 당신의 말 때문에 믿는 것이 아니오. 우리가 그 말씀을 직접 듣고 보니 이분이 참으로 세상의 구주이심을 알게 됐소."

예수께서 왕의 신하의 아들을 고치시다

이틀 후에 예수께서 그곳을 떠나 갈릴리로 가셨습니다. (전에 예수께서는 예언자가 자기 고향에서 존경받지 못함을 직접 증언하신 적이 있었습니다.) 예수께서 갈릴리에 도착하시자 갈릴리 사람들은 예수를 환영했습니다. 그들은 유월절에 예루살렘에 갔다가 예수께서 거기서 행하신 일들을 모두 목격했던 것입니다. 예수께서는 전에 물로 포도주를 만드셨던 곳인 갈릴리 가나에 다시 들르셨습니다. 그곳에는 왕의 신하 한 사람이 있었는데 그의 아들이 병에 걸려 가버나움에 있었습니다. 예수께서 유대에서 갈릴리로 오셨다는 소문을 들은 왕의 신하는 예수께로 가서, 오셔서 자기 아들을 고쳐 달라고 애원했습니다. 그의 아들은 거의 죽어 가고 있었습니다. 예수께서 그에게 말씀하셨습니다. "너희는 표적이나 기사를 보지 않고서는 전혀 믿으려 하지 않는다." 신하가 말했습니다. "선생님, 제 아이가 죽기 전에 내려와 주십시오." 예수께서 그에게 대답하셨습니다. "가 보아라. 네 아들이 살 것이다." 그는 예수의 말씀을 믿고 갔습니다. 신하가 집으로 가는 도중에 마중 나온 하인들을 만나 아들이 살아났다는 소식을 들었습니다. 그가 하인들에게 아이가 언제부터 좋아졌느냐고 묻자 "어제 오후 1시에 열이 떨어졌습니다" 하고 종들이 대답했습니다. 아이의 아버지는, 예수께서 "네 아들이 살 것이다"라고 말씀하셨던 바로 그때였음을 알았습니다. 그래서 그와 그의 온 집안이 예수를 믿게 됐습니다. 이것은 예수께서 유대에서 갈릴리로 돌아오신 후에 행하신 두 번째 표적이었습니다.

5 베데스다에서의 치유

그 후 예수께서는 유대 사람의 절기가 돼 예루살렘으로 올라
가셨습니다. 예루살렘의 '양의 문' 근처에는 히브리 말로 '베데스다'
라고 하는 못이 있었는데 그 못 주위는 다섯 개의 기둥이 있었습니
다. 여기에는 눈먼 사람들, 다리 저는 사람들, 중풍 환자들 등 많은
장애인들이 누워 있곤 했습니다. [그들은 물이 움직이기를 기다리
고 있었습니다. 주의 천사가 가끔 내려와 물을 휘저어 놓았는데 물
이 움직일 때 맨 먼저 못에 들어가는 사람은 무슨 병에 걸렸든지 다
나았습니다.] 거기에 38년 동안 병을 앓고 있던 사람이 있었습니다.
예수께서 그가 거기 누워 있는 것을 보시고 또 그가 이미 오랫동
안 앓아 온 것을 아시고 물으셨습니다. "네 병이 낫기를 원하느냐?"
환자가 대답했습니다. "선생님, 물이 움직일 때 못에 들어가도록 나
를 도와주는 사람이 없습니다. 내가 가는 동안 다른 사람들이 나
보다 먼저 물속에 들어갑니다." 그러자 예수께서 그에게 말씀하셨
습니다. "일어나 네 자리를 들고 걸어가거라." 그러자 그가 곧 나아
서 자리를 들고 걸어갔습니다. 그날은 안식일이었습니다. 그래서 유
대 사람들은 병이 나은 사람에게 말했습니다. "오늘은 안식일이니
자리를 들고 가는 것은 옳지 않소." 그러나 그가 대답했습니다. "내
병을 고치신 분이 내게 '자리를 들고 걸어가거라'라고 하셨소." 그
러자 유대 사람들이 그에게 물었습니다. "당신에게 자리를 들고 걸
어가라고 말한 사람이 대체 누구요?" 병이 나은 사람은 그분이 누
구인지 알 수 없었습니다. 그곳에는 많은 사람들이 있었고 예수께
서는 이미 떠나셨기 때문입니다. 나중에 예수께서 성전에서 이 사

람을 만나 말씀하셨습니다. "보아라. 네가 다 나았구나. 더 심한 병이 네게 생기지 않도록 이제 다시는 죄를 짓지 마라." 그 사람은 유대 사람들에게 가서 자기 병을 고치신 분이 예수라고 말했습니다.

아들의 권한

예수께서 안식일에 이런 일을 행하셨기 때문에 유대 사람들은 예수를 핍박했습니다. 예수께서 그들에게 말씀하셨습니다. "내 아버지께서 지금까지 일하고 계시니 나도 일한다." 유대 사람들은 이 말 때문에 더욱더 예수를 죽이려고 애썼습니다. 예수께서 안식일을 어길 뿐만 아니라 하나님을 자기 아버지라 부르며 자기를 하나님과 동등하게 여기셨기 때문입니다. 예수께서 그들에게 이렇게 대답하셨습니다. "내가 진실로 진실로 너희에게 말한다. 아들 혼자서는 아무것도 할 수 없고 아들은 아버지께서 하시는 것을 보는 대로 따라 할 뿐이다. 아들은 무엇이든지 아버지께서 하시는 일을 그대로 한다. 아버지께서는 아들을 사랑하셔서 하시는 일들을 모두 아들에게 보여 주신다. 또한 이보다 더 큰 일들을 아들에게 보여 주셔서 너희를 놀라게 하실 것이다. 아버지께서 죽은 사람을 일으켜 생명을 주시는 것같이 아들도 자기가 원하는 사람들에게 생명을 준다. 아버지께서는 아무도 심판하지 않으시고 아들에게 모든 심판을 맡기셨다. 이는 모든 사람이 아버지를 공경하는 것같이 아들도 공경하게 하려는 것이다. 아들을 공경하지 않는 사람은 그를 보내신 아버지도 공경하지 않는다. 내가 진실로 진실로 너희에게 말한다. 누구든지 내 말을 듣고 나를 보내신 분을 믿는 사람은 영생이 있고 심판을 받지 않는다. 그는 죽음에서 생명으로 옮겨졌다. 내가 진실로 진실로 너희에게 말한다. 죽은 사람들이 하나님의 아들의 음성을 들을 때가 오는데 지금이 바로 그때다. 그 음성을 듣는 사람들은 살 것이다. 아버지께서는 자기 안에 생명이 있는 것같이 아들에게도 생명을 주셔서 아들 안에 생명이 있게 하셨다. 또 아버지께서는 아들에게 심판할 수 있는 권한을 맡기셨는데 이는 아들이 인자이기 때문이다. 이것에 놀라지 말라. 무덤 속에 있는 모든 사람들이 아들의 음성을 들을 때가 온다. 선한 일을 행한 사람들은 부활해 생명을 얻고 악한 일을 행한 사람들은 부활해 심판을 받을 것이다. 나는 아무것도 내 마음대로 할 수 없다. 나는 아버지께 들은 대로만 심판하기 때문에 내 심판은 공정하다. 이는 내가 내 뜻대로가 아니라 나를 보내신 분의 뜻을 기쁘게 하려 하기 때문이다.

예수에 관한 증언들

만약 내가 나 자신에 대해 증언한다면 내 증언은 참되지 못하다. 나를 위해 증언하시는 분이 계시는데 나는 나에 대한 그분의 증언이 참인 것을 안다. 너희가 요한에게 사람들을 보냈을 때 그가 이 진리에 대해 증언했다. 내가 이 말을 하는 것은 사람의 증언을 받으려는 것이 아니요, 다만 너희로 하여금 구원을 얻게 하려는 것이다. 요한은 타오르면서 빛을 내는 등불이었고 너희는 잠시 동안 그 빛 안에서 즐거워했다. 그러나 내게는 요한의 증언보다 더 큰 증언이 있다. 아버지께서 내게 완성하라고 주신 일들, 곧 내가 지금 하고 있는 일이 바로 아버지께서 나를 보내셨다는 것을 증언한다. 그리고 나를 보내신 아버지께서도 친히 나에 대해 증언해 주신다. 너희는 그분의 음성을 들은 적도 없고 그분의 모습을 본 적도 없다. 또한 그분의 말씀이 너희 안에 있지도 않다. 이는 너희가 아버지께서 보내신 이를 믿지 않기 때문이다. 너희가 성경 안에서 영생을 얻을 수 있다는 생각에 성경을 열심히 연구하는구나. 성경은 바로 나에 대해 증언하고 있다. 그러나 너희는 생명을 얻기 위해 내게로 오려고 하지 않는다. 나는 사람들에게서 영광을 받지 않는다. 나는 너희가 하나님을 사랑하는 마음이 없다는 것을 안다. 내가 내 아버지의 이름으로 왔는데 너희는 나를 영접하지 않고 있다. 그러나 누군가 다른 사람이 자기 이름으로 오면 너희는 영접할 것이다. 너희는 서로 영광을 주고받으면서도 정작 유일하신 하나님으로부터 오는 영광은 얻으려고 하지 않으니 어떻게 믿을 수 있겠느냐? 그렇다고 내가 아버지 앞에서 너희를 고소하리라고는 생각하지 말라. 너희를 고소하는 사람은 너희가 소망을 두고 있는 모세다. 만약 너희가 모세를 믿었다면 나를 믿었을 것이다. 모세가 나에 대해 기록했기 때문이다. 그러나 너희가 모세의 글을 믿지 않는데 어떻게 내 말을 믿겠느냐?"

6 예수께서 오천 명을 먹이시다

이 일이 있은 지 얼마 후에 예수께서 갈릴리 바다, 곧 디베랴 바다 건너편으로 가셨습니다. 그러자 환자들에게 표적을 베푸시는 것을 본 많은 무리가 예수를 따랐습니다. 예수께서는 산에 올라가서 제자들과 함께 앉으셨습니다. 그때는 유대 사람의 명절인 유월절이 가까운 때였습니다. 예수께서 눈을 들어 많은 사람이 자기에게로 몰려오는 것을 보시고 빌립에게 말씀하셨습니다. "우리가 어디에서 빵을 사서 이 사람들을 먹이겠느냐?" 예수께서는 빌립이 어떻게 하나 보시려고 이렇게 질문하신 것일 뿐, 사실 자기가 하실 일을 미리 알고 계셨습니다. 빌립이 예수께 대답했습니다. "한 사람당 조금씩만 먹는다고 해도 200데나리온어치의 빵으로도 모자랄 것입니다." 제자들 중 하나이며 시몬 베드로의 동생인 안드레가 말했습니다. "여기 한 소년이 보리빵 다섯 개와 물고기 두 마리를 가지고 있습니다. 그러나 이렇게 많은 사람들에게 그게 얼마나 소용이 있겠습니까?" 예수께서 말씀하셨습니다. "사람들을 모두 앉히라." 그곳은 넓은 풀밭이었는데, 남자들이 둘러앉으니 5,000명쯤 됐습니다. 예수께서는 빵을 들고 감사 기도를 드리신 후 앉아 있는 사람들에게 원하는 만큼씩 나눠 주셨습니다. 물고기를 가지고도 똑같이 하셨습니다. 그들이 모두 배불리 먹은 뒤에 예수께서 제자들에게 말씀하셨습니다. "남은 것은 하나도 버리지 말고 모아 두라." 그리하여 그들이 남은 것을 모아 보니 보리빵 다섯 개로 먹고 남은 것이 12바구니에 가득 찼습니다. 사람들은 예수께서 행하신 표적을 보고 말했습니다. "이분은 이 세상에 오신다던 그 예언자가 틀림없다." 예수께서는 그들이 와서 강제로 자기를 왕 삼으려 한다는 것을 아시고 혼자서 다시 산으로 올라가셨습니다.

예수께서 물 위를 걸으시다

날이 저물자 예수의 제자들은 바다로 내려갔습니다. 거기서 그들은 배를 타고 바다를 건너 가버나움으로 향했습니다. 날은 이미 어두워졌고 예수께서는 아직 그들이 있는 곳으로 오시지 않았습니다. 세찬 바람이 불어 물살이 거세어졌습니다. 그들이 노를 저어 한 25-30스타디온쯤 갔을 때에 예수께서 물 위를 걸어서 배 쪽으로 다가오시는 것이 보였습니다. 그들은 두려웠습니다. 그러자 예수께서 그들에게 말씀하셨습니다. "나다. 두려워하지 말라." 그러자 그들은 기꺼이 예수를 배 안으로 모셨습니다. 배는 곧 그들이 가려던 땅에 도착했습니다. 그다음 날 건너편 바닷가에 남아 있던 많은 사람들은 그곳에 배가 한 척밖에 없었던 것과 예수께서 제자들이 탄 배에 오르시지 않고 제자들끼리 건너갔다는 것을 알았습니다. (그때 디베랴로부터 온 몇 척의 배가 주께서 감사 기도를 드리고 사람들에게 빵을 먹이셨던 그곳 가까이에 닿았습니다.) 그 사람들은 예수나 제자들이 모두 그곳에 없다는 사실을 알고 다시 배를 타고 예수를 찾으러 가버나움으로 갔습니다.

생명의 빵이신 예수

그들은 바다 건너편에서 예수를 발견하고 물었습니다. "랍비여, 언제 여기에 오셨습니까?" 예수께서 대답하셨습니다. "내가 진실로 진실로 너희에게 말한다. 너희가 나를 찾는 까닭은 표적을 보았기 때문이 아니라 빵을 먹고 배가 불렀기 때문이다. 썩어 없어질 양식을 위해 일하지 말고 영생하기까지 남아 있을 양식을 위해 일하라. 인자가 너희에게 이 양식을 줄 것이다. 아버지 하나님께서 인자를 인정하셨기 때문이다." 그러자 그들이 예수께 물었습니다. "우리가 어떻게 하면 하나님의 일을 하겠습니까?" 예수께서 대답하셨습니다. "하나님의 일이란 바로 하나님께서 보내신 이를 믿는 것이다." 그러자 그들이 예수께 다시 물었습니다. "그러면 우리가 보고 믿을 수 있도록 어떤 표적을 보이시겠습니까? 무슨 일을 하시려는 것입니까? 우리 조상들은 광야에서 만나를 먹었습니다. 성경에 이렇게 기록됐습니다. '그분은 하늘에서 빵을 내려 그들에게 먹게 하셨다.'" 예수께서 말씀하셨습니다. "내가 진실로 진실로 너희에게 말한다. 하늘에서 빵을 내려 준 분은 모세가 아니다. 오직 내 아버지께서 하늘로부터 참된 빵을 너희에게 내려 주시는 것이다. 하나님의 빵은 하늘에서 내려와 세상에 생명을 주시는 것이다." 그들이 말했습니다. "주여, 그 빵을 항상 우리에게 주십시오." 그러자 예수께서 그들에게 말씀하셨습니다. "내가 바로 생명의 빵이다. 내게 오는 사람은 결코 배고프지 않고 나를 믿는 사람은 결코 목마르지 않을 것이다. 그러나 내가 이미 말한 대로 너희는 나를 보고도 여전히 믿지 않는구나. 아버지께서 내게 주신 사람들은 모두 다 내게 올 것이요, 또 내게로 나오는 사람은 내가 결코 내쫓지 않을 것이다. 내가 하늘에서 내려온 것은 내 뜻이 아니라 나를 보내신 하나님의 뜻을 이루려는 것이기 때문이다. 나를 보내신 분의 뜻은 그분이 내게 주신 모든 사람들 중 한 사람도 잃지 않고 마지막 날에 그들을 다시 살리는 것이다. 내 아버지의 뜻은 아들을 보고 믿는 사람마다 영생을 얻게 하시는 것이니 내가 마지막 날에 그들을 다시 살릴 것이다." 이 말씀에 유대 사람들이 수군거리기 시작했습니다. 예수께서 "나는 하늘에서 내려온 빵이다"라고 말씀하셨기 때문입니다. 그들이 말했습니다. "저 사람은 요셉의 아들 예수가 아닌가? 그의 부모를 우리가 알지 않는가? 그런데 어떻게 '내가 하늘에서 왔다'고 말할 수 있는 가?" 예수께서 대답하셨습니다. "서로 수군거리지 말라. 나를 보내신 아버지께서 이끌어 주시지 않으면 어느 누구도 내게로 올 수 없다. 그러나 내게 오는 사람은 마지막 날에 내가 다시 살릴 것이다. 예언서에 이렇게 기록됐다. '그들은 모두 하나님의 가르침을 받을 것이다.' 아버지께로부터 듣고 배운 사람마다 내게로 온다. 이 말은 아버지를 본 사람이 있다는 것이 아니다. 오직 하나님께로부터 온 사람만이 아버지를 보았다. 내가 진실로 진실로 너희에게 말한다. 믿는 사람은 영생을 가지고 있다. 나는 생명의 빵이다. 너희 조상들은 광야에서 만나를 먹었지만 결국 죽었다. 그러나 여기 하늘에서 내려온 빵이 있는데 누구든지 이 빵을 먹으면 죽지 않는다. 나는 하늘에서 내려온 살아 있는 빵이다. 누구든지 이 빵을 먹는 사람은 영원히 살 것이다. 내가 줄 빵은 곧 세상의 생명을 위해 주는 내 살이다." 그러자 유대 사람들은 자기들끼리 논쟁하기 시작했습니다. "이사람이 어떻게 자기 살을 우리에게 주어 먹게 한단 말인가?" 예수께서 그들에게 말씀하셨습니다. "내가 진실로 진실로 너희에게 말한다. 너희가 인자의 살을 먹지 않고 인자의 피를 마시지 않으면 너희 안에 생명이 없다. 누구든지 내 살을 먹고 내 피를 마시는 사람은 영생이 있고 내가 마지막 날에 살릴 것이다. 내 살이야말로 참된 양식이요, 내 피야말로 참된 음료다. 누구든지 내 살을 먹고 내 피를 마시는 사람은 내 안에 있고 나도 그 안에 있다. 살아 계신 아버지께서 나를 보내셨고 내가 아버지로 인해 사는 것처럼 나를 먹는 사람은 나로 인해 살 것이다. 이것은 하늘에서 내려온 빵이다. 너희 조상들이 광야에서 먹고도 죽은 그런 빵이 아니다. 이 빵을 먹는 사람은 영원히 살 것이다." 이것은 예수께서 가버나움 회당에서 가르치실 때 하신 말씀입니다.

많은 제자들이 예수를 떠나다

예수의 제자들 중 여럿이 이 말씀을 듣고 말했습니다. "이 말씀은 참 어렵구나. 과연 누가 알아들을 수 있겠는가?" 예수께서는 제자들이 이 말씀에 대해 수군거리는 것을 알고 말씀하셨습니다. "이 가르침이 너희 마음에 걸리느냐? 만약 인자가 전에 있던 곳으로 올라가는 것을 본다면 너희는 어떻게 하겠느냐? 생명을 주는 것은 영이므로 육신은 아무 소용이 없다. 내가 너희에게 한 말은 영이요, 생명이다. 그런데 너희 중에 믿지 않는 사람들이 있구나." 예수께서는 처음부터 누가 믿지 않는지, 누가 자신을 배반할지 알고 계셨던 것입니다. 예수께서 계속 말씀하셨습니다. "그러므로 내가 너희에게 '아버지께서 허락해 주신 사람이 아니고는 아무도 내게로 올 수 없다'고 말한 것이다." 이 말씀 때문에 예수의 제자 가운데 많은 사람이 떠나갔고 더 이상 그분과 함께 다니지 않았습니다. 예수께서 열두 제자들에게 물으셨습니다. "너희도 떠나고 싶으냐?" 시몬 베드로가 예수께 대답했습니다. "주여, 영생의 말씀이 주께 있는데 저희가 어디를 가겠습니까? 주는 하나님의 거룩하신 분임을 저희가 믿고 또 압니다." 그러자 예수께서 대답하셨습니다. "내가 너희 열둘을 택하지 않았느냐? 그러나 너희 중 하나는 마귀다!" 이것은 가룟 시몬의 아들 유다를 두고 하신 말씀이었습니다. 그는 열두 제자 중 한 사람이었지만 나중에 예수를 배신하게 될 사람이었습니다.

7 예수께서 초막절을 지키러 올라가시다

이 일 후에 예수께서는 갈릴리 지방을 두루 다니셨습니다. 유대 사람들이 자기를 죽이려고 하기 때문에 유대 지방에서 다니기를 원하지 않으셨던 것입니다. 그런데 유대 사람들의 명절인 초막절이 가까워지자 예수의 동생들이 예수께 말했습니다. "이곳을 떠나 유대로 가십시오. 그래서 형님이 하는 일을 형님의 제자들도 보게 하십시오. 세상에 알려지기를 바라면서 숨어서 행동하는 사람은 없습니다. 형님이 이런 일을 할 바에는 자신을 세상에 드러내십시오." 예수의 동생들조차 예수를 믿지 않았기 때문에 이렇게 말한 것입니다. 그러자 예수께서 그들에게 말씀하셨습니다. "내 때는 아직 오지 않았다. 그러나 너희 때는 항상 준비돼 있다. 세상이 너희를 미워하지 못하고 나를 미워하는 것은 내가 세상이 하는 일들을 악하다고 증언하기 때문이다. 너희는 명절을 지키러 올라가거라. 나는 아직 내 때가 되지 않았으니 이번 명절에는 올라가지 않겠다." 이렇게 말씀하시고 예수께서는 갈릴리에 남아 계셨습니다. 그러나 예수의 동생들이 명절을 지키러 올라간 후에 예수께서도 아무도 모르게 올라가셨습니다. 명절 동안 유대 사람들은 예수를 찾으며 말했습니다. "그 사람이 어디 있소?" 그곳에 몰려든 많은 무리 가운데서는 예수에 대해 말들이 많았습니다. 어떤 사람은 "그분은 선한 사람"

이라고 하고 또 다른 사람은 "아니다. 그는 백성들을 현혹하고 있다"라고 말했습니다. 그러나 앞에 나서서 예수께 대해 떳떳이 말하는 사람은 아무도 없었습니다. 유대 사람들이 두려웠기 때문입니다.

예수께서 명절에 가르치시다

명절이 반쯤 지났을 때에야 비로소 예수께서는 성전으로 올라가 가르치기 시작하셨습니다. 유대 사람들은 놀라서 말했습니다. "이 사람은 배우지도 않았는데 어떻게 이런 것을 아는가?" 예수께서 대답하셨습니다. "나의 가르침은 내 것이 아니고 나를 보내신 분의 것이다. 누구든지 하나님의 뜻을 따르려는 사람은 이 가르침이 하나님에게서 온 것인지 내가 내 마음대로 말하는 것인지 알 것이다. 자기 마음대로 말하는 사람은 자기가 영광을 받으려고 하는 것이다. 그러나 자기를 보내신 분의 영광을 위해 일하는 사람은 진실하며 그 안에 거짓이 없다. 모세가 너희에게 율법을 주지 않았느냐? 그러나 너희 중에 율법을 지키는 사람이 하나도 없구나. 도대체 너희는 왜 나를 죽이려 하느냐?" 무리가 대답했습니다. "당신은 귀신 들렸소. 누가 당신을 죽이려고 한다는 것이오?" 예수께서 그들에게 말씀하셨습니다. "내가 한 가지 일을 행하자 너희 모두가 놀랐다. 모세가 너희에게 할례법을 주었기 때문에 너희는 안식일에 할례를 베풀고 있다. (사실 할례는 모세에게서 온 것이 아니라 그 전 조상들에게서 온 것이다.) 그래서 너희는 안식일에도 사람들에게 할례를 베푸는 것이다. 이와 같이 모세의 율법을 어기지 않으려고 사람이 안식일에도 할례를 받는데 내가 안식일에 사람의 온몸을 성하게 해 주었다고 해서 너희가 어찌 내게 화를 내느냐? 겉모양으로만 판단하지 말고 공정하게 판단하라."

예수가 누구인가에 관한 의견 분열

바로 그때 몇몇 예루살렘 사람들이 말했습니다. "이 사람이 바로 그들이 죽이려는 사람이 아닌가? 보시오. 그가 여기서 공공연하게 말하고 있는데도 저들이 아무 말도 하지 못하는 것을 보니, 관리들도 정말 이 사람을 그리스도로 알고 있는 것이 아닌가? 우리는 이 사람이 어디에서 왔는지 알고 있다. 그러나 그리스도가 오실 때에는 어디에서 오시는지 아는 사람이 없을 것이다." 그러자 예수께서는 성전에서 가르치시다가 큰 소리로 말씀하셨습니다. "너희는 나를 알고 또 내가 어디에서 왔는지 안다. 그러나 나는 이곳에 내 스스로 온 것이 아니다. 나를 보내신 분은 참되시다. 너희는 그분을 알지 못하지만 나는 그분을 안다. 내가 그분에게서 왔고 그분은 나를 보내셨기 때문이다." 이 말에 그들은 예수를 붙잡으려고 했습니다. 그러나 아직 때가 되지 않았기 때문에 아무도 그분에게 손댈 수 없었습니다. 그러나 무리 가운데서 많은 사람이 예수를 믿었습니다. 그들은 "그리스도께서 오시더라도 이분보다 더 많은 표적들을 행하시겠는가?"라고 말했습니다. 사람들이 예수께 대해 이렇게 수군거리는 것을 바리새파 사람들이 들었습니다. 대제사장들과 바리새파 사람들은 예수를 잡으려고 성전 경비병들을 보냈습니다. 예수께서 말씀하셨습니다. "나는 잠시 동안 너희와 함께 있다가 나를 보내신 분께로 갈 것이다. 너희가 나를 찾아도 만나지 못할 것이요, 또 내가 있는 곳에 너희가 올 수도 없을 것이다." 그러자 유대 사람들이 서로 말했습니다. "이 사람이 어디로 가기에 자기를 찾지 못할 것이라고 하는가? 그리스 사람들 가운데 흩어져 사는 유대 사람들에게 가서 그리스 사람들을 가르치겠다는 것인가? 또 '너희가 나를 찾아도 만나지 못할 것이요, 또 내가 있는 곳에 너희가 올 수도 없을 것이다'라고 한 말은 도대체 무슨 뜻인가?" 초막절의 가장 중요한 날인 마지막 날에 예수께서 일어나 큰 소리로 말씀하셨습니다. "누구든지 목마른 사람은 다 내게로 와서 마시라. 누구든지 나를 믿는 사람마다 성경의 말씀대로 생수의 강이 그의 배에서 흘러나올 것이다." 이것은 예수를 믿는 사람들이 받게 될 성령을 가리켜서 하신 말씀이었습니다. (그때까지 성령을 주시지 않았던 것은 예수께서 아직 영광을 받지 않으셨기 때문입니다.) 예수의 말씀을 듣자마자 몇몇 사람들이 말했습니다. "이분은 참으로 그 예언자이시다." 어떤 사람들은 "이분은 그리스도이시다"라고 했습니다. 또 다른 사람들은 "그리스도가 어떻게 갈릴리에서 나온단 말인가? 성경에 그리스도는 다윗의 가문에서 나실 것이며 다윗이 살던 동네 베들레헴에서 나신다고 말하지 않았는가?"라고도 했습니다. 사람들은 예수로 인해 서로 편이 갈리게 됐습니다. 그들 가운데 예수를 잡고자 하는 사람들도 있었으나 아무도 예수께 손을 대지는 못했습니다.

유대 지도자들의 불신앙

성전 경비병들이 돌아오자 대제사장들과 바리새파 사람들이 그들에게 물었습니다. "왜 그를 잡아 오지 않았느냐?" 경비병들이 대답했습니다. "지금까지 이 사람처럼 말하는 사람은 없었습니다." 바리새파 사람들이 경비병들에게 말했습니다. "너희도 미혹된 것이 아니냐? 유대 관원들이나 바리새파 사람들 중에 그를 믿는 사람이 있더냐? 율법도 모르는 이 군중들은 저주를 받은 사람들이다." 그들 중 한 사람으로 전에 예수를 찾아갔던 니고데모가 그들에게 말했습니다. "우리 율법에는 사람을 판결하기 전에 먼저 그 사람의 말을 들어 보거나 또 그 사람이 행한 일을 알아보도록 돼 있지 않소?" 그들이 대답했습니다. "당신도 갈릴리 사람이오? 성경을 살펴보시오. 그러면 갈릴리에서 예언자가 나온다는 말씀이 없다는 것을 알게 될 것이오." [그리고 그들은 제각기 자기 집으로 돌아갔습니다.

8 예수께서는 올리브 산으로 가셨습니다. 이른 아침에 예수께서 다시 성전으로 가시자 많은 백성들이 예수께 나아왔습니다. 예수께서 앉아서 그들을 가르치실 때 율법학자들과 바리새파 사람들이 간음을 하다가 잡힌 여인을 끌고 와서 사람들 앞에 세우고 예수께 말했습니다. "선생님, 이 여자가 간음을 하다가 현장에서 붙잡혔습니다. 모세는 율법에서 이런 여자들은 돌로 쳐 죽여야 한다고 우리에게 명령했습니다. 선생님은 뭐라고 하시겠습니까?" 그들이 이런 질문을 한 것은 예수를 시험해 고소할 구실을 찾으려는 속셈이었습니다. 그러나 예수께서는 몸을 구부린 채 앉아서 손가락으로 바닥에 무엇인가를 쓰기 시작하셨습니다. 그들이 계속 질문을 퍼붓자 예수께서 일어나서 그들에게 말씀하셨습니다. "너희 가운데 죄

없는 사람이 먼저 이 여인에게 돌을 던지라." 그러고는 다시 몸을 굽혀 바닥에 무엇인가를 쓰셨습니다. 이 말씀을 들은 사람들은 제일 나이든 사람부터 하나 둘씩 슬그머니 사라지기 시작했습니다. 결국 예수와 거기 홀로 서 있던 여인만 남게 됐습니다. 예수께서 일어나 여인에게 물으셨습니다. "여인아, 그들은 어디 있느냐? 너를 정죄한 사람이 한 사람도 없느냐?" 여인이 대답했습니다. "선생님, 없습니다." 예수께서 말씀하셨습니다. "나도 너를 정죄하지 않겠다. 이제부터 다시는 죄를 짓지 마라."]

예수의 증언에 관한 논쟁

예수께서 사람들에게 다시 말씀하셨습니다. "나는 세상의 빛이다. 누구든지 나를 따르는 사람은 어둠 속에 다니지 않고 생명의 빛을 얻을 것이다." 바리새파 사람들이 예수께 말했습니다. "당신이 당신 자신에 대해 증언하니 당신의 증언은 진실하지 못하오." 예수께서 대답하셨습니다. "비록 내가 나에 대해 증언한다 해도 내 증언은 참되다. 나는 내가 어디에서 와서 어디로 가는지 알기 때문이다. 그러나 너희는 내가 어디에서 왔는지도 모르고 또 어디로 가는지도 알지 못한다. 너희는 사람의 기준대로 판단하지만 나는 어느 누구도 판단하지 않는다. 그러나 내가 판단한다 해도 내가 내린 판단은 옳다. 그것은 내가 혼자가 아니라 나를 보내신 아버지와 함께하기 때문이다. 너희 율법에도 '두 사람이 증언하면 참되다'고 기록돼 있다. 내가 나 자신을 위한 증인이요, 나를 보내신 아버지 또한 나에 대해 증언하신다." 그러자 그들이 예수께 물었습니다. "당신의 아버지는 어디 있소?" 예수께서 대답하셨습니다. "너희는 나도 모르고 내 아버지도 모른다. 너희가 나를 알았더라면 내 아버지도 알았을 것이다." 이것은 예수께서 성전에서 가르치실 때 헌금함 앞에서 하신 말씀입니다. 그러나 아직 예수의 때가 되지 않았기 때문에 예수를 잡는 사람이 아무도 없었습니다.

예수가 누구인가에 관한 논쟁

예수께서 다시 그들에게 말씀하셨습니다. "나는 떠나갈 것이고 너희는 나를 찾다가 너희의 죄 가운데서 죽을 것이다. 내가 가는 곳에 너희는 올 수 없다." 이에 유대 사람들이 말했습니다. "저 사람이 자살하려나? 그래서 '내가 가는 곳에 너희는 올 수 없다'라고 하는 것인가?" 그러자 예수께서 말씀하셨습니다. "너희는 아래에서 왔고 나는 위에서 왔다. 너희는 이 세상에 속했지만 나는 이 세상에 속하지 않았다. 그래서 나는 너희가 죄 가운데서 죽을 것이라고 말했다. 만일 너희가 '내가 곧 그'임을 믿지 않으면 너희는 너희의 죄 가운데서 죽을 것이다." 그들이 물었습니다. "당신은 누구요?" 예수께서 대답하셨습니다. "내가 처음부터 너희에게 말하지 않았느냐? 내가 너희에 대해 말할 것과 판단할 것이 많이 있다. 그러나 나를 보내신 분은 참되시며 나는 그분에게서 들은 대로 세상에 말하는 것이다." 그들은 예수께서 아버지를 가리켜 말씀하시는 것을 깨닫지 못했습니다. 그래서 예수께서 말씀하셨습니다. "너희는 인자가 높이 들려 올려질 때에야 '내가 곧 그'임을 알게 되고 또 내가 내 뜻대로는 아무것도 하지 않고 오직 아버지께서 내게 가르쳐 주신 대로 말한다는 것을 알게 될 것이다. 나를 보내신 그분이 나와 함께하신다. 그분이 나를 홀로 두지 않으시는 것은 내가 항상 그분이 기뻐하시는 일을 하기 때문이다." 예수께서 이와 같이 말씀하시자 많은 사람들이 예수를 믿게 됐습니다.

예수의 반대자가 누구의 자손인가에 관한 논쟁
예수께서 자기를 믿게 된 유대 사람들에게 말씀하셨습니다. "만일 너희가 내 말대로 산다면 너희는 참으로 내 제자들이다. 그리고 너희는 진리를 알게 될 것이며 진리가 너희를 자유롭게 할 것이다." 그들이 예수께 대답했습니다. "우리는 아브라함의 자손이고 어느 누구의 종이 된 적도 없는데 당신은 어째서 우리가 자유롭게 된다고 말합니까?" 예수께서 대답하셨습니다. "내가 진실로 진실로 너희에게 말한다. 죄를 짓는 사람마다 죄의 종이다. 종은 집에 영원히 머물러 있을 수 없지만 아들은 영원히 머물러 있다. 그러므로 아들이 너희를 자유롭게 하면 너희는 참으로 자유롭게 될 것이다. 나는 너희가 아브라함의 자손인 것을 안다. 그런데 너희가 나를 죽이려고 하는구나. 내 말이 너희 안에 있을 자리가 없기 때문이다. 나는 내 아버지에게서 본 것을 말하고 너희는 너희의 아비에게서 들은 것을 행하고 있다." 그들이 대답했습니다. "우리 조상은 아브라함입니다." 예수께서 말씀하셨습니다. "너희가 만약 아브라함의 자손이라면 아브라함이 한 일을 너희도 했을 것이다. 그러나 지금 너희는, 너희에게 하나님께 진리를 듣고 말해 준 사람인 나를 죽이려고 한다. 아브라함은 이런 일을 하지 않았다. 너희는 너희의 아비가 했던 일을 하고 있다." 그들이 예수께 말했습니다. "우리는 음란한 데서 나지 않았습니다. 우리 아버지는 오직 한 분 하나님이십니다." 예수께서 그들에게 말씀하셨습니다. "만약 하나님이 너희 아버지라면 너희가 나를 사랑할 것이다. 내가 하나님에게서 와서 지금 여기에 있기 때문이다. 나는 내 뜻으로 온 것이 아니라 하나님께서 나를 보내신 것이다. 어째서 너희는 내가 말하는 것을 깨닫지 못하느냐? 그것은 너희가 내 말을 들을 수 없기 때문이다. 너희는 너희 아비인 마귀에게 속해 있고 너희는 너희 아비가 원하는 것을 하고자 한다. 그는 처음부터 살인자였다. 또 그 안에 진리가 없기 때문에 진리 안에 서지 못한다. 그는 거짓말을 할 때마다 자기 본성을 드러낸다. 이는 그가 거짓말쟁이이며 거짓의 아비이기 때문이다. 그러나 내가 진리를 말하기 때문에 너희는 나를 믿지 않는다. 너희 가운데 누가 내게 죄가 있다고 증명할 수 있느냐? 내가 진리를 말하는데 어째서 나를 믿지 못하느냐? 하나님께 속한 사람은 하나님의 말씀을 듣는다. 너희가 듣지 않는 까닭은 너희가 하나님께 속하지 않았기 때문이다."

자신에 대한 예수의 증언

유대 사람들이 예수께 대답했습니다. "우리가 당신을 사마리아 사람이라고 하며 귀신 들렸다고 하는데 그 말이 옳지 않소?" 예수께서 말씀하셨습니다. "나는 귀신 들린 것이 아니다. 다만 나는 내 아버지께 영광을 돌리는 것인데 너희는 나를 멸시하는구나. 나는 내 영광을 구하지 않는다. 그러나 나를 위해 영광을 구하는 분이 계시는데 그분은 심판자이시다. 내가 진실로 진실로 너희에게 말한다.

누구든지 내 말을 지키는 사람은 결코 죽음을 보지 않을 것이다." 이 말씀에 유대 사람들이 예수께 말했습니다. "이제 우리는 당신이 귀신 들렸다는 것을 알았소. 아브라함도 죽었고 예언자들도 죽었는 데 당신은 '누구든지 내 말을 지키는 사람은 결코 죽음을 보지 않을 것이다'라고 하니 당신이 우리 조상 아브라함보다 크다는 말이오? 아브라함도 죽었고 예언자들도 죽었소. 당신은 대체 스스로 누구라고 생각하오?" 예수께서 대답하셨습니다. "만일 내가 나를 영광되게 한다면 내 영광은 헛된 것이다. 나를 영광스럽게 하시는 분은 바로 너희가 너희 하나님이라고 말하는 내 아버지이시다. 너희는 그분을 알지 못하지만 나는 그분을 안다. 내가 만약 그분을 알지 못한다고 말한다면 나도 너희와 같이 거짓말쟁이가 될 것이다. 나는 분명 아버지를 알고 그분의 말씀을 지킨다. 너희 조상 아브라함은 내 날을 보리라고 기대하며 기뻐하다가 마침내 보고 기뻐했다." 유대 사람들이 예수께 말했습니다. "당신은 아직 나이가 50세도 안 됐는데 아브라함을 보았단 말이오?" 예수께서 대답하셨습니다. "내가 진실로 진실로 너희에게 말한다. 나는 아브라함이 태어나기 전부터 있었다." 그러자 유대 사람들이 돌을 들어 예수께 던지려 했습니다. 그러나 예수께서는 몸을 피해 성전 밖으로 나가셨습니다.

9 예수께서 날 때부터 눈먼 사람을 고치시다

예수께서 길을 가시다가 날 때부터 눈먼 사람을 만나셨습니다. 제자들이 예수께 물었습니다. "랍비여, 이 사람이 눈먼 사람으로 태어난 것이 누구의 죄 때문입니까? 이 사람의 죄 때문입니까, 부모의 죄 때문입니까?" 예수께서 대답하셨습니다. "이 사람의 죄도, 그 부모의 죄도 아니다. 다만 하나님께서 하시는 일들을 그에게서 드러내시려는 것이다. 우리는 낮 동안에 나를 보내신 분의 일을 해야 한다. 밤이 오면 그때에는 아무도 일할 수 없다. 내가 세상에 있는 동안 나는 세상의 빛이다." 이 말씀을 하신 후 예수께서 땅에 침을 뱉어서 진흙을 이겨 그 사람의 눈에 바르셨습니다. 그리고 그에게 말씀하셨습니다. "실로암 연못에 가서 씻어라." ('실로암'은 '보냄을 받았다'는 뜻입니다.) 그 사람이 가서 씻고는 앞을 보게 돼 집으로 돌아갔습니다. 이웃 사람들과 그가 전에 구걸하던 것을 보아 온 사람들이 물었습니다. "이 사람은 앉아서 구걸하던 사람이 아닌가?" 몇몇 사람들은 그 사람이라고 말했고 또 어떤 사람들은 "아니다. 그냥 닮았을 뿐이다"라고 말했습니다. 그러나 그 사람이 말했습니다. "내가 바로 그 사람이오." 그들이 그 사람에게 물었습니다. "그렇다면 어떻게 눈을 뜨게 됐느냐?" 그가 대답했습니다. "예수라는 분이 진흙을 이겨 내 눈에 바르고 '실로암에 가서 씻으라'고 하셨소. 그래서 내가 가서 씻었더니 이렇게 볼 수 있게 됐소." 사람들이 "예수가 어디 있느냐?" 하고 묻자 그는 "모르겠소" 하고 대답했습니다.

바리새파 사람들이 고침 받은 사람을 심문하다

그들은 전에 눈먼 사람이던 그를 바리새파 사람들에게 데리고 갔습니다. 예수께서 진흙을 이겨 그 사람의 눈을 뜨게 하신 날은 안식일이었습니다. 그래서 바리새파 사람들도 그가 어떻게 보게 됐는지 물었습니다. 그러자 그 사람이 대답했습니다. "예수께서 내 눈에 진흙을 바르셨는데 내가 씻고 나니 볼 수 있게 됐습니다." 몇몇 바리새파 사람들이 "이 사람이 안식일을 지키지 않은 것을 보니 하나님께로부터 온 것이 아니오"라고 말하자, 다른 사람들이 "죄인이라면 어떻게 이런 표적을 보이겠소?" 하고 말했습니다. 이렇게 그들은 의견이 갈라졌습니다. 그들은 눈멀었던 사람에게 다시 물었습니다. "예수에 대해 네가 할 말이 있느냐? 그가 네 눈을 뜨게 하지 않았느냐?" 그 사람이 대답했습니다. "그분은 예언자이십니다." 유대 사람들은 아직도 그가 눈먼 사람이었다가 보게 된 것을 믿지 못해 그의 부모를 불러다가 물었습니다. "이 사람이 당신의 아들이오? 태어날 때부터 눈먼 사람이었다는 아들이 맞소? 그런데 지금은 어떻게 볼 수 있게 됐소?" 부모가 대답했습니다. "그가 우리 아들이고 날 때부터 눈먼 사람이었다는 것을 우리가 알지만 그가 지금 어떻게 볼 수 있게 됐는지, 누가 그 눈을 뜨게 해 주었는지는 모릅니다. 그에게 물어보십시오. 그 아이가 다 컸으니 스스로 말할 수 있을 것입니다." 그 부모가 이렇게 말한 것은 유대 사람들이 두려웠기 때문입니다. 유대 사람들은 이미 예수를 그리스도라 인정하는 사람은 누구라도 회당에서 내쫓기로 결정했던 것입니다. 그래서 그 부모가 말하기를 "그 아이가 다 컸으니 그에게 직접 물어보십시오"라고 말했던 것입니다. 그들이 전에 눈멀었던 그 사람을 두 번째로 불러서 말했습니다. "하나님께 영광을 돌려라. 우리가 알기로 그 사람은 죄인이다." 그가 대답했습니다. "나는 그분이 죄인인지 아닌지는 모릅니다. 다만 한 가지 아는 것은 내가 전에 눈이 멀었다가 지금은 본다는 것

292

입니다." 그러자 그들이 그에게 물었습니다. "그가 네게 어떻게 했느냐? 그가 어떻게 네 눈을 뜨게 해 주었느냐?" 그가 대답했습니다. "내가 이미 말씀드렸는데도 당신들은 곧이듣지 않았습니다. 왜 똑같은 말을 자꾸 들으려고 합니까? 당신들도 그분의 제자가 되고 싶습니까?" 그러자 그들이 그에게 욕을 하며 말했습니다. "너는 그 사람의 제자이지만 우리는 모세의 제자들이다. 우리는 하나님께서 모세에게 말씀하셨다는 것을 안다. 그러나 그 사람은 어디서 왔는지 알지 못한다." 그가 대답했습니다. "참 이상한 일입니다. 당신들은 그분이 어디서 오셨는지 모른다지만 그분은 내 눈을 뜨게 해 주셨습니다. 우리가 알다시피 하나님께서는 죄인들의 말은 듣지 않으시지만 하나님을 공경하고 그 뜻을 행하는 사람의 말은 들어 주십니다. 창세 이후 누구라도 날 때부터 눈먼 사람의 눈을 뜨게 했다는 말은 들어 본 적이 없습니다. 만약 이분이 하나님께로부터 오신 이가 아니라면 아무 일도 하지 못하셨을 것입니다." 그 말에 그들이 대답했습니다. "네가 태어나면서부터 죄 속에 파묻혀 있었으면서 어떻게 감히 우리를 가르치려 하느냐?" 그러고 나서 그를 쫓아냈습니다.

영적인 소경

예수께서는 바리새파 사람들이 그 사람을 쫓아냈다는 말을 듣고 그를 찾아가 말씀하셨습니다. "네가 인자를 믿느냐?" 그 사람이 물었습니다. "선생님, 그분이 누구신지 말씀해 주십시오. 제가 그분을 믿겠습니다." 예수께서 말씀하셨습니다. "네가 이미 그를 보았다.

너와 말하고 있는 사람이 바로 그다." 그러자 그 사람이 말했습니다. "주여, 제가 믿습니다." 그러고는 예수께 절했습니다. 예수께서 말씀하셨습니다. "나는 이 세상을 심판하러 왔다. 못 보는 사람은 보게 하고 보는 사람은 못 보게 하려는 것이다." 이 말씀을 듣고 예수와 함께 있던 몇몇 바리새파 사람들이 물었습니다. "우리도 눈이 먼 사람이란 말이오?" 예수께서 말씀하셨습니다. "너희가 눈이 먼 사람이었다면 죄가 없었을 것이다. 그러나 너희가 지금 본다고 하니 너희의 죄가 그대로 남아 있다."

10 선한 목자와 양

"내가 진실로 진실로 너희에게 말한다. 양의 우리에 들어가되 문으로 들어가지 않고 다른 길로 넘어 들어가는 사람은 도둑이요, 강도다. 문으로 들어가는 사람은 양들의 목자다. 문지기는 목자를 위해 문을 열어 주고 양들은 목자의 음성을 알아듣는다. 목자는 자기 양들의 이름을 하나하나 부르며 밖으로 데리고 나간다. 자기 양들을 다 불러낸 다음에 목자가 앞서가면 양들은 목자의 음성을 알고 뒤따라간다. 그러나 양들은 결코 낯선 사람을 따라가지 않는다. 낯선 사람의 음성을 알아듣지 못하기 때문에 양들은 도리어 그에게서 피해 달아난다." 예수께서 그들에게 이런 비유로 말씀하셨지만 그들은 예수께서 자기들에게 무슨 뜻으로 그렇게 말씀하시는지 깨닫지 못했습니다. 그래서 예수께서 다시 말씀해 주셨습니다. "내가 진실로 진실로 너희에게 말한다. 나는 양의 문이다. 나보다 먼저 온 사람들은 모두 다 도둑이며 강도였기에 양들이 그 말을 듣지 않았다. 나는 문이다. 누구든지 나를 통해 들어오는 사람은 구원을 얻고 들어오고 나가면서 꼴을 얻을 것이다. 도둑은 훔치고 죽이고 멸망시키려고 온다. 그러나 내가 온 것은 양들이 생명을 얻게 하되 더욱 풍성하게 얻게 하려는 것이다. 나는 선한 목자다. 선한 목자는 양들을 위해 자기 생명을 내놓는다. 삯꾼은 목자가 아니요, 양들도 자기의 것이 아니기 때문에 이리가 오는 것을 보면 양들을 버리고 달아난다. 그러면 이리가 양들을 물어 가고 양 떼를 흩어 버린다. 달아난 것은 그가 삯꾼이므로 양들에게 관심이 없기 때문이다. 나는 선한 목자다. 나는 내 양들을 알고 내 양들은 나를 안다. 이것은 마치 아버지께서 나를 아시고 내가 아버지를 아는 것과 같다. 나는 양들을 위해 내 생명을 내놓는다. 내게는 이 양의 우리에 속하지 않은 다른 양들도 있는데 그들도 데려와야 한다. 그들도 역시 내 음성을 들을 것이며 한 목자 아래서 한 무리 양 떼가 될 것이다. 내 아버지가 나를 사랑하시는 까닭은 내가 생명을 다시 얻기 위해 생명을 내놓았기 때문이다. 누가 내게서 생명을 빼앗는 것이 아니라 내가 스스로 내놓는 것이다. 나는 그것을 내놓을 권세도 있고 또다시 얻을 권세도 있다. 이 계명은 내가 내 아버지께로부터 받은 것이다." 이 말씀 때문에 유대 사람들은 다시 의견이 갈라지게 됐습니다. 그들 중 많은 사람들이 "그는 귀신 들려 미쳤다. 그런데 왜 그 사람의 말을 듣느냐?" 하고 말했습니다. 그러나 또 다른 사람들은 "이 말은 귀신 들린 사람의 말이 아니다. 귀신이 눈먼 사람의 눈을 뜨게 할 수 있겠느냐?"라고 말했습니다.

예수의 증언에 관한 추가적인 논쟁

예루살렘에 수전절이 이르렀는데 때는 겨울이었습니다. 예수께서는 성전 안에 있는 솔로몬 행각을 거닐고 계셨습니다. 그때 유대 사람들이 예수를 둘러싸고 말했습니다. "당신은 언제까지 우리를 헷갈리게 할 작정이오? 당신이 그리스도라면 그렇다고 분명하게 말해 보시오." 예수께서 대답하셨습니다. "내가 이미 말했지만 너희가 믿지 않는구나. 내가 내 아버지의 이름으로 행하는 일들이 나에 대해 증언한다. 그런데 너희가 믿지 않는 것은 내 양이 아니기 때문이다. 내 양들은 내 음성을 알아듣는다. 나는 내 양들을 알고 내 양들은 나를 따른다. 나는 그들에게 영생을 준다. 그들은 영원히 멸망하지 않을 것이며 어느 누구도 내 손에서 그들을 빼앗을 수 없다. 그들을 내게 주신 내 아버지는 모든 것보다 더 크신 분이다. 어느 누구도 그들을 내 아버지의 손에서 빼앗을 수 없다. 나와 내 아버지는 하나다." 이때 유대 사람들이 다시 돌을 집어 들어 예수께 던지려고 했습니다. 그러자 예수께서 그들에게 말씀하셨습니다. "내가 아버지께로부터 받은 선한 일들을 너희에게 많이 보여 주지 않았느냐? 그런데 너희가 그중 어떤 일로 내게 돌을 던지려는 것이냐?" 유대 사람들이 대답했습니다. "우리가 당신을 돌로 치려는 것은 선한 일을 했기 때문이 아니라 하나님을 모독했기 때문이오. 당신은 사람이면서 자신을 하나님이라고 했소." 예수께서 그들에게 대답하셨습니다. "너희 율법에 '내가 너희를 신들이라고 했다' 하는 말이 기록돼 있지 않느냐? 하나님의 말씀을 받은 사람들을 하나님께서 '신들'이라고 하셨다. 성경은 폐기할 수 없다. 그런데 아버지께서 거룩하게 하셔서 세상에 보내신 그가 자기를 하나님의 아들이라고 말한다고 해서 너희는 그가 하나님을 모독한다고 말하느냐? 내가 내 아버지의 일을 하지 않거든 나를 믿지 말라. 그러나 내가 아버지의 일을 하거든 비록 너희가 나를 믿지는 않더라도 그 일들은 믿어라. 그러면 아버지가 내 안에 계시고 내가 아버지 안에 있다는 것을 깨달아 알게 될 것이다." 유대 사람들은 또다시 예수를 잡으려고 했으나 예수께서는 그들의 손에서 벗어나서 피하셨습니다. 예수께서는 다시 요단 강 건너편, 곧 전에 요한이 세례를 주던 곳으로 가셔서 그곳에 머무르셨습니다. 그러자 많은 사람들이 예수께 나아와 말했습니다. "요한이 표적을 일으키지는 않았지만 요한이 이 사람에 대해 한 말은 모두 사실이었다." 그곳에서 많은 사람들이 예수를 믿게 됐습니다.

11 나사로의 죽음

나사로라고 하는 사람이 병이 들었는데 그는 마리아와 그의 자매 마르다의 마을 베다니에 살고 있었습니다. 이 마리아는 예수께 향유를 붓고 자기 머리털로 예수의 발을 닦아 드린 여인인데 그 오빠 나사로가 병이 든 것입니다. 그래서 두 자매는 사람을 예수께 보내어 말했습니다. "주여, 주께서 사랑하시는 사람이 병들었습니다." 예수께서는 이 말을 듣고 말씀하셨습니다. "이 병은 죽을병이 아니다. 이것은 하나님의 영광을 위한 것이요, 이 일을 통해 하나님의 아들이 영광을 받게 될 것이다." 예수께서는 마르다와 그녀의 자매와 나사로를 사랑하셨습니다. 그러나 나사로가 아프다는 말을 들으시고도 예수께서는 계시던 곳에 이틀이나 더 머무르셨습니다. 그러고 나서야 예수께서 제자들에게 "다시 유대 지방으로 돌아가자" 하고 말씀하셨습니다. 제자들이 예수께 말했습니다. "랍비여, 얼마 전에 유대 사람들이 선생님을 돌로 치려고 했는데 또다시 그리로 가려고 하십니까?" 예수께서 대답하셨습니다. "낮은 12시간이나 되지 않느냐? 낮에 다니는 사람은 이 세상의 빛을 보기 때문에 넘어지지 않는다. 그러나 밤에 다니면 그 사람 안에 빛이 없기 때문에 넘어진다." 예수께서 이 말씀을 하신 뒤에 그들에게 말씀하셨습니다. "우리 친구 나사로는 잠이 들었다. 그러나 이제 내가 가서 그를 깨우겠다." 예수의 제자들이 대답했습니다. "주여, 잠들었다면 낫게 될 것입니다." 예수께서는 나사로의 죽음을 가리켜 말씀하신 것인데 제자들은 말 그대로 잠들었다고 생각한 것입니다. 그래서 예수께서는 그들에게 분명히 말씀해 주셨습니다. "나사로는 죽었다. 내가 거기 있지 않은 것을 기뻐하는 까닭은 너희를 위해서다. 이 일로 인해 너희가 믿게 될 것이다. 이제 나사로에게로 가자." 그러자 디두모라고도 하는 도마가 다른 제자들에게 말했습니다. "우리도 주와 함께 죽으러 가자."

예수께서 나사로의 누이들을 위로하시다

예수께서 그곳에 도착하셔서 보니, 나사로가 무덤 속에 있은 지 이미 4일이나 됐습니다. 베다니는 예루살렘에서 약 15스타디온 못 미치는 곳에 있었기 때문에 많은 유대 사람들이 오빠를 잃은 마르다와 마리아를 위로하려고 와 있었습니다. 마르다는 예수께서 오신다는 말을 듣고 달려 나가 예수를 맞았지만 마리아는 집에 남아 있었습니다. 마르다가 예수께 말했습니다. "주여, 주께서 여기 계셨더라면 오빠가 죽지 않았을 것입니다. 그러나 지금이라도 주께서 구하시는 것은 무엇이든지 하나님께서 다 이루어 주실 줄 압니다." 예수께서 마르다에게 말씀하셨습니다. "네 오빠가 다시 살아날 것이다." 마르다가 대답했습니다. "그가 마지막 날 부활 때에 다시 살아나리라는 것은 제가 압니다." 예수께서 마르다에게 말씀하셨습니다. "나는 부활이요, 생명이니 나를 믿는 사람은 죽어도 살겠고 살아서 나를 믿는 사람은 영원히 죽지 않을 것이다. 네가 이것을 믿느냐?" 마르다가 예수께 말했습니다. "네, 주여! 주는 세상에 오실 그리스도이시며 하나님의 아들이심을 제가 믿습니다." 마르다는 이 말을 하고 나서 돌아가 자기 동생 마리아를 불러 가만히 말했습니다. "선생님이 여기 와 계시는데 너를 부르신다." 마리아는 이 말을 듣고 급히 일어나 예수께로 갔습니다. 예수께서는 아직 동네에 들어가지 않으시고 마르다가 마중 나갔던 그곳에 계셨습니다. 마리아와 함께 집 안에 있으면서 그녀를 위로하던 유대 사람들은 마리아가 벌떡 일어나 나가는 것을 보고 통곡하러 무덤에 가는 줄 알고 따라나섰습니다. 마리아는 예수께서 계신 곳에 이르러 예수를 보자 그 발 앞에 엎드려 말했습니다. "주여, 주께서 여기 계셨더라면 저희 오빠는 죽지 않았을 것입니다." 예수께서는 마리아가 흐느껴 우는 것과 따라온 유대 사람들도 함께 우는 것을 보시고 마음이 비통해 괴로워하셨습니다. 예수께서 말씀하셨습니다. "나사로를 어디에 뒀느냐?"

그들이 대답했습니다. "주여, 와서 보십시오." 예수께서는 눈물을 흘리셨습니다. 그러자 유대 사람들이 말했습니다. "보시오. 그가 나사로를 얼마나 사랑하셨는지!" 그러나 그들 중 어떤 사람은 이렇게 말했습니다. "눈먼 사람의 눈을 뜨게 하신 분이 이 사람을 죽지 않게 하실 수는 없었다는 말이오?"

예수께서 죽은 나사로를 살리시다

예수께서는 다시금 속으로 비통하게 여기시며 무덤 쪽으로 가셨습니다. 무덤은 입구를 돌로 막아 놓은 동굴이었습니다. 예수께서 말씀하셨습니다. "돌을 옮겨 놓아라." 죽은 사람의 누이 마르다가 말했습니다. "하지만 주여, 그가 저기 있은 지 4일이나 돼 벌써 냄새가 납니다." 예수께서 말씀하셨습니다. "네가 믿으면 하나님의 영광을 볼 것이라고 내가 네게 말하지 않았느냐?" 사람들은 돌을 옮겨 놓았습니다. 예수께서 하늘을 우러러 보시고 말씀하셨습니다. "아버지여, 아버지께서 내 말을 들어 주신 것을 감사드립니다. 아버지께서는 언제나 내 말을 들어 주신다는 것을 내가 압니다. 그러나 지금 이렇게 말하는 것은 여기 둘러서 있는 사람들을 위해서입니다. 아버지께서 나를 보내셨다는 것을 그들로 하여금 믿게 하려는 것입니다." 예수께서 이렇게 말씀하시고 큰 소리로 외치셨습니다. "나사로야! 나오너라!" 죽었던 나사로가 나왔습니다. 그의 손발은 베로 감겨 있었고 얼굴은 천으로 싸여 있었습니다. 예수께서 그들에게 말씀하셨습니다. "그를 풀어 주어 다닐 수 있게 하라."

예수를 죽이려는 음모

마리아에게 왔던 많은 유대 사람들이 예수께서 하신 일을 보고 예수를 믿게 됐습니다. 그러나 그중 몇몇 사람은 바리새파 사람들에게 가서 예수께서 하신 일을 알려 주었습니다. 그러자 대제사장들과 바리새파 사람들은 공회를 소집해 말했습니다. "이 사람이 많은 표적들을 행하고 있으니 우리가 어떻게 하면 좋겠습니까? 만약 이대로 내버려 두었다가는 모든 사람이 그를 믿게 될 것입니다. 그러면 로마 사람들이 와서 우리의 땅과 민족을 빼앗아 버릴 것입니다." 그러자 그중 가야바라는 그해의 대제사장이 말했습니다. "당신들은 아무것도 모르고 있소! 한 사람이 백성들을 위해 죽어서 민족 전체가 망하지 않는 것이 당신들에게 유익한 줄을 깨닫지 못하고 있소." 이 말은 가야바가 스스로 한 것이 아니라 그해의 대제사장으로서 예수께서 유대 민족을 위해 죽게 될 것을 예언한 것이었습니다. 또한 유대 민족뿐만 아니라 흩어진 하나님의 자녀들을 모아 하나 되게 하기 위해 죽으실 것을 예언한 것이었습니다. 그날로부터 그들은 예수를 죽이려고 음모를 꾸몄습니다. 그래서 예수께서는 유대 사람들 가운데 더 이상 드러나게 다니지 않으셨습니다. 거기에서 떠나 광야 가까이에 있는 에브라임이라는 마을로 가서 제자들과 함께 머무르셨습니다. 유대 사람의 유월절이 다가오자 많은 사람들이 유월절이 되기도 전에 자신의 몸을 정결하게 하려고 시골로부터 예루살렘에 올라왔습니다. 사람들은 예수를 찾으면서 성전에 서서 서로 말했습니다. "어떻게 생각하시오? 그분이 유월절에 오시지 않겠소?" 그러나 대제사장들과 바리새파 사람들은 예수를 붙잡으려고 누구든지 예수께서 계신 곳을 알면 반드시 자기들에게 알려야 한다는 명령을 내렸습니다.

12 베다니에서 향유를 부음받은 예수

유월절이 시작되기 6일 전에 예수께서 베다니에 도착하셨습니다. 그곳은 예수께서 죽은 사람 가운데서 다시 살리신 나사로가 사는 곳이었습니다. 그곳에서 예수를 위해 잔치를 베풀었습니다. 마르다는 음식을 날랐고 나사로는 예수와 함께 음식을 먹고 있는 사람들 가운데 함께 있었습니다. 그때 마리아가 매우 값비싼 향유인 순수한 나드 1리트라를 가져다가 예수의 발에 붓고 자기 머리털로 예수의 발을 닦아 드렸습니다. 집 안은 온통 향내로 가득했습니다. 그때 제자들 중 하나이며 나중에 예수를 배반할 가룟 유다가 말했습니다. "왜 이 향유를 300데나리온에 팔아 가난한 사람들에게 주지 않고 낭비하는가?" 그가 이렇게 말한 것은 가난한 사람들을 생각해서가 아니었습니다. 그는 돈주머니를 맡고 있으면서 거기에 있는 돈을 훔쳐 가곤 했기 때문입니다. 예수께서 대답하셨습니다. "그대로 두어라. 이 여인은 내 장례 날을 위해 간직해 둔 향유를 쓴 것이다. 가난한 사람들은 항상 너희와 함께 있지만 나는 항상 너희와 함께 있는 것이 아니다." 유대 사람들의 큰 무리가 예수께서 베다니에 계시다는 것을 알고 몰려왔습니다. 이는 예수뿐 아니라 예수께서 죽은 사람 가운데서 살리신 나사로도 보기 위함이었습니다. 대제사장들은 나사로도 죽이려고 모의했습니다. 그것은 나사로 때문에 많은 유대 사람들이 떨어져 나가서 예수를 믿기 때문이었습니다.

예수께서 왕으로 예루살렘에 입성하시다

다음 날 명절을 맞아 올라온 많은 사람들이 예수께서 예루살렘으로 오신다는 말을 듣고 종려나무 가지를 꺾어 들고 예수를 맞으러 나가 "호산나! 주의 이름으로 오시는 분에게 복이 있도다!" "이스라엘의 왕에게 복이 있도다!" 하고 외쳤습니다. 예수께서는 어린 나귀 한 마리를 보시고 그 위에 올라앉으셨습니다. 이것은 성경에 기록된 것과 같습니다. "시온의 딸아, 두려워하지 말라. 보라. 네 왕이 새끼 나귀를 타고 오신다." 제자들은 처음에는 이 일을 이해하지 못했습니다. 그러나 예수께서 영광을 받으신 뒤에 비로소 이 말씀이 예수를 두고 기록한 것이며 또한 사람들도 예수께 그렇게 행했다는 것을 깨닫게 됐습니다. 또 예수께서 나사로를 무덤에서 불러내 죽은 사람 가운데서 살리셨을 때 함께 있던 사람들이 그 일을 증언했습니다. 이처럼 무리가 예수를 맞으러 나온 까닭은 예수께서 이런 표적을 행하셨다는 말을 들었기 때문이었습니다. 그러자 바리새파 사람들이 서로 말했습니다. "보시오. 온 세상이 예수를 따르고 있으니 이제 할 수 있는 것이 없지 않소."

예수께서 자신의 죽음을 예고하시다

명절에 예배드리기 위해 올라온 사람들 중에 그리스 사람들도 있었습니다. 그들은 갈릴리 벳새다 출신인 빌립에게 와서 간청했습니다.

"선생님, 우리가 예수를 뵙고 싶습니다." 빌립은 안드레에게 가서 말했습니다. 이어 안드레와 빌립이 함께 예수께 말했습니다. 예수께서 대답하셨습니다. "인자가 영광받아야 할 때가 왔다. 내가 진실로 진실로 너희에게 말한다. 밀알 하나가 땅에 떨어져 죽지 않으면 한 알 그대로 있고 죽으면 많은 열매를 맺게 된다. 자기 생명을 사랑하는 사람은 잃을 것이요, 이 세상에서 자기 생명을 미워하는 사람은 영원히 그 생명을 보존할 것이다. 누구든지 나를 섬기려면 나를 따라야 한다. 내가 있는 곳에 나를 섬기는 사람도 함께 있을 것이다. 누구든지 나를 섬기면 내 아버지께서 그를 귀하게 여기실 것이다. 지금 내 마음이 몹시 괴로우니 내가 무슨 말을 하겠느냐? '아버지여, 내가 이 시간을 벗어날 수 있게 해 주십시오' 하겠느냐? 아니다. 나는 바로 이 일 때문에 이때 왔다. 아버지여, 아버지의 이름을 영광스럽게 하소서!" 바로 그때 하늘에서 소리가 들려왔습니다. "내가 이미 영광스럽게 했다. 다시 영광스럽게 할 것이다." 곁에 서서 그 소리를 들은 사람들은 천둥이 쳤다고 말했습니다. 다른 사람들은 "천사가 예수께 말했다"라고도 했습니다. 예수께서 말씀하셨습니다. "이 소리가 난 것은 나를 위한 것이 아니라 너희를 위한 것이다. 이제 세상을 심판할 때니 이 세상의 통치자가 쫓겨날 것이다. 그러나 내가 이 땅에서 들려 올라갈 때 나는 모든 사람들을 내게로 이끌 것이다." 예수께서 이렇게 말씀하신 것은 자신이 어떤 죽음을 당할 것인지 암시하려고 하신 말씀입니다. 그때 무리가 대답했습니다. "우리는 율법에서 그리스도께서 영원히 계신다고 들었는데 어째서 당신은 '인자가 들려서 올라가야 된다'고 하십니까? 이 '인자'란 누구입니까?" 그러자 예수께서 그들에게 말씀하셨습니다. "아직 얼마 동안은 빛이 너희 가운데 있을 것이다. 어둠이 너희를 삼키지 못하도록 빛이 있는 동안에 걸어 다니라. 어둠 속에서 다니는 사람은 자기가 어디로 가는지 알지 못한다. 너희에게 빛이 있는 동안에 너희는 그 빛을 믿으라. 그러면 너희가 빛의 아들들이 될 것이다." 이 말씀을 하신 후 예수께서는 그들을 떠나서 몸을 숨기셨습니다.

유대인 중에 믿는 사람과 믿지 않는 사람

예수께서 이 모든 표적을 그들 앞에서 행하셨음에도 불구하고 그들은 여전히 예수를 믿지 않았습니다. 이것은 예언자 이사야의 말을 이루려는 것입니다. "주여, 우리의 전한 것을 누가 믿었으며 주의 팔이 누구에게 나타났습니까?" 그들이 믿을 수 없었던 까닭을 이사야가 다시 이렇게 말했습니다. "주께서 그들의 눈을 멀게 하셨고 그들의 마음을 무디게 하셨으니 이는 그들이 눈이 있어도 보지 못하게 하고 마음으로 깨달아 돌이키지 못하게 해 내게 고침을 받지 못하게 하기 위함이다." 이사야가 이렇게 말한 것은 그가 예수의 영광을 보았기 때문입니다. 그래서 예수를 가리켜 이런 예언을 했습니다. 지도자들 중에서도 예수를 믿는 사람들이 많았으나 바리새파 사람들 때문에 자기 믿음을 고백하지 못했습니다. 회당에서 쫓겨날까 봐 두려웠기 때문입니다. 그들은 하나님의 영광보다 사람의 영광을 더 사랑했던 것입니다. 예수께서 큰 소리로 말씀하셨습니다. "나를 믿는 사람은 나를 믿는 것이 아니라 나를 보내신 분을 믿는 것이요 나를 보는 사람은 곧 나를 보내신 분을 보는 것이다. 나는 빛으로 이 세상에 왔다. 나를 믿는 사람은 누구든지 어둠 속에 머무르지 않을 것이다. 내 말을 듣고 지키지 않는 사람이 있다 해도 나는 그 사람을 심판하지 않는다. 나는 세상을 심판하러 온 것이 아니라 구원하러 왔기 때문이다. 나를 거절하고 내 말을 받아들이지 않는 사람을 심판하시는 분이 따로 계시다. 내가 말한 바로 이 말이 마지막 날에 그를 심판할 것이다. 나는 내 뜻대로 말하지 않았다. 오직 나를 보내신 아버지께서 무엇을 말해야 하고 무엇을 이야기해야 할지 내게 명령해 주셨다. 나는 그가 주신 명령이 영생 이라는 것을 안다. 그러므로 나는 무엇이든지 아버지께서 내게 말씀해 주신 대로 말한다."

13 예수께서 제자들의 발을 씻으시다

유월절 전에 예수께서는 이 세상을 떠나 아버지께로 가실 때가 됐다는 것을 알고 계셨습니다. 예수께서는 세상에 있는 자기의 사람들을 사랑하시되 끝까지 사랑하셨습니다. 저녁 식사를 하는 동안 마귀는 이미 시몬의 아들 가룟 유다의 마음속에 예수를 배반할 생각을 넣었습니다. 예수께서는 아버지께서 모든 것을 자기 손에 주셨으며 자신이 하나님께로부터 왔다가 하나님께로 돌아갈 것을 아시고는 식탁에서 일어나 겉옷을 벗고 허리에 수건을 두르셨습니다. 그리고 나서 대야에 물을 담아다가 제자들의 발을 씻기시고 허리에 두른 수건으로 닦아 주셨습니다. 예수께서 시몬 베드로에게 다가가셨습니다. 그러자 베드로는 "주여, 제 발도 씻겨 주려 하십니까?" 하고 말했습니다. 예수께서 대답하셨습니다. "너는 내가 하는 일을 이해하지 못하는구나. 그러나 나중에는 알게 될 것이다." 베드로가 말했습니다. "제 발은 절대로 씻기지 못하십니다." 예수께서 베드로에게 대답하셨습니다. "내가 너를 씻겨 주지 않으면 너는 나와 아무 상관이 없다." 시몬 베드로가 예수께 대답했습니다. "그렇다면 주여, 제 발뿐 아니라 손과 머리도 씻겨 주십시오." 예수께서 베드로에게 말씀하셨습니다. "이미 목욕한 사람은 온몸이 깨끗하기 때문에 발밖에는 씻을 필요가 없다. 너희는 깨끗하지만 너희 모두가 다 깨끗한 것은 아니다." 예수께서는 누가 자신을 배반할지 알고 계셨기 때문에 "너희 모두가 다 깨끗한 것은 아니다"라고 말씀하신 것입니다. 예수께서 제자들의 발을 모두 씻겨 주신 후 다시 겉옷을 걸치시고 자리에 돌아와 그들에게 말씀하셨습니다. "내가 너희에게 한 일을 알겠느냐? 너희가 나를 '선생님' 또는 '주'라고 부르는데 그것은 옳은 말이다. 내가 바로 그런 사람이다. 주이며 선생님인 내가 너희 발을 씻겨 주었으니 너희도 서로 남의 발을 씻겨 주어야 한다. 내가 너희에게 행한 대로 너희도 행하게 하기 위해 내가 본을 보여 주었다. 내가 진실로 진실로 너희에게 말한다. 종이 주인보다 높지 않고 보냄을 받은 사람이 보내신 분보다 높지 않다. 너희가 이것들을 알고 그대로 행하면 복이 있을 것이다.

예수께서 제자의 배반을 예고하시다

내가 너희 모두를 두고 말하는 것이 아니다. 나는 내가 택한 사람들을 알고 있다. 그러나 '내 빵을 함께 먹는 사람이 나를 배반했다'

라고 한 성경 말씀이 이루어질 것이다. 그 일이 일어나기 전에 내가 지금 너희에게 미리 말해 두는 것은, 그 일이 일어나면 내가 그라는 것을 너희로 하여금 믿게 하려는 것이다. 내가 진실로 진실로 너희에게 말한다. 누구든지 내가 보내는 사람을 영접하는 사람은 나를 영접하는 사람이요, 나를 영접하는 사람은 나를 보내신 분을 영접하는 사람이다." 예수께서는 이렇게 말씀하시고 나서 심령으로 몹시 괴로워하며 말씀하셨습니다. "내가 진실로 진실로 너희에게 말한다. 너희 중 하나가 나를 배반할 것이다." 제자들은 자기들 중 누구를 말씀하시는지 몰라 당황해하며 서로 쳐다보았습니다. 제자들 중 하나인 예수께서 사랑하시는 제자가 예수 곁에 기대어 앉아 있었습니다. 시몬 베드로가 그 제자에게 손짓하며 누구를 두고 하시는 말씀인지 여쭤 보라고 했습니다. 그는 예수의 품에 기대어 물었습니다. "주여, 그가 누구입니까?" 예수께서 대답하셨습니다. "내가 이 빵 한 조각을 적셔서 주는 사람이 바로 그 사람이다." 그리고 예수께서 빵 한 조각을 적셔서 시몬의 아들 가룟 유다에게 주셨습니다. 유다가 빵을 받자 사탄이 그에게 들어갔습니다. 예수께서 가룟 유다에게 말씀하셨습니다. "네가 하려는 일을 어서 하여라." 그러나 자리를 함께한 사람들 중 아무도 예수께서 그에게 무슨 뜻으로 그런 말씀을 하시는지 아는 사람이 없었습니다. 어떤 사람들은 유다가 돈을 관리하고 있었기 때문에 예수께서 그에게 명절에 필요한 것을 사 오라거나 가난한 사람들에게 뭔가 나눠 주라고 말씀하신 것으로 생각했습니다. 유다는 빵 조각을 받은 후 밖으로 나가 버렸습니다. 그때는 밤이었습니다.

예수께서 베드로의 부인을 예고하시다

유다가 나간 뒤 예수께서 말씀하셨습니다. "이제는 인자가 영광을 받게 됐고 하나님께서도 인자로 인해 영광을 받게 되셨다. 하나님께서 인자로 인해 영광을 받으시면 하나님께서도 몸소 인자를 영광되게 하실 것이다. 이제 곧 그렇게 하실 것이다. 자녀들아, 이제 잠시 동안은 내가 너희와 함께 있을 것이다. 그러나 너희가 나를 찾을 것이다. 내가 전에 유대 사람들에게 말한 대로 너희에게도 말하는데 내가 가는 곳에 너희는 올 수 없다. 내가 너희에게 새 계명을 준다. 서로 사랑하라. 내가 너희를 사랑한 것같이 너희도 서로 사랑하라. 너희가 서로 사랑하면 이로써 모든 사람들이 너희가 내 제자임을 알게 될 것이다." 시몬 베드로가 예수께 물었습니다. "주여, 어디로 가십니까?" 예수께서 대답하셨습니다. "내가 가는 곳으로 네가 지금은 올 수 없지만 나중에는 오게 될 것이다." 베드로가 물었습니다. "주여, 어째서 제가 지금은 주님을 따라갈 수 없습니까? 주를 위해서라면 제 목숨도 바치겠습니다." 그러자 예수께서 대답하셨습니다. "네가 정말 나를 위해 네 목숨이라도 바치겠느냐? 내가 진실로 진실로 네게 말한다. 닭이 울기 전에 네가 나를 세 번 부인할 것이다."

14 예수께서 제자들을 위로하시다

"너희는 마음에 근심하지 말라. 하나님을 믿고 또 나를 믿으라. 내 아버지의 집에는 있을 곳이 많다. 그렇지 않았다면 너희에게 미리 말해 두었을 것이다. 나는 너희가 있을 곳을 마련하러 간다. 내가 가서 너희가 있을 곳을 마련하면 다시 와서 너희를 내게로 데려갈 것이다. 그러면 너희도 내가 있는 곳에 함께 있게 될 것이다. 너희는 내가 어디로 가는지 그 길을 알고 있다."

아버지께로 오는 길이신 예수

도마가 예수께 물었습니다. "주여, 저희는 주께서 어디로 가시는지 알지 못하는데 그 길을 어떻게 알겠습니까?" 예수께서 도마에게 말씀하셨습니다. "나는 길이요, 진리요, 생명이니 나를 통하지 않고서는 아버지께로 올 사람이 없다. 너희가 나를 알았더라면 내 아버지도 알았을 것이다. 이제 너희는 내 아버지를 알고 내 아버지를 보았다." 빌립이 말했습니다. "주여, 우리에게 아버지를 보여 주십시오. 그러면 저희가 더 바랄 것이 없겠습니다." 예수께서 대답하셨습니다. "빌립아, 내가 그렇게 오랫동안 너희와 함께 있었는데도 네가 나를 모르느냐? 누구든지 나를 본 사람은 아버지를 본 것이다. 그런데도 네가 어떻게 '우리에게 아버지를 보여 주십시오'라고 말하느냐? 내가 아버지 안에 있고 아버지가 내 안에 계시다는 것을 믿지 못하느냐? 내가 너희에게 하는 말은 내 말이 아니다. 오직 살아 계시는 아버지께서 내 안에 계시면서 자신의 일을 하시는 것이다. 내가 아버지 안에 있고 아버지께서 내 안에 계시다는 것을 믿어라. 믿지 못하겠거든 내가 행하는 그 일들을 보아서라도 믿어라. 내가 진실로 진실로 너희에게 말한다. 누구든지 나를 믿는 사람은 내가 하는 일들을 그도 할 것이요, 이보다 더 큰 일들도 할 것이다. 그것은 내가 아버지께로 가기 때문이다. 너희가 무엇이든지 내 이름으로 구하면 내가 다 이루어 주겠다. 이는 아들을 통해 아버지께서 영광을 받으시게 하려는 것이다. 너희는 내 이름으로 무엇이든지 구하라. 그러면 내가 다 이루어 주겠다.

예수께서 성령을 약속하시다

너희가 나를 사랑한다면 내 계명을 지킬 것이다. 내가 아버지께 구할 것이니 아버지께서 너희에게 다른 보혜사를 보내셔서 너희와 영원히 함께 있도록 하실 것이다. 그분은 진리의 영이시다. 세상은 그분을 볼 수도 없고 알 수도 없기 때문에 그분을 받아들일 수가 없다. 그러나 너희는 그분을 안다. 그분이 너희와 함께 계시고 또 너희 안에 계실 것이기 때문이다. 나는 너희를 고아처럼 내버려 두지 않고 너희에게 다시 오겠다. 조금 있으면 세상은 나를 보지 못하겠지만 너희는 나를 볼 것이다. 내가 살아 있고 너희도 살 것이기 때문이다. 그날에 너희는 내가 내 아버지 안에 있고 너희가 내 안에 있으며 내가 너희 안에 있음을 알게 될 것이다. 누구든지 내 계명을 가지고 지키는 사람은 나를 사랑하는 사람이다. 나를 사랑하는 사람은 내 아버지의 사랑을 받을 것이고 나 또한 그 사람을 사랑하고 그 사람에게 나를 나타낼 것이다." 그러자 가룟 유다가 아닌 다른 유다가 말했습니다. "주여, 주께서 우리에게는 자신을 나타내시고 세상에는 자신을 나타내지 않으시는 까닭이 무엇입니까?" 예수께서 그에게 대답하셨습니다. "누구든지 나를 사랑하는 사람은 내 말을 지킬 것이다. 그러면 내 아버지께서 그 사람을 사랑하실 것이요, 아버지와 내가 그 사람에게로 가서 그와 함께 살 것이다. 나를 사랑하지 않는 사람은 내 말을 지키지 아니한다. 너희가 듣고 있는 이 말은 내 말이 아니라 나를 보내신 아버지의 말씀이다. 이런 말은 내가 너희와 함께 있을 때 말했다. 그러나 보혜사, 곧 아버지께서 내 이름으로 보내실 성령께서 너희에게 모든 것을 가르쳐 주실 것이며 내가 너희에게 말한 모든 것을 생각나게 하실 것이다. 내가 너희에게 평안을 주고 간다. 곧 내 평안을 너희에게 준다. 내가 주는 평안은 세상이 주는 것과 같지 않다. 너희는 마음에 근심하지 말고 두려워하지 말라. 너희는 '내가 지금 갔다가 너희에게 다시 올 것이다'라고 한 내 말을 들었다. 너희가 나를 사랑한다면 내가 아버지께로 가는 것을 기뻐했을 것이다. 아버지는 나보다 크신 분이기 때문이다. 내가 지금 이 일이 일어나기 전에 너희에게 말해 두는 것은, 이 일이 일어날 때에 너희로 하여금 믿게 하려는 것이다. 나는 너희와 더 이상 길게 말을 나눌 수 없다. 이 세상의 통치자가 가까이 오고 있기 때문이다. 이 세상의 통치자는 나를 어떻게 할 아무런 권한이 없다. 다만 내가 아버지를 사랑한다는 것과 아버지께서 내게 명령하신 대로 내가 행한다는 것을 세상에 알리려는 것이다. 일어나라. 이제 여기를 떠나자."

15 포도나무와 가지

"나는 참포도나무요, 내 아버지는 농부이시다. 내게 붙어 있으면서도 열매를 맺지 못하는 가지는 아버지께서 다 자르실 것이요, 열매를 맺는 가지는 더 많은 열매를 맺도록 깨끗하게 손질하신다. 너희는 내가 너희에게 말한 그 말로 인해 이미 깨끗해졌다. 내 안에 머물러 있으라. 그러면 나도 너희 안에 머물러 있을 것이다. 가지가 포도나무에 붙어 있지 않으면 스스로 열매를 맺지 못하는 것처럼 너희도 내 안에 있지 않으면 열매를 맺을 수 없다. 나는 포도나무요, 너희는 가지다. 그가 내 안에 있고 내가 그 안에 있으면 그 사람은 많은 열매를 맺는다. 나를 떠나서는 너희가 아무것도 할 수 없다. 누구든지 내 안에 있지 않으면 그 사람은 쓸모없는 가지처럼 버려져 말라 버린다. 사람들이 그런 가지들은 모아다가 불 속에 던져 태워 버린다. 만일 너희가 내 안에 있고 내 말이 너희 안에 있으면 너희가 원하는 것이 무엇이든지 구하라. 그러면 그대로 이루어질 것이다. 너희가 열매를 많이 맺으면 내 제자가 되고 이것으로 아버지께서 영광을 받으실 것이다. 아버지께서 나를 사랑하신 것처럼 나도 너희를 사랑했다. 너희는 내 사랑 안에 머물러 있으라. 내가 내 아버지의 계명을 지키고 아버지의 사랑 안에 있는 것같이 너희도 내 계명을 지키면 내 사랑 안에 있을 것이다. 내가 이것들을 너희에게 말한 것은 내 기쁨이 너희 안에 있어 너희 기쁨이 충만하게 하려는 것이다. 내 계명은 이것이다. 내가 너희를 사랑한 것과 같이 너희도 서로 사랑하라. 사람이 자기 친구를 위해 목숨을 내놓는 것보다 더 큰 사랑은 없다. 너희가 만일 내 계명을 지키면 너희는 내 친구다. 나는 이제부터 너희를 종이라고 부르지 않겠다. 종은 주인의 일을 알지 못하지만 나는 너희에게 내 아버지께 들은 것을 모두 알려 주었으니 친구라고 부르는 것이다. 너희가 나를 택한 것이 아니라 내가 너희를 택해 세운 것이다. 그것은 너희가 가서 열매를 맺어 그 열매가 계속 남아 있게 하려는 것이다. 그러므로 너희가 무엇이든지 내 이름으로 구하면 아버지께서 너희에게 주실 것이다. 내가 너희에게 명하는 것은 이것이다. 너희는 서로 사랑하라.”

세상은 제자들을 미워한다

“만일 세상이 너희를 미워하거든 너희보다 먼저 나를 미워했다는 것을 알라. 만일 너희가 세상에 속해 있다면 세상이 너희를 자기 것으로 여기고 사랑할 것이다. 그러나 너희는 세상에 속해 있지 않고 내가 세상에서 너희를 택했으므로 세상이 너희를 미워할 것이다. 내가 너희에게 ‘종이 주인보다 더 높지 않다’고 한 말을 기억하라. 사람들이 나를 핍박했으니 너희도 핍박할 것이요, 사람들이 내 말을 지켰으니 너희 말도 지킬 것이다. 그들은 너희가 내 이름을 믿는다는 이유로 이런 모든 일들을 너희에게 행할 것이다. 그것은 그들이 나를 보내신 분을 알지 못하기 때문이다. 만일 내가 와서 그들에게 말하지 않았더라면 그들은 죄가 없었겠지만 그들은 이제 자기 죄를 변명할 길이 없다. 나를 미워하는 사람은 내 아버지도 미워한다. 내가 만일 아무도 행하지 못한 일을 그들 가운데서 행하지 않았더라면 그들은 죄가 없었을 것이다. 그런데 이제는 그들이 내가 한 일을 보고서도 나와 내 아버지를 미워했다. 그러나 이것은 그들의 율법에 기록된 것을 이루려는 것이다. ‘그들이 아무 이유 없이 나를 미워했다.’

성령의 일

내가 아버지께로부터 너희에게 보낼 보혜사, 곧 아버지께로부터 오시는 진리의 성령이 오시면 그분이 나에 대해 증언해 주실 것이다. 너희도 처음부터 나와 함께 있었으므로 내 증인들이 될 것이다."

16

"내가 이 모든 것을 너희에게 말한 것은 너희가 믿음에서 넘어지지 않게 하려는 것이다. 사람들이 너희를 회당에서 쫓아낼 것이다. 그리고 너희를 죽이는 사람마다 자신이 하는 일이 하나님을 섬기는 일이라고 여길 때가 올 것이다. 그들은 아버지나 나를 알지 못하기 때문에 그런 일을 할 것이다. 내가 너희에게 이런 것들을 말하는 것은 그때가 되면 내가 한 말을 너희로 기억하게 하기 위함이다. 또 내가 처음부터 너희에게 이런 것들을 말하지 않은 것은 내가 너희와 함께 있었기 때문이다." "이제 나는 나를 보내신 분에게로 간다. 그러나 너희 중에 '어디로 가십니까?'라고 묻는 사람이 없고 도리어 내가 한 말 때문에 너희 마음에 슬픔이 가득하구나. 그러나 내가 진실로 진실로 너희에게 말한다. 내가 떠나가는 것이 너희에게 유익하다. 내가 떠나가지 않으면 보혜사가 너희에게 오시지 않을 것이다. 그러나 내가 가면 너희에게 보혜사를 보내 주겠다. 보혜사가 오시면 죄에 대해, 의에 대해, 심판에 대해 세상을 책망하실 것이다. '죄에 대해'라고 한 것은 사람들이 나를 믿지 않기 때문이요, '의에 대해'라고 한 것은 내가 아버지께로 가므로 너희가 다시는 나를 볼 수 없기 때문이요, '심판에 대해'라고 한 것은 이 세상의 통치자가 심판을 받았기 때문이다. 아직도 내가 너희에게 할 말이 많지만 지금은 너희가 그 말들을 알아듣지 못한다. 그러나 진리의 성령, 그분이 오시면 너희를 모든 진리 가운데로 인도하실 것이다. 그분은 자기 생각대로 말씀하시지 않고 오직 들은 것만을 말씀하시며 또한 앞으로 일어날 일들을 너희에게 말씀하실 것이다. 그분은 내 것을 받아서 너희에게 알려 주실 것이므로 나를 영광되게 하실 것이다. 아버지께 속한 모든 것은 다 내 것이다. 그렇기 때문에 성령께서 내 것을 받아서 너희에게 알려 주실 것이라고 말하는 것이다.

제자들의 슬픔이 기쁨이 될 것이다

조금 있으면 너희가 나를 더 이상 보지 못할 것이다. 그러나 다시 조금 있으면 나를 보게 될 것이다." 예수의 제자들 중 몇몇이 서로 말했습니다. "'조금 있으면 너희가 나를 더 이상 보지 못하겠고 다시 조금 있으면 나를 보게 될 것이다'라고 하시면서 '내가 아버지께 가기 때문이다'라고 하시는데 이게 도대체 무슨 말씀인가?" 그들이 또 말했습니다. "무슨 뜻으로 '조금 있으면'이라고 말씀하셨을까? 무슨 말씀을 하시는지 도무지 이해하지 못하겠다." 예수께서는 제자들이 이것에 대해 묻고 싶어 하는 것을 아시고 그들에게 말씀하셨습니다. "내가 '조금 있으면 너희가 나를 보지 못하겠고 다시 조금 있으면 나를 보게 될 것이다'라고 해서 그 말이 무슨 뜻인지 서로 묻고 있느냐? 내가 진실로 진실로 너희에게 말한다. 너희는 울며 애통할 것이나 세상은 기뻐할 것이다. 너희가 슬퍼하게 될 것이나 너희의 슬픔은 기쁨으로 변할 것이다. 여인이 출산할 때는 걱정에 잠기게 된다. 진통할 때가 가까웠기 때문이다. 그러나 아기가 태어나면 사람이 세상에 태어났다는 기쁨 때문에 더 이상 그 고통을 기억하지 않는다. 너희도 이와 같다. 너희가 지금은 슬퍼하지만 내가 너희를 다시 볼 때는 너희가 기뻐할 것이요, 또 너희 기쁨을 빼앗을 사람이 없을 것이다. 그날에는 너희가 내게 어떤 것도 묻지 않을 것이다. 내가 진실로 진실로 너희에게 말한다. 너희가 무엇이든 아버지께 구하면 아버지께서 내 이름으로 주실 것이다. 지금까지는 너희가 내 이름으로 아무것도 구하지 않았다. 그러나 구하라. 그러면 받을 것이니 너희 기쁨이 충만해질 것이다. 지금까지는 내가 이것을 비유로 말했지만 더 이상 비유로 말하지 않고 내 아버지에 대해 분명하게 말할 때가 올 것이다. 그날에는 너희가 내 이름으로 아버지께 구할 것이다. 내가 너희를 위해 아버지께 구하겠다는 말이 아니다. 아버지께서는 너희를 친히 사랑하신다. 아버지께서 너희를 친히 사랑하시는 것은 너희가 나를 사랑했고 내가 아버지께로부터 왔음을 믿었기 때문이다. 내가 아버지께로부터 이 세상에 왔다가 이제 다시 이 세상을 떠나 아버지께로 돌아간다." 그러자 예수의 제자들이 말했습니다. "이제 주께서 비유를 들지 않고 명확하게 말씀하시니 주께서 모든 것을 알고 계시고 또 어느 누구의 질문도 받으실 필요가 없음을 저희가 알았습니다. 이것으로 우리는 주께서 하나님께로부터 오신 것을 믿습니다." 예수께서 제자들에게 대답하셨습니다. "이제야 너희가 믿느냐? 보라. 너희가 흩어져 각자 집으로 돌아갈 때가 오고 있고 또 이미 왔다. 너희는 나를 버려두고 모두 떠나갈 것이다. 그러나 나는 혼자 있는 게 아니다. 아버지께서 나와 함께 계시기 때문이다. 내가 너희에게 이런 것들을 말하는 것은 너희가 내 안에서 평안을 누리게 하려는 것이다. 너희가 이 세상에서는 고난을 당할 것이다. 그러나 담대하라. 내가 세상을 이미 이겼다."

17 예수께서 영광스럽게 하시기를 위해 기도하다

예수께서 이 말씀을 하시고 눈을 들어 하늘을 우러러보시며 기도하셨습니다. "아버지여, 때가 됐습니다. 아들이 아버지께 영광을 돌릴 수 있도록 아들을 영광스럽게 하소서. 아버지께서는 아들에게 주신 모든 사람에게 영생을 주게 하시려고 모든 사람을 다스리는 권세를 아들에게 주셨습니다. 영생은 오직 한 분이신 참하나님 아버지와 아버지께서 보내신 예수 그리스도를 아는 것입니다. 나는 아버지께서 맡겨 주신 일을 다 완성해 이 땅에서 아버지께 영광을 돌려 드렸습니다. 아버지여, 창세전에 내가 아버지와 함께 누렸던 그 영광으로 이제 아버지 앞에서 나를 영광스럽게 하소서."

예수께서 제자들을 위해 기도하시다

"나는 아버지께서 세상에서 택하셔서 내게 주신 사람들에게 아버지의 이름을 나타냈습니다. 그들은 아버지의 것이었는데 아버지께서 내게 주셨고 그들은 아버지의 말씀을 지켰습니다. 이제 그들은 아버지께서 내게 주신 모든 것이 다 아버지께로부터 온 것임을 알고 있습니다. 나는 아버지께서 내게 주신 말씀을 그들에게 주었습니다. 그들은 그 말씀을 받아들였으며 내가 아버지께로부터 온 것을 진정으로 알았고 또 아버지께서 나를 보내신 것을 믿었습니다. 이제 내가 그들을 위해서 기도합니다. 내가 세상을 위해 기도하는 것이 아니고 아버지께서 내게 주신 사람들을 위해 기도하는 것은 그들이 모두 아버지의 사람들이기 때문입니다. 내 것은 모두 아버지의 것이며 아버지의 것은 모두 내 것입니다. 그리고 나는 그들을 통해 영광을 받았습니다. 나는 더 이상 이 세상에 있지 않겠지만 그들은 아직 세상에 있고 나는 아버지께로 갑니다. 거룩하신 아버지여, 아버지께서 내게 주신 아버지의 이름으로 그들을 지켜 주셔서 우리가 하나인 것같이 그들도 하나가 되게 하소서. 내가 그들과 함께 지내는 동안 아버지께서 내게 주신 아버지의 이름으로 내가 그들을 지키고 보호했습니다. 멸망의 자식 외에는 그들 가운데 한 사람도 잃어버리지 않았습니다. 이것은 성경을 이루기 위함이었습니다. 그러나 이제 나는 아버지께로 갑니다. 내가 세상에서 이것을 말하는 것은 내 기쁨이 그들 속에 충만하게 하려는 것입니다. 나는 그들에게 아버지의 말씀을 주었는데 세상은 그들을 미워했습니다. 내가 세상에 속해 있지 않는 것처럼 그들도 세상에 속해 있지 않기 때문입니다. 내가 아버지께 기도하는 것은 아버지께서 그들을 세상에서 데려가 달라는 것이 아니라 악한 자로부터 그들을 보호해 달라는 것입니다. 내가 세상에 속하지 않은 것처럼 그들도 세상에 속하지 않았습니다. 진리로 그들을 거룩하게 해 주소서. 아버지의 말씀은 진리입니다. 아버지께서 나를 세상에 보내신 것같이 나도 그들을 세상에 보냅니다. 그들을 위해 내가 나를 거룩하게 하는 것은 그들도 진리로 거룩하게 하려는 것입니다.

예수께서 모든 믿는 사람들을 위해 기도하시다

내 기도는 이 사람들만을 위한 것이 아닙니다. 이 사람들이 전하는 말을 듣고 나를 믿는 사람들을 위해서도 기도합니다. 아버지여, 아버지께서 내 안에 계시고 내가 아버지 안에 있는 것같이 그들도 모두 하나가 되게 하시고 그들도 우리 안에 있게 해 아버지께서 나를 보내셨다는 것을 세상이 믿게 하소서. 아버지께서 내게 주신 영광을 내가 그들에게 주었습니다. 이것은 우리가 하나인 것같이 그들도 하나가 되게 하려는 것입니다. 내가 그들 안에 있고 아버지께서 내 안에 계신 것은 그들이 완전히 하나가 되게 하려는 것입니다. 그것은 또, 아버지께서 나를 보내신 것과 아버지께서 나를 사랑하신 것처럼 그들도 사랑하셨다는 것을 세상이 알게 하려는 것입니다. 아버지여, 아버지께서 내게 주신 사람들이 내가 있는 곳에 나와 함께 있어 내 영광, 곧 아버지께서 세상이 창조되기 전부터 나를 사랑하셔서 내게 주신 영광을 그들도 보게 하소서. 의로우신 아버지여, 세상은 아버지를 알지 못하지만 나는 아버지를 알며 이 사람들도 아버지께서 나를 보내신 것을 알고 있습니다. 나는 그들에게 아버지를 알렸고 또 앞으로도 계속 아버지를 알게 해 나를 사랑하신 아버지의 그 사랑이 그들 안에 있고 나도 그들 안에 있게 하려는 것입니다."

18 예수께서 잡히시다
예수께서 이 기도의 말씀을 하신 뒤 제자들과 함께 기드

론 골짜기 건너편으로 가셨습니다. 거기에는 동산이 하나 있었는데 예수와 제자들은 그곳으로 들어갔습니다. 그곳은 예수께서 제자들과 가끔 모이던 곳이어서 예수를 배반한 유다도 알고 있었습니다. 유다는 로마 군인들과 대제사장들과 바리새파 사람들이 보낸 경비병들을 데리고 그곳으로 왔습니다. 그들은 횃불과 등불과 무기를 들고 있었습니다. 예수께서는 자기가 당할 모든 일을 아시고 앞으로 나와 그들에게 물으셨습니다. "너희가 누구를 찾느냐?" 그들이 대답했습니다. "나사렛 사람 예수요." 예수께서 그들에게 말씀하셨습니다. "내가 그 사람이다." 배반자 유다도 그들과 함께 거기에 서 있었습니다. 예수께서 "내가 그 사람이다"라고 하시자 그들은 뒤로 물러나 땅에 엎드려졌습니다. 예수께서 그들에게 다시 물으셨습니다. "너희가 누구를 찾느냐?" 그러자 그들이 대답했습니다. "나사렛 사람 예수요." 예수께서 대답하셨습니다. "'내가 그 사람이다'라고 말하지 않았느냐? 너희가 나를 찾고 있다면 이 사람들은 보내 주라." 이것은 예수께서 '아버지께서 내게 주신 사람들 중 한 사람도 잃지 않았습니다'라고 하신 말씀을 이루기 위한 것이었습니다. 그때 시몬 베드로가 칼을 가지고 있었는데 그가 칼을 빼어 대제사장의 종을 쳐서 오른쪽 귀를 베어 버렸습니다. 그 종의 이름은 말고였습니다. 그때 예수께서 베드로에게 말씀하셨습니다. "네 칼을 칼집에 꽂아라. 아버지께서 주신 잔을 내가 받아 마셔야 하지 않겠느냐?" 군인들과 천부장과 유대 사람의 경비병들이 예수를 체포했습니다. 그들은 예수를 묶어서 먼저 그해의 대제사장 가야바의 장인인 안나스에게로 끌고 갔습니다. 가야바는 전에 '한 사람이 백성들을 위해 죽는 것이 유익하다'라고 유대 사람들에게 조언했던 바로 그 사람입니다.

베드로의 첫 번째 부인

시몬 베드로와 또 다른 제자 한 사람이 예수를 따라갔습니다. 이 제자는 대제사장과 아는 사이였기 때문에 예수와 함께 대제사장 집의 마당 안으로 들어갔습니다. 그러나 베드로는 문밖에서 기다려야 했습니다. 대제사장과 아는 사이인 그 제자가 나와서 문지기 하녀에게 말해 베드로를 들어오게 했습니다. 문지기 하녀가 베드로에게 물었습니다. "당신도 이 사람의 제자 중 한 사람이지요?" 베드로가 대답했습니다. "나는 아니오." 날씨가 추웠기 때문에 종들과 경비병들은 숯불을 피워 놓고 둘러서서 불을 쬐고 있었습니다. 베드로도 불을 쬐며 그들과 함께 서 있었습니다.

대제사장이 예수에게 묻다

대제사장은 예수께 그의 제자들과 그의 가르침에 관해 물었습니다. 예수께서 대답하셨습니다. "나는 세상에 드러내 놓고 말했다. 나는 언제나 모든 유대 사람들이 모여 있는 회당이나 성전에서 가르쳤고 숨어서 말한 것이 아무것도 없다. 그런데 왜 나를 심문하는 것이냐? 내가 무슨 말을 했는지 내 말을 들은 사람들에게 물어보아라. 그들이 내가 한 말을 알고 있다." 예수께서 이렇게 말씀하시자 가까이 있던 경비병 중 하나가 예수의 얼굴을 치며 말했습니다. "네가 대제사장에게 이런 식으로 말해도 되느냐?" 예수께서 그에게 대답하셨습니다. "내가 잘못 말한 것이 있다면 그 잘못한 증거를 대 보아라. 그러나 내가 옳은 말을 했다면 어째서 나를 치느냐?" 그러자 안나스는 예수를 묶은 그대로 대제사장 가야바에게 보냈습니다.

베드로의 두 번째와 세 번째 부인

시몬 베드로는 서서 불을 쬐고 있었습니다. 그때 사람들이 물었습니다. "당신도 예수의 제자 중 한 사람이지요?" 베드로는 부인하며 말했습니다. "나는 아니오!" 대제사장의 하인들 중 한 사람이 거기 있었는데 그 사람은 베드로가 귀를 벤 사람의 친척이었습니다. "당신이 동산에서 예수와 함께 있는 것을 내가 보지 않았소?" 베드로는 다시 부인했습니다. 그러자 곧 닭이 울었습니다.

예수께서 빌라도 앞에 서시다

그때 유대 사람들이 예수를 가야바의 집에서 로마 총독의 관저로 끌고 갔습니다. 때는 이른 아침이었습니다. 유대 사람들은 몸을 더럽히지 않고 유월절 음식을 먹기 위해 관저 안에는 들어가지 않았습니다. 빌라도가 밖으로 나와 그들에게 물었습니다. "너희는 이 사람을 무슨 일로 고소하려는 것이냐?" 그들이 대답했습니다. "이 사람이 범죄자가 아니라면 총독님께 넘기지도 않았을 것입니다." 빌라도가 말했습니다. "이 사람을 데리고 가서 너희들의 법에 따라 재판하라." 유대 사람들이 빌라도에게 대답했습니다. "우리는 사람을 죽일 권한이 없습니다." 이는 예수께서 자기가 당할 죽음에 대해 이야기하신 그 말씀을 이루려는 것이었습니다. 그러자 빌라도는 다시 관저로 들어가 예수를 불러다 물었습니다. "네가 유대 사람들의 왕이냐?" 예수께서 대답하셨습니다. "네가 하는 그 말은 네 생각에서 나온 말이냐? 아니면 나에 대해 다른 사람들이 말해 준 것이냐?" 빌라도가 대답했습니다. "내가 유대 사람이냐? 네 동족과 대제사장들이 너를 내게 넘겼다. 네가 저지른 일이 대체 무엇이냐?" 예수께서 말씀하셨습니다. "내 나라는 이 세상에 속한 것이 아니다. 만일 내 나라가 이 세상에 속한 것이라면 내 종들이 싸워 유대 사람들이 나를 체포하지 못하도록 막았을 것이다. 그러나 내 나라는 지금 여기에 속한 것이 아니다." 빌라도가 말했습니다. "그러면 네가 왕이란 말이냐?" 예수께서 대답하셨습니다. "네 말대로 나는 왕이다. 나는 진리를 증언하려고 태어났으며 진리를 증언하려고 이 세상에 왔다. 누구든지 진리에 속한 사람은 내 말을 듣는다." 빌라도가 물었습니다. "진리가 무엇이냐?" 빌라도는 이 말을 하고 다시 유대 사람들에게 나가 말했습니다. "나는 이 사람에게서 아무 죄도 찾지 못했다. 유월절에는 내가 죄수 한 사람을 놓아주는 관례가 있는데 너희들을 위해 '유대 사람의 왕'을 놓아주는 것이 어떻겠느냐?" 그러자 그들이 다시 소리쳤습니다. "그 사람이 아닙니다. 바라바를 놓아주십시오." 바라바는 강도였습니다.

19 예수께서 십자가형을 선고받다

그러자 빌라도는 예수를 데려다가 채찍질했습니다. 병사들은 가시관을 엮어 예수의 머리에 씌우고 자주색 옷을 입힌 뒤에 가까이 다가가서 "유대 사람의 왕, 만세!" 하고 소리치며 손바닥으로 얼굴을 때렸습니다. 빌라도는 다시 밖으로 나와 유대 사람들에게 말했습니다. "보라. 내가 예수를 너희들 앞에 데려오겠다. 이는 그에게서 아무 죄도 찾지 못한 것을 너희에게도 알게 하려는 것이다." 예수께서 가시관을 쓰고 자주색 옷을 입고 밖으로 나오자 빌라도가 그들에게 말했습니다. "보라. 이 사람이다." 대제사장들과 경비병들은 예수를 보자 크게 소리쳤습니다. "십자가에 못 박으시오! 십자가에 못 박으시오!" 빌라도가 대답했습니다. "너희들이 이 사람을 데려다가 십자가에 못 박으라. 나는 그에게서 아무 죄도 찾아낼수가 없다." 유대 사람들이 빌라도에게 말했습니다. "우리에게 법이 있는데 그 법에 따르면 이 사람은 마땅히 죽어야 합니다. 그가 자기 자신을 가리켜 하나님의 아들이라고 했기 때문입니다." 빌라도는 이 말을 듣고 더욱 두려워서 관저 안으로 다시 되돌아갔습니다. 빌라도가 예수께 물었습니다. "네가 어디서 왔느냐?" 그러나 예수께서는 아무 대답도 하지 않으셨습니다. 그러자 빌라도가 예수께 말했습니다. "내게 말하지 않을 작정이냐? 내가 너를 놓아줄 권한도 있고 십자가에 못 박을 권한도 있다는 것을 알지 못하느냐?" 예수께서 빌라도에게 대답하셨습니다. "위에서 주지 않으셨더라면 네가 나를 해칠 아무런 권한도 없었을 것이다. 그러므로 나를 네게 넘겨준 사람의 죄는 더 크다." 이 말을 듣고 빌라도는 예수를 놓아주려고 힘을 썼습니다. 그러나 유대 사람들은 소리쳤습니다. "이 사람을 놓아 주면 총독님은 가이사의 충신이 아닙니다. 누구든지 자기 자신을 왕이라고 하는 사람은 황제를 반역하는 자입니다." 빌라도는 이 말을 듣고 예수를 끌고 나와서 돌판(히브리 말로는 가바다)이라 불리는 곳에 마련된 재판석에 앉았습니다. 이날은 유월절의 예비일이었고 시간은 낮 12시쯤이었습니다. 빌라도가 유대 사람들에게 말했습니다. "보라. 너희들의 왕이다." 그러자 그들이 소리쳤습니다. "없애 버리시오! 없애 버리시오! 십자가에 못 박으시오!" 빌라도가 그들에게 물었습니다. "너희들의 왕을 십자가에 못 박으란 말이냐?" 대제사장들이 대답했습니다. "우리에게는 가이사 말고는 다른 왕이 없습니다." 마침내 빌라도는 예수를 십자가에 못 박도록 그들에게 넘겨주었습니다.

예수께서 십자가에 못 박히시다

로마 군인들이 예수를 데리고 나갔습니다. 예수는 자기의 십자가를 지시고 해골(히브리 말로 '골고다')이라는 곳으로 가셨습니다. 거기에서 그들이 예수를 십자가에 못 박았습니다. 그리고 다른 두 사람도 예수의 양쪽에 각각 한 사람씩 못 박았습니다. 빌라도는 또한 명패도 써서 십자가 위에 붙였습니다. 그 명패에는 '유대 사람의 왕, 나사렛 예수'라고 씌어 있었습니다. 예수께서 십자가에 못 박히신 곳이 예루살렘 성 가까이에 있었습니다. 또 그 명패가 히브리어와 라틴어와 그리스어로 각각 쓰였기 때문에 많은 유대 사람들이 이 명패를 읽었습니다. 그러자 유대 사람의 대제사장들이 빌라도에게 말했습니다. "'유대 사람의 왕'이라고 쓰지 말고 '자칭 유대 사람의 왕'이라고 써 주십시오." 빌라도가 대답했습니다. "나는 내가 쓸 것을 썼다." 군인들은 예수를 십자가에 못 박고 예수의 옷을 넷으로 나눠 각각 하나씩 갖고는 속옷까지 가져갔습니다. 이 속옷은 이음새 없이 위에서 아래까지 통으로 짠 것이었습니다. 그들이 서로 말했습니다. "이것을 찢지 말고 누가 가질지 제비를 뽑자." 이것은 성경 말씀을 이루려는 것이었습니다. "그들이 내 겉옷을 나눠 가지고 내 속옷을 놓고 제비를 뽑았다." 예수의 십자가 곁에는 예수의 어머니와 이모와 글로바의 아내 마리아와 막달라 마리아가 서 있었습니다. 예수께서는 자기의 어머니와 그 곁에 사랑하는 제자가 서 있는 것을 보시고 어머니에게 말씀하셨습니다. "어머니, 보십시오. 당신의 아들입니다." 그리고 그 제자에게는 "보아라. 네 어머니다" 라고 말씀하셨습니다. 그때부터 그 제자는 예수의 어머니를 자기 집에 모셨습니다.

예수께서 숨을 거두시다

이후에 예수께서 모든 것이 이루어진 것을 아시고 성경을 이루려고 말씀하셨습니다. "내가 목마르다." 거기 신 포도주가 담긴 그릇이 있어서 그들은 해면에 포도주를 흠뻑 적신 후 우슬초 줄기에 매달아 올려 예수의 입에 갖다 대었습니다. 예수께서 신 포도주를 받으시고 말씀하셨습니다. "다 이루었다." 그리고 예수께서는 머리를 떨구시고 숨을 거두셨습니다. 그날은 예비일이었고 그다음 날은 특별한 안식일이었습니다. 유대 사람들은 안식일에 시체를 십자가에 매달아 두고 싶지 않았기 때문에 빌라도에게 시체의 다리를 꺾어서 내려 달라고 요구했습니다. 그래서 로마 군인들이 와서 예수와 함께 십자가에 달린 한 사람의 다리를 꺾었고 뒤이어 다른 사람의 다리를 꺾었습니다. 그러나 예수께 와서는 이미 죽으신 것을 보고 다리를 꺾지 않았습니다. 대신에 그중 한 군인이 창으로 예수의 옆구리를 찔렀습니다. 그러자 피와 물이 쏟아져 나왔습니다. 이는 그 일을 본 사람이 증언한 것입니다. 그의 증언은 참되며 그는 자신의 말이 진실하다는 것을 알고 있습니다. 그는 여러분도 믿게 하려고 증언하는 것입니다. 이런 일이 일어난 것은 "그 뼈가 하나도 꺾이지 않을 것이다"라고 한 성경을 이루려는 것이었습니다. 또 다른 성경에서도 말했습니다. "그들은 자기들이 찌른 사람을 쳐다보게 될 것이다."

예수께서 장사되시다

이 일이 있은 후 아리마대 사람 요셉이 빌라도에게 예수의 시신을 내어 달라고 간청했습니다. 요셉은 예수의 제자이면서도 유대 사람의 지도자들이 두려워 그 사실을 숨기고 있었습니다. 빌라도가 허락하자 요셉은 가서 예수의 시신을 내렸습니다. 또 전에 밤중에 예수를 찾아갔던 니고데모도 몰약에 침향을 섞은 것을 100리트라 정도 가져왔습니다. 이 두 사람은 예수의 시신을 모셔다가 유대 사람의 장례 관례에 따라 향품과 함께 고운 삼베로 쌌습니다. 예수께서 십자가에 못 박히신 곳에 동산이 있었는데 그 동산에는 아직 사람을 매장한 일이 없는 새 무덤이 하나 있었습니다. 그날은 유대 사람들의 예비일이었고 그 무덤도 가까이 있었기 때문에 요셉과 니고데모는 예수의 시신을 그곳에 모셨습니다.

20 빈 무덤

그 주간의 첫날 이른 새벽, 아직 어두울 때에 막달라 마리아가 무덤에 가서 보니 무덤 입구를 막았던 돌이 치워져 있었습니다. 마리아는 시몬 베드로와 다른 제자 곧 예수께서 사랑하시던 제자에게 달려가서 말했습니다. "사람들이 주의 시신을 무덤 밖으로 가져다가 어디에 두었는지 모르겠습니다." 그리하여 베드로와 다른 제자가 무덤으로 향했습니다. 두 사람이 함께 달려갔는데 베드로보다 다른 제자가 앞서 달려가 먼저 무덤에 이르렀습니다. 그 다른 제자가 몸을 굽혀 안을 살펴보았는데 고운 삼베만 놓여 있는 것을 보았으나 무덤 안으로 들어가지는 않았습니다. 그때 뒤따라온 시몬 베드로가 도착해 무덤 안으로 들어갔습니다. 그가 들어가 보니 고운 삼베가 놓여 있고 예수의 머리를 감쌌던 수건은 고운 삼베와 함께 있지 않고 따로 개켜져 있었습니다. 그제야 무덤에 먼저 도착한 그 다른 제자도 안으로 들어가서 보고 믿었습니다. (그들은 아직도 예수께서 죽은 사람 가운데서 살아나야 한다는 성경을 깨닫지 못하고 있었습니다.) 그러고 나서 제자들은 자기들의 집으로 돌아갔습니다.

예수께서 막달라 마리아에게 나타나시다

그러나 마리아는 무덤 밖에 서서 울고 있었습니다. 마리아가 울다가 몸을 굽혀 무덤 안을 들여다보니 흰옷을 입은 두 천사가 예수의 시신이 있던 자리에 앉아 있었는데 한 천사는 머리맡에, 또 다른 천사는 발치에 있었습니다. 천사들이 마리아에게 물었습니다. "여인아, 왜 울고 있느냐?" 마리아가 천사들에게 대답했습니다. "사람들이 내 주를 가져다가 어디에 두었는지 모르겠습니다." 이 말을 한 후 마리아가 뒤를 돌아보았을 때 예수께서 거기 서 계셨습니다. 그러나 마리아는 그분이 예수이신 줄은 깨닫지 못했습니다. 예수께서 마리아에게 말씀하셨습니다. "여인아, 왜 울고 있느냐? 네가 누구를 찾고 있느냐?" 마리아는 그 사람이 동산지기인 줄 알고 말했습니다. "주여, 당신이 그분을 옮겨 놓았거든 어디에다 두었는지 말해 주십시오. 그러면 내가 그분을 모셔 가겠습니다." 예수께서 마리아에게 "마리아야!" 하시자 마리아가 돌아서서 히브리어로 "랍오니!" 하고 말했습니다. (이 말은 '선생님'이라는 뜻입니다.) 예수께서 마리아에게 말씀하셨습니다. "나를 만지지 마라. 내가 아직 아버지께 올라가지 못했다. 너는 내 형제들에게 가서 '내가 내 아버지 곧 너희 아버지, 내 하나님 곧 너희 하나님께로 올라갈 것이다'라고 말하여라." 막달라 마리아는 제자들에게 가서 주를 보았다는 것과 예수께서 자기에게 하신 말씀을 전해 주었습니다.

예수께서 제자들에게 나타나시다

그날, 곧 그 주간의 첫날 저녁에 제자들은 유대 사람들을 두려워해 문들을 걸어 잠그고 모여 있었습니다. 그때 예수께서 오셔서 그들 가운데 서서 말씀하셨습니다. "너희에게 평강이 있을지어다!" 이렇게 말씀하신 뒤 예수께서는 제자들에게 자신의 손과 옆구리를 보여 주셨습니다. 그러자 제자들은 주를 보고 기뻐했습니다. 예수께서 제자들에게 다시 말씀하셨습니다. "너희에게 평강이 있을지어

다! 아버지께서 나를 보내신 것처럼 나도 너희를 보낸다." 이 말씀을 하시고 나서 제자들을 향해 숨을 내쉬며 말씀하셨습니다. "성령을 받으라. 만일 너희가 누구의 죄든지 용서하면 그 죄는 사함받을 것이요, 용서하지 않으면 그 죄는 그대로 있을 것이다."

예수께서 도마에게 나타나시다

열두 제자 중 하나인 디두모라 불리는 도마는 예수께서 오셨을 때에 제자들과 함께 있지 않았습니다. 그래서 다른 제자들이 그에게 "우리가 주를 보았소!" 하고 말했으나 도마는 그들에게 "내가 내 눈으로 그분의 손에 있는 못 자국을 보고 내 손가락을 그 못 자국에 넣어 보며 내 손을 그분의 옆구리에 넣어 보지 않는 한 나는 믿을 수 없소" 하고 말했습니다. 8일 후에 예수의 제자들이 다시 그 집에 모였고 도마도 그들과 함께 거기 있었습니다. 문이 잠겨 있었는데 예수께서 들어와 그들 가운데 서서 말씀하셨습니다. "너희에게 평강이 있을지어다!" 그러고 나서 예수께서 도마에게 말씀하셨습니다. "네 손가락을 이리 내밀어 내 손을 만져 보고 네 손을 내밀어 내 옆구리에 넣어 보아라. 그리고 믿음 없는 사람이 되지 말고 믿는 사람이 돼라." 도마가 예수께 대답했습니다. "내 주이시며 내 하나님이십니다." 그러자 예수께서 도마에게 말씀하셨습니다. "너는 나를 보았기 때문에 믿느냐? 보지 않고도 믿는 사람은 복이 있다."

요한복음의 기록 목적

이 책에는 기록되지 않았지만 예수께서는 제자들 앞에서 다른 많은 표적들을 행하셨습니다. 그러나 이것들이 기록된 목적은 여러분들로 하여금 예수가 그리스도이시며 하나님의 아들이심을 믿게 하고 또 믿어서 예수의 이름으로 생명을 얻도록 하기 위함입니다.

21 예수와 기적적인 어획량

그 후 예수께서는 디베랴 바다에서 제자들에게 다시 자신을 나타내셨는데 그 나타내심은 이러합니다. 시몬 베드로, 디두모라고 하는 도마, 갈릴리 가나 사람인 나다나엘, 세베대의 두 아들들, 그리고 다른 두 제자가 함께 있었습니다. 시몬 베드로가 그들에게 "나는 물고기를 잡으러 가겠소" 하고 말하자 그들이 "우리도 같이 가겠소" 하고 말했습니다. 그들은 나가서 배를 탔습니다. 그러나 그날 밤 그들은 물고기를 한 마리도 잡지 못했습니다. 날이 밝아올 무렵 예수께서 바닷가에 서 계셨으나 제자들은 그분이 예수이신 줄 알아보지 못했습니다. 예수께서 제자들에게 "얘들아, 물고기를 좀 잡았느냐?" 하고 물으시자 그들은 "한 마리도 잡지 못했소"라고 대답했습니다. 예수께서 제자들에게 말씀하셨습니다. "그물을 배 오른편에 던져 보라. 그러면 물고기가 잡힐 것이다." 제자들이 그물을 배 오른편에 던지자 물고기가 너무 많이 걸려 그물을 배 안으로 들어 올릴 수가 없었습니다. 예수께서 사랑하시던 제자가 베드로에게 말했습니다. "주이시다!" 시몬 베드로는 "주이시다!"라는 말을 듣자마자 벗어 두었던 겉옷을 몸에 걸치고 물로 뛰어들었습니다. 그러나 다른 제자들은 배를 탄 채 물고기가 가득한 그물을 끌면서 배를 저어 육지로 나왔습니다. 배가 바닷가에서 약 200규빗 정도밖에 떨어져 있지 않았기 때문입니다. 제자들이 육지에 도착해서 보니 숯불을 피워 놓았는데 숯불 위에는 생선이 놓여 있었고 빵도 있었습니다. 예수께서 제자들에게 말씀하셨습니다. "너희가 방금 잡은 생선을 좀 가져오라." 시몬 베드로가 배에 올라 그물을 육지로 끌어 내렸습니다. 그물 안에는 큰 물고기가 153마리나 들어 있었습니다. 물고기가 이렇게 많았는데도 그물은 찢어지지 않았습니다. 예수께서 제자들에게 말씀하셨습니다. "와서 아침을 먹으라." 다들 그분이 주이신 줄 알고 있었기 때문에 제자들 중 감히 그분께 "누구십니까?"라고 묻는 사람이 없었습니다. 예수께서 오셔서 빵을 가져다가 제자들에게 나눠 주셨고 이와 같이 생선도 주셨습니다. 예수께서 죽은 사람들 가운데서 살아나신 뒤 제자들에게 나타나신 것은 이것이 세 번째였습니다.

예수께서 베드로를 회복시키시다

그들이 아침 식사를 끝마치자 예수께서 시몬 베드로에게 말씀하셨습니다. "요한의 아들 시몬아, 네가 이 사람들보다 나를 더 사랑하느냐?" 베드로가 말했습니다. "예, 주여, 제가 주를 사랑하는 것을 주께서 아십니다." 예수께서 베드로에게 말씀하셨습니다. "내 어린양 떼를 먹여라." 예수께서 베드로에게 다시 말씀하셨습니다. "요한의 아들 시몬아, 네가 나를 사랑하느냐?" 베드로가 예수께 대답했습니다. "예, 주여, 제가 주를 사랑하는 것을 주께서 아십니다." 예수께서 베드로에게 말씀하셨습니다. "내 양 떼를 쳐라." 예수께서 베드로에게 세 번째로 말씀하셨습니다. "요한의 아들 시몬아, 네가 나를 사랑하느냐?" 예수께서 세 번째 "네가 나를 사랑하느냐?" 하고 물으시자 베드로가 근심하며 말했습니다. "주여, 주께서는 모든 것을 아십니다. 제가 주를 사랑하는 것을 주께서 아십니다." 예수께서 베드로에게 말씀하셨습니다. "내 양 떼를 먹여라. 내가 진실로 진실로 네게 말한다. 네가 젊어서는 스스로 옷 입고 원하는 곳으로 다녔지만 늙어서는 남들이 네 팔을 벌리고 너를 묶어 네가 원하지 않는 곳으로 너를 끌고 갈 것이다." 예수께서 이렇게 말씀하신 것은 베드로가 어떤 죽음으로 하나님께 영광 돌릴 것인지를 알리기 위함이었습니다. 그러고 나서 예수께서 베드로에게 말씀하셨습니다. "나를 따라라!" 베드로가 돌아보니 예수께서 사랑하시던 제자가 따라오고 있었습니다. 이 제자는 만찬에서 예수께 기대어 "주여, 주를 배반할 사람이 누구입니까?"라고 물었던 사람이었습니다 베드로가 그 제자를 보며 예수께 물었습니다. "주여, 이 사람은 어떻게 되겠습니까?" 예수께서 베드로에게 대답하셨습니다. "내가 돌아올 때까지 그가 살아 있기를 내가 원한다 할지라도 그것이 너와 무슨 상관이 있겠느냐? 너는 나를 따라라." 이 말씀 때문에 이 제자가 죽지 않을 것이라는 소문이 형제들 사이에 퍼졌습니다. 그러나 예수께서는 그가 죽지 않을 것이라고 하신 것이 아니라 단지 "내가 돌아올 때까지 그가 살아 있기를 내가 원한다 할지라도 [그것이 너와 무슨 상관이 있겠느냐?]"라고 말씀하신 것뿐이었습니다. 이 일들을 증언하고 기록한 사람이 바로 이 제자입니다. 우리는 그의 증언이 참되다는 것을 알고 있습니다. 이 밖에도 예수께서 행하신 다른 일들이 많이 있으나 그 모든 것을 낱낱이 다 기록한다면 이 세상이라도 그 기록한 책들을 다 담아 두지 못할 것입니다.

Artist

양재열
Yang, Jaeyeol

Artworks

1 강정동에서 본 하늘과 바다_ serigraph on paper_ 60 x 40cm_ 2017

2 범섬_ serigraph on paper_ 40 x 50cm_ 2016

3 눈 덮인 영실 가는 풍경_ serigraph on paper_ 40 x 60cm_ 2017

4 서귀포 바다를 떠나는 두 척의 배_ serigraph on paper_ 36.5 x 65cm_ 2016

5 털머위_ serigraph on paper_ 71 x 40cm_ 2016

6 곶자왈_ serigraph on paper_ 71 x 40cm_ 2016

7 늦은 오후 유채꽃과 산방산_ silk screen on paper_ 100 x 180cm_ 2015

8 용눈이오름에서 본 풍경_ silk screen on paper_ 60 x 143cm_ 2015

9 벚꽃나무_ serigraph on paper_ 40 x 50cm_ 2016

10 빛으로 가는 길_ silk screen on paper_ 160 x 90cm_ 2016

11 빛-동백나무_ serigraph on paper_ 60 x 40cm_ 2017

마가복음 4:22
무엇이든 숨겨진 것은 드러나고
무엇이든 감추어진 것은 나타나기 마련이다

강정동에서 본 하늘과 바다_ serigraph on paper_ 60 x 40cm_ 2017

마태복음 7:24
그러므로 내가 하는 말을 듣고
그대로 실천하는 사람은 바위
위에 집을 지은 지혜로운
사람과 같다

범섬_ serigraph on paper
40 x 50cm_ 2016

누가복음 11:9
그러므로 내가 너희에게 말한다
구하라 그러면 너희에게 주실 것이다 찾으라 그리하면 너희가 찾을 것이다
문을 두드리라 그러면 너희에게 열릴 것이다

눈 덮인 영실 가는 풍경_ serigraph on paper_ 40 x 60cm_ 2017

요한복음 3:21
진리를 따라 사는 사람은 빛으로 나아온다 그것은 자기의
행위가 하나님 안에서 이루어졌음을 나타내려는 것이다

서귀포 바다를 떠나는 두 척의 배_ serigraph on paper_ 36.5 x 65cm_ 2016

마태복음 6:30
오늘 있다가도 내일이면 불 속에 던져질 들풀도 하나님께서
그렇게 입히시는데 하물며 너희는 얼마나 더 잘 입히시겠느냐?
믿음이 적은 사람들아!

털머위_ serigraph on paper_ 71 x 40cm_ 2016

누가복음 1:79
어둠과 죽음의 그늘에 앉은 우리에게 빛을 비춰 우리의 발을
평화의 길로 인도할 것이다

곶자왈_ serigraph on paper_ 71 x 40cm_ 2016

마가복음 11:10
복이 있도다! 다가오는 우리 조상 다윗의 나라여! 지극히 높은 곳에서 호산나!

늦은 오후 유채꽃과 산방산_ silk screen on paper_ 100 x 180cm_ 2015

누가복음 2:14
지극히 높은 곳에서는 하나님께 영광이요 땅에서는
하나님의 은총을 입은 사람들에게 평화로다

용눈이오름에서 본 풍경_ silk screen on paper_ 60 x 143cm_ 2015

요한복음 13:34
내가 너희에게 새 계명을 준다 서로 사랑하라
내가 너희를 사랑한 것같이 너희도 서로 사랑하라

벚꽃나무_ serigraph on paper_ 40 x 50cm_ 2016

요한복음 14:6
나는 길이요 진리요 생명이니
나를 통하지 않고서는 아버지께로 올 사람이 없다

빛으로 가는 길_ serigraph on paper_160 x 90cm_ 2016

마가복음 4:20
말씀이 좋은 땅에 떨어진 것과 같은
사람들은 말씀을 듣고 받아들여
30배, 60배, 100배의 열매를 맺는다

빛-동백나무_ serigraph on paper_ 60 x 40cm_ 2017